浙江省
公共文化服务现代化
发展蓝皮书
（2022）

浙江省文化和旅游厅◎编

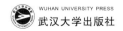
武汉大学出版社

图书在版编目（CIP）数据

浙江省公共文化服务现代化发展蓝皮书.2022/浙江省文化和旅游
厅编.—武汉：武汉大学出版社,2023.12
ISBN 978-7-307-24200-5

Ⅰ.浙…　Ⅱ.浙…　Ⅲ.公共管理—文化工作—研究报告—浙江—
2022　Ⅳ.G127.55

中国国家版本馆 CIP 数据核字（2023）第 240135 号

责任编辑:黄河清　　　责任校对:李孟潇　　　版式设计:韩闻锦

出版发行:**武汉大学出版社**　（430072　武昌　珞珈山）
（电子邮箱：cbs22@whu.edu.cn　网址：www.wdp.com.cn）
印刷:武汉中远印务有限公司
开本:720×1000　1/16　印张:23.75　字数:339 千字　插页:2
版次:2023 年 12 月第 1 版　　2023 年 12 月第 1 次印刷
ISBN 978-7-307-24200-5　　定价:95.00 元

目　录

第一部分

浙江省公共文化服务现代化发展总报告（2022 年度）

浙江省公共文化服务现代化发展总报告
（2022 年度）

党的二十大报告提出要以中国式现代化全面推进中华民族伟大复兴。推动公共文化服务高质量发展是走中国式现代化道路的时代命题和必然要求，也是满足人民群众对美好生活向往的必然要求。"十四五"以来，浙江省坚持以全面建成覆盖城乡、便捷高效的现代公共文化服务体系为目标，以创新的思路、务实的举措推动现代公共文化服务高质量发展。浙江省委、省政府始终把加强公共文化服务体系建设作为改善民生的重要内容和加快文化强省建设的重要目标，始终坚持以人为核心，以满足人民群众对美好生活的新期待为目标，从现代公共文化服务体系高质量发展要求出发，为人民群众提供品质高、内容多、形式新的公共文化服务，"省、市、县、镇、村"五级一体化运行的公共文化服务体系不断完善，奋力打造"重要窗口"新成果，助力建设新时代文化高地。

一、2022 年度浙江省公共文化服务现代化建设整体情况

2022 年是第二个百年奋斗目标开局之年，也是高质量发展建设共同富裕的关键之年。全省以民之所需为根本，以高质量、现代化为主线，以数字驱动、创新发展、体制改革为抓手，全面推动公共文化和旅游公共服务高质量发展，并取得了显著成绩。

2022 年，全省建有公共图书馆 102 家，文化馆 102 家；重点推动县级图书馆、文化馆总分馆建设，累计建成图书馆分馆 3395 个，文化馆分馆 1713 个。启动"浙文惠享"民生实事建设工程并列入 2022 年省政府民生实事，全省共认定"15 分钟品质文化生活圈"8288 个，城市书房 223 个，文化驿站 110 个。在城乡一体均衡发展、全民艺术普及、全民阅读推广、文旅志愿服务、公共文化数字化、公共文化服务社会化等方面创亮点、出经验，打造形成一批公共文化服务现代化发展方向、具有创新价值、可借鉴可推广的案例，为人民群众提供了更高质量、更有效率、更加公平、更可持续的公共文化服务。

（一）高定位公共文化服务发展目标

1. 从有到优， 实现公共文化服务供给向更高水平转变

2020 年年底，浙江省已在全国率先实现基本公共文化服务标准化。根据浙江省委办公厅、省政府办公厅《关于高质量建设公共文化服务现代化先行省的实施意见》要求，浙江省公共文化服务瞄向更高标准，稳步推进全省公共文化服务体系现代化建设。面对人民群众对美好生活的需求和向往，印发《"15 分钟品质文化生活圈"建设指南》，全力打造家门口的"15 分钟品质文化生活圈"，优化城乡公共文化空间布局，推动"幸福就在家门口"落地落实。统筹推进之江文化中心等国内一流的标志性公共文化设施，积极拓展新型公共文化空间，创新建设城市书房、文化驿站、乡村博物馆等覆盖城乡的新型公共文化空间，促进城乡公共文化服务资源均衡配置机制更加健全。构建五大类 26 项公共文化服务现代化指标评价体系，全面开展公共文化服务现代化指数评估工作，推进城乡公共服务同质同标、优质共享，不断优化公共文化服务供给水平。

2. 从硬到软，实现公共文化服务效能向更高水平转变

依托城市书房、文化驿站、乡村博物馆等嵌入式新型公共文化空间设施，广泛开展创意市集、街区展览、音乐角、嘉年华、"乡村村晚"等文化活动，让公共文化服务触手可及。全面开展"文艺赋美工程"，组织动员艺术院校、公共文化机构等各界文艺志愿者，在社区街头、广场公园开展常态化艺术展演和推广活动，以多点、高频、流动的舞台打造城市艺术景观，助力全民艺术普及。开展公共文化场馆服务功能拓展先行先试工作，通过拓展公共文化场馆功能、延伸公共文化场馆服务空间、创新公共文化场馆服务方式、推动公共文化场馆服务内容融合，全面提高公共文化场馆服务效能。探索实施文化保障卡试点工作，让公共文化服务更均等、更普惠。持续开展公共文化服务满意度和全民艺术普及率第三方测评，推动以评促管、以评促改，依靠群众反馈不断提升服务效能。

3. 从传统到创新，实现公共文化服务治理体系和治理能力向更高水平转变

以数字化改革为总牵引，推动公共文化服务全方位系统性重塑，迭代升级"品质文化惠享"应用，以"15分钟品质文化生活圈"建设为依托，建设"品质文化惠享·浙里文化圈"应用。积极运用数字化技术和思维，按照"资源配置闭环、精准服务闭环、管理调度闭环、评价监测闭环"的改革路径，构建"1+5+N"的体系架构，努力使公众享有高效便利、优质均衡的基本公共文化服务和精神文化产品。全面部署文化艺术类校外培训日常管理工作，完成省本级"浙艺培"平台1.0版建设，印发《浙江省文化艺术类校外培训机构业务指导方案》，探索建立培训机构日常管理台账、实行动态跟踪管理等措施。创新公共文化投入方式，完善"政府保障+社会参与"双轮驱动模式，探索社会力量参与公共文化服务新机制，为社会力量参与公共文化服务提供制度基础。

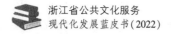
(二)高标准建设公共文化服务空间

1. 建设"重要窗口"文化地标

实施百亿文化设施建设工程,推进城市公共文化高标准设施建设。被列入国家"十四五"规划的精品传世工程——中国国家版本馆杭州分馆建成开馆。杭州国家版本馆选址良渚,以宋韵江南园林为建筑风格,总建筑面积 10.31 万平方米,其核心功能为保藏、展示、研究和交流,是集图书馆、博物馆、美术馆、档案馆、展览馆等多种场馆功能于一体的综合性场馆,同时也是中央总馆异地灾备库、江南特色版本库,及华东地区版本资源集聚中心,对于提升浙江省公共文化服务水平、更好弘扬浙江传统文化、推进文化浙江建设等方面具有重大战略意义。全力推进浙江省之江文化中心建设,用地面积 258 亩,总建筑面积 32.1 万平方米,由浙江图书馆之江馆、浙江省博物馆之江馆、浙江省非物质文化遗产馆、浙江文学馆和之江文化中心公共服务中心"四馆一中心"组成,预计于 2023 年 8 月建成开放,将成为全国体量最大的省级公共文化集聚群。

2. 拓展新型公共文化空间

创新建设乡村博物馆、城市书房、文化驿站等覆盖城乡的新型公共文化空间,促进城乡均衡一体。2022 年 12 月,浙江省文化和旅游厅在温州市地方标准《文化驿站服务规范》基础上,制定《浙江省文化驿站建设指南》,进一步规范和推进全省文化驿站建设,截至 2022 年年底,全省共建成城市书房 223 家,文化驿站 110 家,图书馆分馆 3395 家,文化馆分馆 1713 家,建成 1.9 万个农村文化礼堂,500 人以上的行政村全覆盖。实施"文化润景"计划,全省百家博物馆、美术馆创建 A 级景区,全省 11531 个 A 级景区村、128 个旅游驿站成为公共文化新阵地,中国丝绸博物馆特展长期入驻杭州大厦,首开国有博物馆走进城市商业空间之先河。

3. 打造城乡一体的"15 分钟品质文化生活圈"

"15 分钟品质文化生活圈"是浙江省高质量建设公共文化服务现代化先行省、打造新时代文化高地的一项创造性工作，纳入 2022 年省政府民生实事项目。2022 年，全省"15 分钟品质文化生活圈"建设任务 8000 个，共完成建设 8288 个，完成率 103.6%；城市书房建设任务 200 个，共建设完成 223 个，完成率 111.5%；文化驿站建设任务 100 个，共建设完成 110 个，完成率 110%。约 7.7 万个公共文化设施实现了闭环管理、实时监测，集合文艺社团 6.97 万个、社团成员 114.74 万人、文化骨干 2888 人，文化志愿者 67.66 万人，组织演出、展览、讲座、培训等活动 75.14 万场次，服务群众达 4190.24 万人次，有效提升基层公共文化设施的服务效能，让老百姓更便捷地享受到家门口的高品质公共文化服务，群众满意率达 99.84%。

（三）高质量提升公共文化服务供给

1. 全民阅读助力精神共富

充分发挥各级公共图书馆在高质量发展建设共同富裕示范区中的重要作用，围绕"书香浙里·阅享共富"主题，以省级示范性阅读推广活动为引领，省、市、县三级文化和旅游部门通过线上线下同步的方式，组织开展形式多样、丰富多彩的全民阅读月系列活动。在疫情防控常态化形势下，2022 浙江省公共图书馆全民阅读月系列活动以线上活动平台为主阵地，重点开展了"图书馆之夜""听书马拉松""诗画浙江·在风景里阅读""天籁浙江 领读共富"主题朗诵大会、第十八届未成年人读书节、中华传统晒书活动、"书说浙里 共读共富"讲书大赛、"童心绘共富"自制绘本活动等系列全民阅读活动，广泛开展线上征集、直播互动等更适应当下阅读需求的活动形式，通过数字技术和移动应用将优秀的文化成果精准地推送给读者。

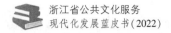
2022 年，全省 97 家公共图书馆联动举办各类阅读活动 1257 场，参与人次超 1420 万。

2. 全民艺术普及再开新篇

全面整合社会艺术资源，全力推动全民艺术普及，以更广覆盖、更深挖掘、更细提供为目标，覆盖全域全年段，针对不同群体提供更精准更有效的全民艺术普及服务，不断扩大公共文化惠民工程覆盖面，切实满足广大群众追求艺术享受、美学熏陶、精神富有的文化需要。浙江省文化馆联动市、县馆推出"百姓百艺"全民艺术普及工作坊，落户到各类文化空间，在中小学设立 1000 个艺术普及点，全省全民艺术普及率达 74.4%。推出"全民网络艺术学院"，与浙江省文化馆"指尖艺术导师"结合，持续推出线上艺术课程。依托"浙里康养""浙有善育"工作平台，指导全省开展针对老年人、未成年人等特殊群体的特色文艺团队建设、文化和旅游志愿服务行动及其他惠民活动等。

3. 群众文化活动繁荣兴盛

围绕"喜迎二十大·同走共富路"主题，以线上线下结合方式组织开展系列群众文化活动，组织举办华东六省一市戏剧小品大赛、长三角地区流行音乐大赛、长三角地区民间艺术文创大展等区域性群众文化赛事，加强区域交流互动；举办全省音乐、舞蹈、戏剧、曲艺类新作大赛，加强群文精品创作；重点策划国家级群文活动 3 项，省级示范性文化活动 8 项，推动组织全省各地开展各类主题文化活动 30 项，引导各地广泛开展群众文化活动 22.37 万场次，参与人次达 40718.7 万。深入开展公共文化走基层活动，2022 年全省共完成送戏下乡 3.38 万场，送书下乡 904.35 万册，送讲座送展览下乡 3.82 万场，组织文化走亲活动 1755 场。围绕"共同富裕 幸福乡村"的主题，以云村晚的形式，通过积极向上、地方特色鲜明的节目，全方位、多角度展现浙江省农村文化礼堂的建设成就，反映新时代浙江农村的美好生活。

(四)高效能推进公共文化服务数字化改革

1. 迭代升级"品质文化惠享"应用

以"15分钟品质文化生活圈"建设为依托,积极运用数字化技术和思维,按照"资源配置闭环、精准服务闭环、管理调度闭环、评价监测闭环"的改革路径,构建了"1+5+N"的体系架构,努力使公众享有高效便利、优质均衡的基本公共文化服务和精神文化产品。"1"即公共文化一体化门户,包括全省用户体系、数据资源、前后台运行的一体化;"5"即文化空间、惠民服务、文艺达人、浙文标识、综合管理五大模块;"N"即N个场景的应用体系。形成了文化空间一张图、服务质量五色图、现代化发展指数、品质文化圈指数的"两图两指数"改革成果和"云入口、云预报、云导览、云驿站、云社群、云监管"的六大协同创新。2022年以来,共整合330万种纸质图书和1万种电子书,图书一键借阅2.4万册次/月,一键入馆数量64.3万人次/月,整合配置6.6万个各类文化空间,入驻4.64万个文化社团,开办21.82万场文化活动,为促进全域文化繁荣和全民精神富裕提供坚实支撑。

2. "浙里文化圈"打造一站式文化链接

2022年10月,"品质文化惠享·浙里文化圈"应用上线,是浙江省数字化改革"数字文化"跑道中的引领示范应用项目。"浙里文化圈"是"品质文化惠享"应用的服务端,着眼于构建"24小时不打烊"的在线文化空间,以公众精神文化需求为导向,以"15分钟品质文化生活圈"为依托,按照"看书、观展、演出、艺培、文脉、雅集、知礼"七大场景,提供省市县乡村五级联动的一体化、模块化服务,并通过用户精准画像,实时推送文化展览、图书借阅、文艺演出、艺术培训、志愿服务等清单,致力于推进公共文化资源配置闭环、精准服务闭环、管理调度闭环、评价监测闭环，为公众打造丰富多彩的"一站式文化链接"。"浙里文化圈"实现了海量文旅资源的"一键触达"。如一键借阅浙江全省公共图书馆近 300 万册藏书；查询浙江全省博物馆、纪念馆、展览馆、美术馆 2000 多个线下展览、600 多个线上展览以及上万件数字藏品资源；话剧、舞剧、音乐剧、戏曲等热榜剧目一键购票；订阅数千堂网络艺术培训课程。"浙里文化圈"对文化资源的整合与创新，是贯彻浙江省委、省政府打造数字化改革标志性成果的落地之举，是推进新时代公共文化现代治理的变革之需，是更好满足人民群众精神文化需求的赋能之策。应用自 2022 年 10 月 26 日正式上线以来至年底，注册用户已突破 110 万，赢得了良好的社会反响，入选浙江省数字文化系统优秀应用。

3. "指尖艺术导师"扩大全民艺术普及覆盖面和影响力

"指尖艺术导师"全民艺术普及数智平台是浙江省文化馆针对全年龄段艺术普及群体打造的全民艺术普及应用程序，支持 PC 端、移动端、微信端小程序等轻应用，实现浙江省级师资库与国家公共文化云"学才艺"平台的融合，打通浙江省 102 家文化馆的培训资源，涵盖线上培训的数字资源、线下培训的课程资源、"艺普"师资总库、公共场馆总库等。应用场景涵盖了培训相关的直播课程、录播课程、线上线下培训预约、文化活动、艺术欣赏、分类检索、学习管理等用户服务，以及信息公开、报名管理、评价管理、数据管理等业务服务。同时依托微信小程序，提供应用入口，以身边的文化地图形式，通过手机定位和大数据算法，提供个性化匹配与推送服务，针对机构、课程、师资、活动等资源，向用户提供更直观的就近推荐、定位搜索、场馆导航等智能供需匹配，实现公共文化"一站式"的服务闭环。在文化和旅游部发布 2022 年文化和旅游数字化创新实践案例中，由浙江省文化馆申报的"浙江全民艺术普及应用'指尖艺术导师'"脱颖而出，成为全国唯一入选的文化馆数字化优秀案例。2022 年，"指尖艺术导师"

1.0 版试运营以来，已完成线下培训 2117 场、双师培训 12 场、线上课程 2191 门，系统可覆盖注册用户 18 万人。2.0 版本已完成建设规划，后期逐步向社会文化机构开放使用。

（五）高品质打造公共文化服务品牌

1. "文艺赋美"点亮大街小巷

"文艺赋美"工程组织动员艺术院校、公共文化机构等各界文艺志愿者，在社区街头、广场公园开展常态化艺术展演和推广活动，以多点、高频、流动的舞台打造城市艺术景观，助力全民艺术普及，既提升城市文化品位和艺术气质，又让人民群众更好地共享精神文化生活。2022 年 9 月，首批 15 个街头场地和 5 大省级场馆亮相浙江，每月有数以千人次的文艺志愿者和持续性的互动艺术展示。接下来，"文艺赋美"工程将向全省逐步推开，通过创新机制、创新模式，促使省市资源下沉和全社会资源激活，用"文艺星火"积蓄生活诗意、涵养城市温度、汇聚向善力量，更好地赋美城市气质、点靓乡村风韵，生动展现"诗画江南、活力浙江"的无限风采。

2. "文化保障卡"成为精神富有"新引擎"

为更好地提高人民群众的文化获得感和幸福感，助力高质量发展建设共同富裕示范区建设，浙江省文化和旅游厅确定杭州市临平区等 16 个县（市、区）为 2022 年"文化保障卡"建设试点地区，让文化保障成为便捷享有、随时参与、应用广泛的公共文化服务模式。市民通过身份证信息，申领到文化保障卡后，可以在卡内查看适用商家和优惠信息，持卡市民只需要在付款时出示文化保障卡或支付宝即可享受折扣优惠。通过打造文化保障卡，使群众"一卡享服务"，零距离获得"场馆预约导航、文旅体活动预约、积分获取、兑换商品"等各种服务，并可提出并享受定制化、个性化需求和服务。同时助力政府"一卡知冷暖"，实时掌握场馆分布、打卡热度、

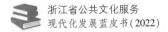

服务圈覆盖,开展保障卡资金池动态预警,确保积分商城商品充足,用户权益有效保障。动态监测群众文化需求、公共文化服务机构、文旅体企业产品配置,开展科学化运营,推进文化服务供给侧结构性改革,让更多市民享受到更优质、优惠、多元的文化服务,助力精神共富。

3. "浙江文化基因库"基本建成

浙江省于 2020 年启动实施的"文化基因解码工程"已基本完成,全省合计普查入库文化元素 31029 个,完成全省首批 1845 项重点文化元素的解码工作。全省 91 个单位完成了区域《文化基因解码报告》编撰。推进文化基因解码成果转化利用,遴选文化基因解码工程转化利用示范项目 20 个,举办全省文化基因解码工程成果展。于 2021 年启动建设的全省文化标识建设工作有序推进,开发上线文化标识建设项目推进情况监测平台,召开全省文化标识建设工作推进会,举办全省文化标识建设成果展。全省遴选文化标识建设创新项目 10 个,文化标识创新培育项目 10 个。目前,已基本建成"浙江文化基因库",宋韵文化、阳明文化、南孔文化数字资源系统建设取得显著进展。完成浙江省《宋韵文化传世工程》相关子行动计划的撰写,起草《浙江省文化和旅游厅打造千年宋韵标识实施宋韵文化传世工程实施方案》(征求意见稿),全力推进宋韵文化传世工程建设。

(六)高水平保障公共文化服务能力

1. 打造高素质公共文化服务人才队伍

实施基层文化队伍素质提升工程,省本级共组织开展全省公共服务科(处)长等培训班 12 期,线上线下参与培训的达 2000 余人次。市县两级共组织线上线下培训 7594 场次(其中线上 2879 场,线下 4715 场),共培训 35.64 万人次(其中线上 20.67 万人次,线下 14.97 万人次),有效提升了基层文化队伍业务能力和专业水平。持续开展 2022 年乡镇文化员定向培养工作，培育一批"下得去、留得住、用得上、受欢迎"的基层宣传文化专业人才，共招收定向生56名。培养扩大文化和旅游志愿者队伍，全省共有注册备案的文化和旅游志愿者人数达179.5万；推选志愿服务项目参与第六届中国青年志愿服务项目大赛等省级以上赛事，共有6个项目入选。加强以"三团三社"为核心的基层文艺团队培育工作，全省累计各类文艺社团达到7.41万个，吸收文艺社团成员122.82万人。

2. 探索社会力量参与公共文化服务新机制

先后组织召开"社会力量参与公共文化服务研讨会""社会力量参与公共文化服务座谈会"，起草《关于鼓励和支持社会力量参与公共文化服务的实施意见》(初稿)，初步明确了社会力量参与公共文化服务的参与方式、参与内容、优惠政策等，为社会力量参与公共文化服务提供了重要的制度基础。全面部署文化艺术类校外培训机构日常监管服务工作，在省级层面完成"浙艺培"平台开发建设，并启动机构纳管工作。印发《浙江省文化艺术类校外培训机构业务指导方案》，探索建立培训机构日常管理台账、实行动态跟踪管理等措施。会同省建设厅、省消防救援总队着手文化艺术类校外培训机构消防安全整治工作。

3. 建立常态化理论研究机制

为全面发挥专家智库在理论研究、实践探索、人才培养、科学决策等方面的积极作用，系统梳理浙江实践，汇集浙江案例，阐释浙江样本，总结浙江经验，浙江省不断推进公共文化服务理论研究，建立常态化理论研究机制。2022年8月，浙江省公共文化服务现代化理论研讨会在温岭召开。会上举行了公共文化服务现代化理论研究中心授牌和公共文化服务现代化专家聘任仪式。来自全省各地的21位公共文化理论研究者，围绕系统推进公共文化服务现代化理论研究创新工作的主题，开展"共同富裕背景下的公共文化服务现代化发展""公共文化空间建设理论与实践"研讨沙龙活动。

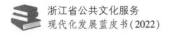

首批三家浙江省公共文化服务理论研究中心为浙江大学公共管理学院、中国计量大学、杭州电子科技大学中国科教评价研究院，全面参与全省公共文化服务现代化发展业务指导、绩效评价等重点工作，为探索具有浙江特色的公共文化服务现代化体系提供坚实的智力支持。

二、重点任务建设成效

(一)圆满完成省民生实事"浙文惠享"工程

2021 年，浙江于全国率先提出打造"15 分钟品质文化生活圈"，为人民群众提供更多高品质的文化设施、文化产品和文化活动。2022 年，"15 分钟品质文化生活圈"、城市书房、文化驿站等内容，作为"浙文惠享"工程重要组成部分，被列入 2022 年省政府民生实事项目。

1. 持续完善顶层设计

为更好地推进"浙文惠享"民生实事工程，先后制订"15 分钟品质文化生活圈"、城市书房、文化驿站建设标准，出台《浙江省文化驿站建设指南》《15 分钟品质文化生活圈建设指南》，细化 18 项建设要求。印发《"15 分钟品质文化生活圈"、城市书房、文化驿站建设认定办法》，制定《"15 分钟品质文化生活圈服务指数"评价办法(试行)》，构建 8 大类 23 项指标体系，以量化指数形式充分挖掘基层各类公共文化资源潜能，提高城乡公共文化服务管理水平。设置《2022 年省政府民生实事建设标准及进度核验标准》，开展全省面上督查督办。下发《浙江省文化和旅游厅关于开展 2022 年"浙文惠享"民生实事督查工作的通知》，制作《2022"浙文惠享"民生实事项目督查手册》。建立定期晾晒机制，聘任民生监督员，组织全省 11 个设区市共 22 名民生监督员开展明察暗访，共计对 11 个设区市 89 个县(市、区)264 个"15 分钟品质文化生活圈"、78 个城市书房和 57 个文化驿站进行了现场督查。开设民生实事专刊简报，定期公布各地民生实事工作推进情况，召开市县两级座谈会，统一思想，强化建设要求，并赴 39 个县(区、市)开展专题调研，深入了解各地民生实事工作推进情况。

同时，在全面梳理公共文化领域的线上、线下文化资源的基础上，以"平台+系统大脑"为支撑，从省顶层设计层面，创新打造"浙里文化圈"数字化应用，纵向贯通省市县乡(镇、街道)村(社区)五级，归集全省公共图书馆、文化馆、博物馆、美术馆、非遗馆、艺术院团等公共文化机构及相关社会文化组织的活动信息和数字资源，横向打通宣传、教育、公安、自然资源等 16 个部门的数据，通过精准画像为百姓提供包含"看书、观展、演出、艺培、文脉、雅集、知礼"七大场景的一体化、模块化服务，为公众打造丰富多彩的"一站式文化链接"。

2. 不断提升服务品质

"浙文惠享"民生实事工程以载体创新促文化惠民，在毗邻社区建设一批小而美的公共文化空间，整合公共文化场馆、乡村文化设施以及城市书房、文化驿站等新型文化载体、文体活动中心等。整合服务资源，统筹团委、科协、体育等部门基层服务力量，实现跨部门业务协同。整合团队资源，培育文化社团、文化骨干，吸纳文化志愿者。在"15 分钟品质文化生活圈"内实现五个统一，即统一标识、统一信息公示牌、统一发布活动资讯、统一建设标准、统一服务，所有公共文化场所免费或优惠为附近居民提供高品质的无差别服务。同时，引导和鼓励社会力量以多种形式参与到"浙文惠享"民生实事工程服务供给当中，逐步形成"开放、合作、共建、共享"的建设新路径。在"浙里文化圈"创新实施文化惠民工程，经过市、县文化主管部门认可的社会组织可以入驻"浙里文化圈"，将其活动项目纳入"点单资源库"。村社区和综合文化馆的文化员可以根据当地群众需求，双方协商，定制需求菜单，落地文化活动。让公共文化服务更便利、接地气、更有感。在空间建设上，各地在省级标准上创建了"公共文化阳台""岛与书房"

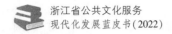
"文旅驿站""农民画家艺术工作室""乡村书画艺术馆"等一系列城乡新型公共文化空间，有效扩大了公共文化服务覆盖面，增强了实效性。

3. 健全实时监管机制

制度重塑，实现四大闭环管理。浙江省是全国唯一的公共文化服务现代化先行试点省，省文化和旅游厅在全国率先发布公共文化服务现代化发展指数（CMDI）、"15分钟品质文化生活圈"指数评价体系，首个制定"城市书房""文化驿站"建设和服务省级标准。在顶层设计上对基层公共文化服务设施建设和运行管理提供框架标准，形成"资源梳理—要素添加—智能研判—优化配置"的公共文化资源配置闭环、"需求分析—资源组合—供需对接—用户反馈"的精准服务闭环、"问题发现—系统预警—督促整改—结果晾晒"的管理调度闭环、"标准设定—数据采集—全程监测—综合评价"的评价监测闭环，每月对公共文化机构进行得分排行、榜单晾晒、督促整改，从管理端保证公共文化服务品质。通过整合文化设施空间资源、文化达人、人口数据、地理数据、经费投入等资源的归集，基于公共服务对群众的服务效能、群众的参与度等多维度分析，建立文化资源布局一张图和推进公共文化服务质量五色图管理，开展公共文化服务绩效星级评价。建设省市县一体化的公共文化服务驾驶舱，建立以群众好差评、实时数据监测、第三方评估、指数综合评价相结合的公共服务动态化反馈考评机制，构建全省一屏掌控、服务一网畅达、监管一览无余的数字化协同管理模式。

（二）创新打造"浙里文化圈"数字化改革项目

"品质文化惠享·浙里文化圈"应用是浙江省数字化改革"数字文化"跑道中的引领示范应用项目，以"15分钟品质文化生活圈"为依托，构建"看书、观展、演出、艺培、文脉、雅集、知礼"七大场景，为公众打造丰富多彩的"一站式文化链接"，入选浙江省数字文化系统优秀应用。

1. 建立工作机制

为推进"浙里文化圈"应用建设,浙江省文化和旅游厅组建由公共服务处牵头抓总、相关业务处室协同配合、厅属单位合力攻关的公共文化服务数字化改革工作专班,实行周例会保证建设质量和进度,协调各层级、各部门的流程统筹、技术共建和数据共享,完成建设任务。上线推广阶段,组织相关专家赴基层站点,结合工作实际,从系统运营管理、场馆日常使用、活动信息发布、数字资源共享、标准化数据填报等方面进行细致讲解,听取基层人员的使用反馈和业务问题,互相切磋,提升应用水平,保证"浙里文化圈"应用的高效顺畅,为浙江省域内公共文化资源的数字化共建共享保驾护航。

2. 统一平台建设

以省政府民生实事项目"15 分钟品质文化生活圈"为依托,全面梳理公共文化领域的线上、线下文化资源,以"平台+大脑"为支撑,以统一、集成、规范为核心,设计整体架构、梳理业务逻辑、深化数据共享、推进业务协同,全力打造面向领导的决策屏(数字驾驶舱)、面向管理人员的业务端(浙政钉、小程序)、面向群众的服务端(浙里办、小程序)"一屏两端"支撑格局,纵向贯通省市县乡(镇、街道)村(社区)五级,横向打通宣传、教育、公安、自然资源等 16 个部门的数据,归集全省公共图书馆、文化馆、博物馆、美术馆、非遗馆、艺术院团等公共文化机构及相关社会文化组织的活动信息和数字资源建设"浙江智慧文化云"公共文化服务大数据中心,打造包罗万象的 24 小时不打烊的线上文化空间,促进全域文化繁荣全民精神富有。

3. 构建内容体系

依托数字化工具丰富公共文化内容供给,面向群众建设服务端"浙里文化圈·浙文旅"浙里办和微信小程序,以及"华数电视"端应用,打通群众文化生活最后一公里，并通过精准画像提供个性化推送服务，精准触达百姓看书、观展、演出、艺培、文脉、雅集、知礼等七大惠民场景。"看书"板块，可在线借阅全省公共图书馆和新华书店的 398.7 万册海量书籍，全省通借通还、一键借阅、快递到家；"观展"板块，可查询浏览全省博物馆、纪念馆、展览馆、美术馆线下展览、6826 个线上虚拟展览以及 1.9 万件数字藏品资源，线上游展、入馆预约、一键搞定；"艺培"板块，实时对接 1.4 万堂网络课程，文化导师 4610 位，根据个人喜好，在线查找全省文化场馆的公益培训课程，"机构、课程、老师"，专业可靠、放心优选；"演出"板块，话剧、舞剧、音乐剧等热榜剧目一键购票，全省文化场馆线上直播一站集成；"文脉"板块，对接非遗系统，接入非遗项目 1350 个，非遗传承视频 161 个，非遗书籍 238 册，汇聚文物考古、非遗传承和文化标识，讲述浓墨重彩的浙江历史和传统技艺；"雅集"板块汇聚全省县级以上文化场馆的文化活动 15.23 万场和可供预约举办活动的场地；"知礼"板块，对接志愿浙江应用，系统内注册志愿者近 450 万，发布活动招募信息 5000 条，全省文化场馆的文旅志愿活动集散地，文旅志愿者可以共享圈层活动，知礼善行。在"浙里文化圈"，每个用户还有专属"文旅惠民码"，登录激活后可一码通行，参与文化活动可获权益和积分，并在积分商城兑换文旅产品、享受消费折扣。

4. 资源建存管用

主要体现在服务端、治理端、驾驶舱三大方向，即一个公共文化数字服务平台、一个公共文化数字协同工作平台和一个公共文化大数据处理平台。服务端方面，紧扣服务范围拓展和服务效能提升，整合省级及本地的文化动态、云上展览、云上课堂、云上阅读、场馆预约、文化点单、志愿服务等服务端口，搭载自点单程序，强化文化点单的精准配送模式，提升个性化用户体验。平台上的公共文化服务资源均实现网上点单、网上管理、网上评价的方式，形成网上服务闭环，使数据更智慧，更具价值，为深化数字化服务和治理打下扎实基础。治理端方面,主要面向市、县(区)级公共图书馆、文化馆,部分面向乡镇(街道)综合文化站等基层公共文化服务管理机构及服务单位,统一标准、统一规范、统一监督、统一考核,互联互通,实现基层公共文化服务的数字化管理,提升整体效能。驾驶舱方面,主要构建省域公共文化服务的智慧大脑,通过数字汇总罗列、图像可视化等方式,处理和呈现公共文化日常运营、各应用场景产生的数据,建设省市县三级互联互通、共建共享的大数据仓。作为大数据可视化和中后台能力底座,驾驶舱的潜力在于围绕大数据存、算、用三大核心问题,发掘、盘活各类活动数据,构建公共文化服务决策分析体系。

5. 规范运营管理

"浙里文化圈"应用的运营主体入驻到"浙里文化圈"的各类文化场馆(机构)。省文化和旅游厅专门下发《浙江省文化和旅游厅关于做好"浙里文化圈"日常运行管理工作的通知》明确,厅属各单位以及各市、县(市、区)公共图书馆、文化馆、博物馆(纪念馆)、非遗馆、美术馆、大剧院、音乐厅、综合文化站、农村文化礼堂、社区文化家园、村(社区)综合性文化活动中心等公共文化设施应开通"浙里文化圈"平台账号,采用开通权限入驻和应用数据接口方式,发布文化活动资讯,开展运营推广,为群众提供文化活动预约、场馆入馆预约、全民阅读、全民艺术普及、文化和旅游志愿活动等服务。鼓励其他公共文化服务机构、第三方机构等社会力量开通权限入驻,开展公共文化服务。实现全省公共文化服务入口、数据、服务、管理的统一,全面建成全省公共文化信息一屏掌控、服务一网畅达、监管一览无余的数字化协同管理体系。

(三)奋力领跑全国公共文化服务现代化建设

2021年年底,浙江省在全国率先开展公共文化服务现代化先行县(领航项目)创建工作,成为高效推动浙江公共文化服务迈上新台阶的有力抓手。计划在未来 5 年内，通过在全省成功创建 30 个左右的公共文化服务现代化先行县和 30 个左右的公共文化服务现代化领航项目，全面带动浙江公共文化服务高质量发展，率先建成覆盖城乡、便捷高效的现代化公共文化服务体系。

1. 率先开展公共文化服务现代化先行县（领航项目）创建工作

项目按照高标准、接地气的创建要求实行。公共文化服务现代化先行县的创建标准涵盖了公共文化服务现代化体系的各类指标内容，以及近年来开展的各项重点工作的要求，切实体现了选优与培育相结合的工作导向。创建标准着重突出了理论研究、创新制度设计、扩大社会参与、提升品牌形象、提高服务效能等现代化公共文化服务的发展方向，在质与量两个方面都起到明确对标现代化的引导作用。创建对象名单经各地自荐、市级文化主管部门同意、省级终评等环节最终审议评定，第一批公共文化服务现代化先行县(领航项目)的创建工作于 2021 年启动，创建周期为两年。8 个公共文化服务现代化先行县(市、区)创建对象包括长兴县人民政府平湖市人民政府、温岭市人民政府、杭州市临平区人民政府、宁波市鄞州区人民政府、绍兴市柯桥区人民政府、平阳县人民政府、龙泉市人民政府。5 个公共文化服务现代化先行县(市、区)培育对象包括杭州市余杭区人民政府、海宁市人民政府、龙游县人民政府、舟山市普陀区人民政府、东阳市人民政府。领航项目包括杭州市桐庐县"文化艺术赋能乡村建设"、宁波市"'一人一艺'全民艺术普及工程"、温州市鹿城区"'艺享夜游'公共文化服务模式"、嘉兴市秀洲区"图书馆、文化馆、非遗馆'三馆'社会化运营"、湖州市"文旅驿站"、绍兴市嵊州市"越剧文化圈"、金华市永康市"非公企业阅读服务体系建设"、舟山市定海区"艺工在线"、台州市"构建全生命周期阅读服务体系"和丽水市"村晚联盟"，共计 10 个项目。通过公共文化服务现代化先行县(领航项目)的创建，全面推动浙江省公共文化服务现代化水平再提升。

为更好地推进该项工作，2022年9月，浙江省公共文化服务现代化先行县中期创建工作培训班于杭州召开，第一批13个浙江省公共文化服务现代化先行县创建单位和培育单位的分管县领导及文化和旅游局主要负责人参会。培训会上13家单位汇报了前期创建工作情况，各创建（培育）单位共出台完善6大类121项配套政策文件。与会领导与专家指出，在先行县（领航项目）的创建中，各地一是要切实加强领导，认真组织实施，确保创建任务全面落实；二是要对标创建，固强补弱，既有整体的创建，也有重点工作的推进，像新型公共文化空间建设、15分钟品质文化生活圈建设、文化保障卡探索、公共文化数字化建设等，实现"点、线、面"合一；三是要聚焦改革、推动转型，从数字化、社会化、制度化等方面先行先试，跑出加速度，进一步提高公共文化服务供给效能。

2. 率先实施省域公共文化服务现代化发展指数评估

基于民生引领、品质共享价值导向，浙江省在全国率先实施省域公共文化服务现代化发展指数评估（CMDI），定期监测并发布各市、县（市、区）发展指数，促进公共文化服务品质提升。CMDI是在浙江省基层公共文化服务评估指标的基础上发展而来。2021年，为了更好地响应时代号召，浙江锚定人民群众的文化获得感是基层公共文化服务的根本目的，将浙江省基层公共文化服务评估指标正式更名为浙江省公共文化服务现代化发展指数（CMDI），并设定了优先发展、均衡发展、品质发展、以人为本和创新发展五大考核板块。11个设区市的评价是根据所辖县（市、区）数据，并结合开发区数据和市级场馆数据合并计算。评估体系数据主要从智慧文化云采集，同时，结合科教民政、财政、宣传等部门提供的数据，以及第三方测评数据等来源。

其中，"优先发展"重点考察当地政府对公共文化工作的重视程度及保障情况，主要包括：公共文化机构经费效益、公共文化文物事业费占财政支出比重、文化工作重视度、每万人配备文化从业人员数量、文化下派员配备率、每万人拥有公共文化设施面积等6项指标。"均衡发展"重点考察各地在公共文化服务城乡均衡、区域均衡等方面开展的相关工作，主要包括：县级图书馆文化馆分馆覆盖率、年人均接受文化场馆线下服务次数、每万人拥有文化志愿者数量、公共图书馆藏书人均流通册数、乡镇（街道）三团三社平均数、人均送书下乡册数、送戏下乡平均数、送讲座展览下乡场次、县级文化走亲活动次数等9项指标。"品质发展"重点考察各地等级公共文化设施建设和人才队伍结构优化等情况，主要包括：公共图书馆、文化馆一级馆率、一级（含）以上综合文化站建成率、三星级（含）以上农村文化礼堂（或社区文化家园）建成率、县级公共文化机构高级职称人员比例等4项指标。"以人为本"重点考察委托第三方对公共文化服务相关工作的测评情况，主要包括：城乡居民综合阅读率（采用省委宣传部组织开展的第三方测评结果）、全民艺术普及率、社会公众对公共文化服务满意率等3项指标。"创新发展"重点考察各地公共文化服务机制体制、发展模式等创新工作的开展情况，主要包括：重要创新项目数量、县级公共文化机构线上年服务人次、县域文化惠民品牌创建、文化场馆年报发布率等4项指标。

3. 积极探索公共文化场馆服务功能拓展

2021年3月，省文化和旅游厅发布《关于开展公共文化场馆服务功能拓展先行先试工作的通知》，开展全省公共文化场馆服务功能拓展先行先试项目。经各地申报、专家评审，共确定3个县（市、区）为试点县，15个公共图书馆和文化馆、30个乡镇（街道）综合文化站和147个农村文化礼堂为先行先试单位。2022年5月，浙江省文化和旅游厅召开全省公共文化场馆服务功能拓展先行先试工作培训班，设置专题讲座、案例介绍、经验分享等多项环节开展培训，切实提升全省各地公共文化场馆功能拓展先行先试工作业务骨干的专业与管理水平。2022年6月，浙江省文化和旅游厅开展了为期三个月的试点验收工作，多个项目获得优秀等级，在公共文化场馆服务功能拓展的空间、方式、内容等方面,取得"融合改革"突破成果。

一是拓展公共文化场馆功能,主要包括结合当地人文特色,在公共文化场馆内增加当地旅游资源展示、资讯发布等服务功能、公共文化设施和旅游公共服务共建共享、围绕当地经济社会发展特色产业,建立完善专题数据库、主题书房和展陈等。二是延伸公共文化场馆服务空间,主要包括公共文化场馆在符合条件的 A 级景区开辟公共文化空间,增加阅读推广、文化演艺非遗展示等公共文化服务功能、设立图书馆文化馆分馆或基层服务点、协助提供和旅游景区人文风貌一致的实景表演等。三是创新公共文化场馆服务方式,主要包括利用旅游数字服务系统、酒店、民宿等平台,发布当地公共文化服务资讯、与景区合作开展文化旅游志愿服务、文化和旅游推介、节庆文化活动、共同打造文化和旅游服务品牌等。四是促进公共文化服务数智化发展,依托"浙江智慧文化云"平台,畅通公共文化场馆信息化渠道,搭建文化和旅游融合文化的一站式服务平台。深入开展文化基因解码,推进地方特色优秀传统文化资源数字化,推动公共文化数字资源转化为旅游资源。五是推动公共文化场馆服务内容融合,推动公共文化场馆建筑与周边地形地貌和当地风土人情相协调、保护发展传统文化与现代生活体验相融合、打造文化旅游品牌和丰富文化内涵相统一,不断满足人民群众多元化的文化和旅游新需求。

4. 全面推动重点公共文化设施提档升级

为推动公共文化服务高质量、现代化发展,全面建成城乡一体的覆盖全、品质高、服务优、管理好、成体系的公共文化设施集群,浙江于 2022 年 3 月《浙江省文化和旅游厅关于实施重点公共文化设施专项提升行动的通知》(浙文旅公共〔2022〕14 号),在基层公共文化设施全覆盖的基础上,按照设施提档、服务提优、管理提效的要求,把未达到建设要求的基层公共文化设施列为重点对象,实施为期四年的提档升级专项行动。行动提出到

2025 年，全省公共图书馆、文化馆一级馆率达到 100%；一类地区二级以上文化站建成率达到 75%以上，二类地区二级以上文化站建成率达到 90%以上。

通过本次专项提升行动，各地因地制宜，实行一馆（县）一策，对标对表，稳步推进。经各地申报，2022 年计划提升重点公共文化设施 53 个。2022 年 12 月，省文旅厅组织开展第一批基层重点公共文化设施专项提升验收工作，经县级初评、市级复核、省级抽查，并对各地申报材料及实地验收情况进行核查，列入第一批专项提升计划的 53 个基层重点公共文化设施已高质量通过验收。

（四）充分聚焦基层公共文化服务高质量发展

基层公共文化服务效能的提升，是完善现代公共文化服务体系的关键环节。2022 年 6 月，省厅开展公共文化服务高质量发展典型案例遴选工作，共收到全省 11 市 44 个县（市、区）51 项案例，内容涉及公共文化服务制度建设、新空间打造、全民艺术普及、全民阅读推广、乡村文化建设、公共文化服务社会化等多个主题类别。经过评审，最终确定 21 个浙江省公共文化服务高质量发展典型案例并上报中华人民共和国文化和旅游部。

1. 创新公共文化服务管理机制

衢州市"龙游县三百联盟体系：助力基层公共文化服务高质量发展"，依托基层综合文化站、农村文化礼堂，开展百家站堂共建、百村赛事活动、百师千场培训为主要载体的"三百联盟"运行机制，提高乡村群众的文化获得感。浙江艺术职业学院的"乡镇文化员定向培养"通过招生与招聘并轨、专业与专长并重、动脑与动手并进等做法，学生入学等于入编、毕业马上就业，实现学生、政府、学校、社会"四方共赢"。杭州市余杭区提出了"五品四有""15 分钟品质文化生活圈"要达到管理制度，"五品"要具备品质空间、品质服务、品质团队、品质导师、品质活动，"四有"即有精准配送机制、有培养培训机制、有考核评价机制、有激励表彰机制。

2. 打造多元开放的共享空间

杭州市"临平文化艺术长廊：市民身边的品质文化集聚区"案例，是城市社区公共文化服务在新发展阶段的生动实践，通过对老城区有机更新，提升公共文化空间品质，实行数智化管理、专业化运营，让文化融入居民日常生活，提升文化生活美好体验。湖州市南浔区"猪圈逆袭下的幸福窑里"在建设美丽乡村基础上，对脏乱差的猪棚进行改造，做足"窑"文章，复兴"窑"产业，激活"窑"旅游，发展"窑"经济，走出了一条文化引领、利民富民的乡村振兴新路径。丽水市莲都区的"莲悦读（爱心书屋）"以政府主导+社会力量参与共同创建，形成了书香社区、书香园林、书香街道、书香单位、书香校园等分布式阅读服务，赋能了更多的阅读空间，构筑"打通公共文化为民服务最后一公里"为核心的智慧、便捷、高效的现代公共阅读服务体系。

3. 扩大全民艺术普及覆盖面

嘉兴桐乡市"我们的节日"乡愁系列活动依托最接地气的传统节日文化氛围，充分挖掘乡村民俗特色，举办各类主题鲜明、内容丰富、形式多样的展示、展演和培训活动，让广大民众成为活动"主角"，亲自感受和体验"最桐乡"的民俗家宴，真正做到把"节日还给人民"，总参与人数超 120 万人次，成为活跃基层公共文化服务末梢的一次有益尝试。温州洞头区的"渔乡艺网编织海岛幸福生活"案例，通过实施渔文化全面艺术普及工程，以渔民画普及为着力点，开展渔民画作品研讨、渔民画人才培养、渔民画精品创作、渔民画产业培育等系列活动，用渔乡艺网，编织海岛幸福生活，推动了海岛公共文化服务现代化建设，为海岛乡村振兴发挥了重要作用。台州临海市形成了以本土网红团队为主、驻地艺术家为辅引进知名艺术团队为补充的 3D 架构创作团队，以"年轻态"群众文化活动打造共同富裕"小城文化样板"。宁波市海曙区构建以区文化馆精品创作为核心，以人才培育、艺术普及、数字赋能为衔接的"1+3+N"工作创新体系，营造出"时时可欢动，处处见文艺，人人享文化"的全民艺术普及氛围。绍兴市因地制宜，通过全市文化馆(站)联动的"文艺播撒乡镇行"，进行点对点的文艺指导和帮扶，推动城乡公共文化服务高质量发展。

4. 打造全民阅读新品牌

温州乐清市以"书香乐清 全民阅读"为口号，"基本普惠+特色提升"为标准，聚焦黄金地段、公园绿地，建成投用具有引领性和标识度的 10 个城区乐读书苑，12 家城镇乐读书苑，打造完成"乐读点"126 个，以"读行乐清"文旅数智平台为载体，通过链接全域阅读阵地，提升公共阅读服务，形成特色阅读品牌，为市民提供高品质、多样化、智能化阅读体验。嘉兴平湖市把农民群众组织起来，通过组建"平湖农民读书会"，为广大农民搭建读书平台，提高阅读数量和质量，提升阅读普及度，推进读书交流，改善阅读环境，实现农民提升素养、学习致富、情感交流、民意传达，有效破解了农村基层阅读这一最大难点。湖州市德清县以品牌打造影响力，从"春晖讲堂"到"驻馆作家"进而深入长三角启动"跨越山与海的阅读"，从春晖朗诵团到德清朗读者再到承办省级朗诵大会，德清县图书馆一直聚焦组织策划创新品牌，推进全民阅读。

5. 探索社会化发展新机制

嘉兴市秀洲区通过首创"三馆"融合社会化运营模式，引入社会力量全面参与筹建、运营、管理，在运营管理上打破了传统公共文化场馆之间的壁垒，形成读者自助、馆员服务、业务管理、活动组织四大维度 103 项标准化流程，全方位推进高品质公共文化服务体系建设。杭州市萧山区按照"政府出资购买服务，社会文化机构按照服务清单、以基层文化场馆为阵地"的方式,创新推出"文化管家"社会化服务模式,向群众提供贴身式公共文化服务。温州市泰顺县以文化志愿服务"蚂蚁联盟"助推精神共富。项目设立"蚂蚁联盟"理事会,汇聚"宣传—文联—青年—文旅—社会热心力量"等各方力量,对全县以山区乡村为重点的文化志愿服务活动进行统筹协调、顶层设计、整体推进和监督考核,进城乡公共文化服务均衡发展、助力乡村振兴。

6. 推动乡村公共文化品质发展

杭州市"桐庐县艺术乡村建设:文化赋能乡村振兴的桐庐实践"案例,从制度设计上把建设纳入全县美丽乡村3.0版建设任务中,制定了《桐庐县艺术乡村建设行动规划》,挖掘和传承乡土文化传统,使文化艺术与乡村山水、田园、生产、生活实现有机融合,是新时代推进共同富裕进程中乡村公共文化品质发展的示范样板。宁波市宁海县实施"艺术家驻村"行动,向全球发布艺术家"招募令",促成一批国内外艺术家与宁海当地村庄结对共建,建立"艺术大咖工作室",助推乡村新型文化空间建设,探索出了一条既"富脑袋"又"富口袋"的艺术振兴乡村高质量发展之路。舟山嵊泗县将"建造美好社区"作为打造艺术岛屿的目标,打造具有海洋文化特色的艺术岛,从"艺术+建筑、艺术+节庆、艺术+生活"入手,以本土文化元素转化优质公共服务供给,打造具有海洋文化特色的艺术岛,满足海岛人民的精神需求。

7. 志愿服务赋能基层治理

2022年全省建成"15分钟品质文化生活圈"8288个,每个文化圈均有不少于2名文化志愿者入驻。在服务平台上,浙江省文化和旅游志愿者总队依托智慧文化搭建浙江省文化和旅游志愿服务云平台,实现全省文化和旅游志愿服务的实时大数据可视化呈现。在2022年文化和旅游部志愿服务典型案例评选中，浙江有嘉兴海宁市文化馆"光影中的'家'"、浙江图书馆"0分贝阅读"、杭州市上城区金牌导游志愿服务、浙江美术馆美育村志愿者服务，以及浙江省文化馆的"圆梦青苗·以艺育美"浙江省乡村未成年人"美育课堂"5项志愿服务项目成功入选，成为全国入选项目数最多的省份。在全国学雷锋志愿服务"四个100"先进典型评选中，舟山市定海区美之声演唱团的"守护夕阳 偏远海岛"为老服务项目成功入选。在第六届中国青年志愿服务项目大赛中，浙江音乐学院的"七彩音乐助共富"文化服务项目喜获银奖。

三、公共文化服务现代化主要目标指标完成情况

2021年8月，浙江省委、省政府印发《关于高质量建设公共文化服务现代化先行省的实施意见》，提出到2025年，公共文化服务不断完善，内容更加优质、供需更加平衡、主体更加多元、保障更加有力，基本建成以人为核心的高质量公共文化服务现代化体系。同时，从"优先发展""均衡发展""品质发展""以人为本""创新发展"5大方面，提出"浙江省公共文化服务现代化主要目标指标"共计19项，为浙江高质量发展建设共同富裕示范区提供有力支撑。

截至2022年年底，从浙江省公共文化服务现代化的主要目标指标完成情况来看，总体进展顺利、符合预期。19项主要目标指标中，有7项指标（占比36.8%）已提前完成2025年目标值，分别是"文化下派员配备率""每万人拥有文化志愿者数量""公共图书馆藏书人均流通册数""三星级以上文化礼堂建成率""县级公共文化机构高级职称人员比例""县级公共文化机构线上服务年惠及群众人次""县域文化惠民品牌创建率"。

受疫情等因素影响，有两项目标指标尚未回到"十三五"末的水平：如指标1"公共文化机构经费效益"2020年、2021年、2022年数据分别为29.1

元/人、24.59 元/人、21.63 元/人,呈持续下降趋势,实现 2025 年(25 元/人)目标值尚存在不确定性;指标 6"年人均接受文化场馆服务次数"2020年、2021 年、2022 年数据分别为 5.78 次、4.25 次、5.16 次,实现 2025 年(8 次)的目标值尚有较大差距。

另外,指标 9"公共图书馆、文化馆一级馆建成率"中,2022 年公共图书馆一级馆建成率为 97.06%,已提前达到了 2025 年的目标值。

具体指标数据见表 1。

表 1 浙江省公共文化服务现代化主要指标

类别	序号	指标	2020 年	2021 年	2022 年	2025 年(目标值)
优先发展	1	公共文化机构经费效益(元/人)	29.1	24.59	21.63	25
	2	每万人配备文化从业人员数量(人)	3.3	2.79	3.24	3.5
	3	文化下派员配备率(%)	—	95.31	100	100
	4	每万人拥有体育设施面积(m²)	2.4	—	—	2.8
均衡发展	5	县级图书馆文化馆分馆覆盖率(%)	—	83.77	98.57	100
	6	年人均接受文化场馆服务次数(次)	5.78	4.25	5.16	8
	7	每万人拥有文化志愿者数量(人)	15.5	228	304	30
	8	公共图书馆藏书人均流通册数(册次)	1.34	1.34	1.6	1.6

续表

类别	序号	指标	2020年	2021年	2022年	2025年（目标值）
品质发展	9	公共图书馆、文化馆一级馆建成率(%)	86.3(图书)/90.1(文化馆)	86.3(图书馆)，91.2(文化馆)	97.06(图书馆)；91.2(文化馆)	96；96
	10	一级以上文化站建成率(%)	41.8	54.90	56.59	60
	11	三星级以上文化礼堂建成率(%)	—	39.09	59.69	40
	12	县级以上公共文化场所多语种导览导读服务覆盖率(%)	—	—	—	90
	13	县级公共文化机构高级职称人员比例(%)	10.3	10.98	16.93	15
以人为本	14	城乡居民综合阅读率(%)	90.4	91	91.9	92.5
	15	全民艺术综合普及率(%)	—	74.4		80
	16	社会公众对公共文化服务的满意率(%)	—	80.16		85
创新发展	17	数字化公共文化场馆建成率(%)	—	—	—	50
	18	县级公共文化机构线上服务年惠及群众人次（万人次）	—	75.56	115.12	80
	19	县域文化惠民品牌创建率(%)	—	100	100	100

四、2023年浙江公共文化服务现代化发展展望

2023年，浙江省公共文化服务将持续以习近平新时代中国特色社会主义思想为指导，以省第十五次党代会提出的"着力推进全域文化繁荣全民精神富有""打造新时代文化艺术标识""推进公共文化服务优质均衡发展"为顶层设计，坚持以人民为中心的发展思想，立足新发展阶段、贯彻新发展理念、构建新发展格局，以满足人民日益增长的美好生活需要为根本目标，充分发挥数字赋能作用，推进融合发展，促进提质增效，科学总结打造高质量现代化公共文化服务有效路径的成功经验，争创社会主义现代化先行省，建设共同富裕示范区的排头兵和先锋队。

（一）优质均衡，促进城乡一体公共文化服务现代化发展

贯彻落实省委省政府工作要求，加快推进"浙文惠享"民生实事工程。根据各地实际，进一步分解任务。在2023年，全省完成建设"15分钟品质文化生活圈"3000个，城市书房200个，文化驿站100个。打造"重要窗口"文化地标。完成建设之江文化中心，全力打造之江艺术长廊，展示浙江文化形象。拓展新型公共文化空间。进一步推动乡村博物馆、城市书房、文化驿站等覆盖城乡的新型公共文化空间建设，在未来社区、未来乡村"嵌入式"建设一批供城乡居民文化休闲的"公共文化+"空间，促进城乡一体均衡发展，不断满足城乡居民对高品质文化生活的需求。加快公共文化场馆景区化建设，建立旅游场所文化评价制度，重点推动100个文博场馆成为旅游景区，推动旅游驿站成为公共文化新阵地。提高基层公共文化服务效能。稳步推进重点公共文化设施专项提升工作，对完成提升任务的重点公共文化设施进行评估定级。

（二）创新改革，推动公共文化数字化建设跃上新台阶

完善"品质文化惠享"平台。以"15分钟品质文化生活圈"建设为依托，

不断完善信息一屏掌控、服务一网畅达、监管一览无余的数字化协同管理体系。以设施、人才、服务为主线，按照"平台+大脑"的架构，汇聚形成反映全省各地文化资源、文化需求和服务运行的专题数据库，迭代升级文化空间、文艺达人、惠民服务、浙文标识和综合管理五大基本模块，逐步实现公共文化资源配置闭环、精准服务闭环、管理调度闭环、评价监测闭环。重点推进"浙里文化圈"服务端的"文脉、看书、观展、艺培、演出、雅集、知礼"模块建设和"品质文化惠享"治理端迭代升级。以全民阅读推广、全民艺术普及、全民美育为目标，重点打造一批云阅读、云展览、云演出等数字资源，加快建设智慧文化馆，提升智慧图书馆服务效能。加快图书馆、文化馆、博物馆等公共文化设施数字化转型升级。鼓励公共文化场馆打造在线在场相结合、"大屏""小屏"相补充、体验方式多样化、空间环境场景化的互动式、沉浸式数字体验空间，推动公共文化数字化建设跃上新台阶。

（三）开放多元，探索公共文化服务社会化发展新路径

围绕构建"公共文化共同体"目标，推动各级各类公共文化机构、联盟、体系和联合体深度合作、协同发展，重点打造一批面向社会治理关键问题、发挥文化赋能作用的公共文化标杆项目。完善社会力量参与的管理和服务机制，形成开放多元、充满活力的公共文化服务供给体系。加大引导扶持力度，培育凝聚优质社会主体。鼓励引导各地区先行先试，开展错时延时服务、普惠性非基本公共文化服务、限定的经营性服务等创新试点工作，探索公共文化服务社会化浙江模式。加强对文化类社会组织的引导和扶持，认定一批专业能力强、信誉度高、热心于公共文化事业的文化类社会组织（企业），推动基层公共文化设施社会化运营，打造一批社会化运营典型样本。总结首批文化保障卡发行经验，优化运行机制，丰富服务内容，提升服务效能，进一步扩大文化保障卡覆盖人群，形成具有浙江辨识度的文化保障卡制度。持续丰富文化志愿服务项目，推动志愿服务常态化、规范化

发展。

（四）丰富供给，满足群众高品质精神文化生活需求

创作聚焦时代的文艺精品，加强艺术创作的组织规划引导，建立重大文艺创作项目"张榜招贤"机制，完善全周期服务机制，不断推出讴歌党、讴歌祖国、讴歌人民的精品力作，努力推动文艺创作从高原迈向高峰，创作更多的扛鼎之作，为百姓提供更多、更好、更优质的文化产品，为实现精神生活共同富裕贡献力量。持续推进"全区域覆盖、全人群普及、全时段开放、全时空服务、全社会参与"的全民艺术普及工作。在全省范围内广泛开展"文艺赋美"工程，推动"文艺赋美"演出向乡村延伸。深入开展全民阅读活动，高水平办好"图书馆之夜""阅读马拉松"等品牌活动，全力办好第二届全民阅读大会。打造"浙艺少年"青少年美育品牌，推动全民美育工作蓬勃开展。广泛开展美育村（社区）评选，以艺术赋能美丽乡村建设。

（五）先试先行，做好全国示范性项目助力精神共富

完善争先创优赛马机制，发挥好浙江省公共文化服务现代化发展指数（CMDI）的引领作用，推动公共文化服务现代化先行县（领航项目）、文化强镇、文化示范村等的建设。深化公共文化服务现代化理论研究，发挥好公共文化服务现代化研究中心及专家作用，凝练具有地方特色的文化创新品牌活动项目，形成可复制、可推广的创新经验，打造浙江公共文化金名片。探索精神富有指标体系。初步构建精神富有测量指标体系，实现"精神富有"和"精神生活共同富裕"可量化、可评价，形成"找准短板—掌握需求—精准供给—考核评价"工作闭环链条，面向农村居民、农民工群体、残疾人群体等推行分人群精准公共文化供给。

（六）互促并进，着力提升文化和旅游公共服务水平

进一步加快对旅游驿站的整体谋划建设工作，优化《旅游驿站基本要求

和评价》内容。建立旅游公共服务高质量发展评估指标体系，制定旅游公共服务建设指南。拓展公共文化场所旅游服务功能，探索在文化馆、非遗馆、音乐厅等公共文化场所设立旅游服务专区。启动全省第二批旅游驿站建设工作，完善对已建成旅游驿站的提升和管理，加快推广以提高旅游驿站公众知晓率、使用率和影响力。积极寻找旅游驿站和旅游产业链各环节的对接点，形成文旅产业升级的增长点，推动文旅精品资源的深度融合。强化旅游厕所建设运营，新建一批示范性旅游厕所。

（执笔人：李阳）

第二部分
专 题 报 告

浙江省现代公共文化服务体系建设研究报告

一、主要发展成就

（一）政府保障能力不断提升

坚持政府主导，完善公共文化政策制度体系建设，强化政府财政保障，高标准公共文化服务保障体系基本建成。一是构建政策体系。2018 年，《浙江省公共文化服务保障条例》正式实施，是《中华人民共和国公共文化服务保障法》出台后制定的第一个公共文化服务方面的地方性法规。2021年浙江省委省政府办公厅浙江省人民政府办公厅印发《关于高质量建设公共文化服务现代化先行省的实施意见》，出台《浙江省县（市、区）公共文化服务现代化标准（2021—2025 年）》，为未来五年浙江省公共文化服务现代化建设明确了方向和路径。二是实现"三个纳入"。各级人民政府全部将公共文化服务纳入本级国民经济和社会发展规划，公共文化服务绩效纳入政府目标责任考核，公共文化服务经费纳入地方财政预算。到 2021 年年底，全省文化事业费达 92.115 亿元、人均文化事业费 142.22 元，分别比 2016 年增加了 69.12%和 46.01%。三是完善协调机制。省、市、县三级均按要求建立公共文化服务协调机制，成立公共文化服务体系建设协调组，定期召开会议，优化公共文化服务运行机制，推动跨部门、跨行业、跨区域公共文化服务资源共建共享、网络互联互通。四是规范政府购买公共文化服务。

将文化服务、体育服务等公共服务事项纳入政府购买服务目录,每年制定《政府向社会力量购买公共文体服务指导推广目录》,涵盖公益性文体活动组织与承办、公共文体设施的运营和管理等 6 方面 49 项内容。市、县两级政府结合本地实际,选择条件成熟的公共文化服务项目组织实施,有计划地逐步纳入本级政府向社会力量购买服务的年度指导目录。五是构建多元考评体系。建立基层群众需求反馈机制,定期开展公共文化服务群众满意度测评。完善全省基本公共文化服务标准化数据跟踪系统,每年发布一次《浙江省基层公共文化服务评估指标数据》,为文化决策提供科学参考。

(二)公共文化服务发展格局不断均衡

城乡一体化发展、全域均衡发展、实现人群全覆盖是浙江公共文化服务高质量发展的主攻方向。一是构建城乡一体的公共文化服务设施体系。截至 2021 年年底,全省共有文化馆 102 个,公共图书馆 102 个,博物馆 158 家,非遗中心 101 家,乡镇(街道)综合文化站 1365 个,每万人拥有群众文化设施面积 825 平方米,较 2016 年增长了 12.7%,"县有四馆、区有三馆、乡镇(街道)有综合文化站"目标全部实现。探索在老百姓身边建设一批"城市书房""文化驿站"等小而精的新型公共文化空间。二是实施公共文化服务"十百千"工程。从 2015 年开始,分两批遴选 21 个公共文化服务薄弱县和 107 个薄弱乡镇、1228 个薄弱村,以两年为一个提升周期,集中人力物力和财力,项目推进,重点提升。五年来,省级财政转移支付 2.5 亿元,累计撬动市县政府和社会资本投入 69 亿元,确保了基本公共文化服务均等化目标的顺利实现。三是推进县级图书馆文化馆总分馆建设。发挥县级以上公共文化机构辐射作用,推动优质公共文化资源向基层延伸。截至 2021 年年底,全省建成县级图书馆分馆 3258 家,文化馆分馆 1118 家,乡镇(街道)平均覆盖率分别达到了 80.66% 和 77.25%。四是保障特殊人群基本公共文化权益。完善特殊群体公共文化服务工作机制,推动公共文化机构面向外来务工人员、老年人等特殊群体开设服务区域,增置设施设备,制定区域服务管理制度，开展针对性公共文化服务，形成了"流动少年宫""农民工双提升行动"等一大批特殊人群文化服务品牌。

(三)公共文化服务品质不断提升

以人民群众的文化需求为导向，有针对性地加强公共文化资源的建设和使用，持续丰富服务内容，提升服务品质，丰富和活跃人民群众的精神文化生活，切实保障人民群众享有公共文化服务的权益。一是推进公共文化服务普惠化。实施《浙江省基本公共文化服务标准(2015—2020年)》，明确基本公共文化服务的底线标准。2020年年底，基本公共文化服务标准化全面实现。深入实施文化惠民工程，2021年，组织送戏下乡33419场次，送书下乡643.74万册次，送讲座送展览36734场，组织文化走亲活动3621场，打造了别样精彩的精神文化生活。二是打造公共文化服务品牌。广泛开展群众性品牌文化活动，涌现了舟山"淘文化"、丽水"乡村春晚"、宁波"一人一艺"、湖州"文化走亲"等一大批在国内有影响的文化品牌。群众性文艺创作风起云涌，小品《父与子》等309件作品获全国群星奖。每年联动全省公共图书馆开展"图书馆之夜"等全民阅读推广活动，积极打造"书香浙江"品牌。三是开展建党百年系列活动。广泛组织开展"迎建党百年享美好生活"系列群众文化活动，重点策划省级示范性群众文化活动10项，引导各地广泛开展具有当地特色的群众文化活动56586场次(线上活动32660场次，线下活动23926场次)，积极营造全民喜迎中国共产党百年华诞的欢乐场面，参与群众达到3.05亿人次。其中，浙江省群众(乡村)合唱大赛、浙江民间音舞大型展演两项活动，通过线上线下同步开展的方式，参与群众分别达到了690万、530万人次。

(四)公共文化服务人才队伍不断壮大

逐步完善人才队伍的录用、培训、志愿服务机制，全省各级公共文化机构从业人员的队伍不断壮大，人员结构不断优化，专业素质不断提高。

一是优化公共文化人才队伍结构。高标准配置基层公共文化服务人员。目前，全省公共文化机构有 2249 个，从业人员达 3.33 万人。其中，具有中级以上职称的技术人员在公共图书馆从业人员中比例达 32.7%，在文化馆(站)从业人员中比例达 14.7%，在博物馆从业人员中比例达 20.4%。二是加强基层公共文化队伍建设。培育以"三团三社"为核心的基层文艺团队，推动人民群众成为基层公共文化服务的主角。截至 2021 年年底，全省累计各类文艺社团达到 4.6 万支(其中三团三社 2.5 万支)。成立浙江省文化和旅游志愿者总队，下设省直属支队 15 支，市支队 11 支，县(市、区)支队 90 支，志愿者人数近 10 万人。三是提升公共文化队伍素养。持续开展基层文化从业人员培训工作，2021 年组织开展各类培训活动 17723 班次，培训超过 109 万人次。开展文化示范户和乡村文化能人评选工作，评选文化示范户和乡村文化能人近 1 万人，成为基层公共文化服务的主力军和催化剂。

(五)公共文化服务创新力度不断加强

一是创新公共文化人才培养模式。推动公共文化人才培养与学历教育挂钩，委托浙江艺术职业院校定期培养基层文化人才，目前已招收 4 届 228 人。推行文化下派员制度，为街道(乡镇)配备文化下派员 1443 名，有效解决了基层文化工作人员"不专职、不专心、不专业"的问题。打通基层文化人才招聘绿色通道，不设最低开考比例，特殊人才可直接考核录用，为基层文化队伍注入了强心剂。二是创新公共文化资源配置方式。以"五有三型"为基础，在农村建设集学教、礼仪、娱乐于一体的文化礼堂 17804 家。与支付宝合作推出"信阅"服务，在省内实现以信用积分取代押金的免押金注册服务，使人民群众足不出户就可以享受到选书借阅、快递到家的服务。探索以"社保卡"为基础的公共文化服务供给体系，全省公共图书馆、博物馆、A 级以上旅游景区实现长三角社保卡一卡通。三是创新公共文化服务机制。大力推进法人治理结构改革，全省公共文化场馆成立理事会 509 家，实现了县级以上公共文化机构全覆盖，温州图书馆法人治理改革经验入选电视政论片《将改革进行到底》。大力推进公共文化服务社会化改革，引进社会力量参与公共文化设施管理，萧山"文化管家"模式写进了省委共同富裕实施方案中予以推广。四是创新文化旅游融合发展模式。完成乐清图书馆等 6 家单位国家级试点建设任务。遴选 3 个县(市、区)、15 个公共图书馆和文化馆、30 个乡镇(街道)综合文化站和 147 个农村文化礼堂作为浙江省公共文化场馆服务功能拓展先行先试单位，举办"浙江省公共文化场馆服务功能拓展先行先试培训班"。

(六)公共文化数字化改革不断加快

一是建设公共文化服务大数据中心。打破"数据孤岛"，整合全省公共文化数字资源及交通、公安、环境、教育等信息，建设公共文化服务大数据中心，推动公共文化服务的整体智治。建设公共文化服务驾驶舱，及时研判各类服务数据，为文化决策提供科学参考。开发"智慧文化云""指尖上的导师""浙里阅"等应用场景，为不同文化需求的群众提供便利可达的指尖服务。二是推进数字公共文化空间建设。探索建设融物联网、人工智能等新技术于一体的"全景智能"公共文化服务空间，建成智慧书房 30 家、数字文化馆 31 家。与互联网技术公司合作，利用图书馆、文化馆等公共场馆建设时尚感强、体验性好的数字文化空间，营造沉浸式、互动式数字化环境，增强公共文化场馆的吸引力和凝聚力。三是开展线上公共文化服务。每年建立公共文化服务菜单目录 2000 余项，为基层群众特别是边远山区群众提供个性化、定制化服务。打造云阅读、云展览、云演出、云走秀、云健身等数字资源，畅通不同文化系统之间的用户体系，提高群众参与线上公共文化服务的便捷性和通畅度。

二、存在的问题

虽然浙江省深入推进现代公共文化服务体系建设，但对照高质量发展建设共同富裕示范区的新目标新定位，对照《关于高质量建设公共文化服务现代化先行省的实施意见》的高质量发展要求，还存在着不小的差距和不足，主要有以下几个方面的问题：

一是公共文化供给的不均衡现象依然存在。从发展区域看，山区 26 县的公共文化服务发展基础薄弱，基层服务人员队伍稳定性差，人员流动频繁，山区 26 县公共文化服务发展顶层设计不清晰，发展资金缺口较大。从城乡发展看，农村公共文化服务水平和品质等依然低于城市。从受惠人群看，外来务工人员、残疾人等特殊群体的公共文化产品还不够丰富，选择性不够强。

二是公共文化社会化发展有待进一步探索。社会化是解决基层公共文化人员不足、专业素养无法与管理实际相适应而提出的新探索。虽然公共文化机构法人治理结构改革已经启动，并且取得成效，但是如何让专业性的社会组织参与乡镇(街道)综合文化站、农村文化礼堂等基层公共文化设施，仍需进一步试点探索典型经验。

三是数字化改革进程有待进一步推进。数字化改革是提升公共文化和旅游公共服务治理能力的重要抓手，虽以完成"浙江智慧文化云"为基础，重点建设"全省图书通借通还""浙里阅""民生关键小事智能速办""文 E 家"等四大任务，但对标其他领域的数字化改革进展，公共文化和旅游服务的数字化改革力度还需进一步加大，特别是在多跨场景的打造上，仍需重点谋划，重点推进。

三、总体思路、主要目标和重点任务

当前，公共文化服务建设发展已经进入新阶段。在全面实现基本公共文化服务标准化的基础上，今年 5 月，中共中央国务院印发《高质量发展建设共同富裕示范区的意见》，将缩小"区域差距、城乡差距、群体差距"作为主攻方向。8 月，中共浙江省委办公厅浙江省人民政府办公厅印发《关于高质量建设公共文化服务现代化先行省的实施意见》，明确以高质量为主线的公共文化服务建设发展方向。面对新形势，要立足省情，坚持以人为本、政府主导、社会参与，以现代化为目标，推动公共文化服务优先发展、均衡发展、品质发展、人本发展和创新发展，高质量建设公平均衡、以人为本、优质高效、创新驱动的公共文化服务现代化体系；锚定高质量发展，不断提高公共文化服务标准化、均等化、效能化、品牌化、数智化、社会化、一体化和法治化水平，助力建设新时代文化高地。

（一）总体思路

以高质量发展为主线，重点围绕公共文化数字化改革、高标准公共文化空间建设、高品质公共文化生活打造、高效能文化治理推进、高标准政策保障体系建设等五方面，推进公共文化服务高质量发展，为人民群众提供更高质量、更有效率、更加公平、更可持续的公共文化服务，推动实现群众精神富足。

（二）主要目标

到 2025 年，基本建成以人为核心的高质量公共文化服务现代化体系。公共文化服务不断完善，内容更加优质、供需更加平衡、主体更加多元、保障更加有力，市县乡三级公共文化服务设施达标率达到 100%，城乡一体"15 分钟品质文化生活圈"覆盖率达到 100%。

（三）重点任务

1. 全面深化数字化改革

（1）推动"浙江智慧文化云"迭代升级。整合全省公共文化数字资源，融合交通、公安、环境、教育等信息数据，建设公共文化数字驾驶舱。加快建设覆盖全省的公共文化一体化资源系统和大数据仓、专题库，推动数据开放共享。推进公共文化领域整体智治，构建全省一屏掌控、服务一网畅达、监管一览无余的数字化协同管理模式。加快图书馆、文化馆等公共文化场馆数字化转型升级。

(2)建设公共文化多跨应用场景。以"三张清单"为抓手,建设"智慧广电+""未来社区文 E 家""指尖上的导师""浙里阅"等应用场景。利用云计算、人工智能、区块链、VR/AR 等新技术,丰富在线公共文化产品,促进公共文化服务精准供给。积极开展智慧化展现、数字化保护管理、网络化集成等应用,实现公共文化智能化。推进综合文化站、文化礼堂等场馆智能化提升。

(3)提升公共文化数字服务能力。依托 5G 等新基础设施优势,形成线上线下相结合的公共文化服务格局。完善菜单式服务等机制,加快实现公共文化资源网上共享、活动网上配送、服务网上采购。创新数字资源建设模式,重点打造一批云阅读、云展览、云演出、云走秀、云健身等数字资源。推广公共文化高清网络直播,培育具有高黏性的粉丝社群。

2. 建设高标准公共文化空间

(1)提升公共文化服务标准。出台《浙江省公共文化服务现代化标准(2021—2025 年)》。制定城乡一体"15 分钟品质文化生活圈"建设标准,高标准实现"市有'五馆一院一厅'(图书馆、文化馆、博物馆、美术馆、非物质文化遗产馆、大剧院、音乐厅)、县有'四馆一院'(图书馆、文化馆、博物馆、非物质文化遗产馆、大剧院)、区有'三馆'(图书馆、文化馆、非物质文化遗产馆)、乡镇(街道)有综合文化站、村有文化礼堂、社区有文化家园"要求。完善涵盖场馆建设、服务供给、设施管理、效能建设等公共文化服务全流程的标准体系。

(2)布局城乡公共文化空间。实施百亿文化设施建设工程,重点打造国家版本馆杭州分馆、之江文化中心、浙江音乐厅新馆等一批文化地标。根据城乡风貌建设总体规划,建设提升一批具有鲜明标识度的文化综合体、历史文化街区、传统村落和古村落。推进综合文化站和农村文化礼堂、文化公园等创意性改造。在未来社区(乡村)有机引入"城市书房""文化驿站"等新业态。鼓励机关、学校和企事业单位建设公共文化场所。

(3)优化公共文化服务结构。推广图书馆中心馆总分馆和县级文化馆总分馆模式,建成图书馆分馆 1500 家、文化馆分馆 1000 家,推动优质公共文化资源向基层、乡村延伸。提升景宁畲族自治县和 18 个民族乡镇公共文化服务水平。提高对老年人、未成年人、残疾人、农民工等特殊群体文化供给的精准性。支持设区市组建乐团和专业音乐学校、县(市、区)设置美术馆。

(4)促进公共文化融合发展。推动公共文化与旅游融合发展,促进重大品牌节庆活动和公共文化设施发挥旅游功能,加快文博场馆景区化进程。推动公共文化与教育融合发展,在中小学设立艺术普及点等课外教育基地 1000 个。支持公共图书馆、文化馆、博物馆、工人文化宫等建立联动机制,提高综合服务效能。推动公共文化服务与体育融合发展、智慧广电跨界融合发展、公共文化设施与新时代文明实践中心融合发展。

(5)推动长三角公共文化高质量一体化发展。主动对接国家战略,推动长三角地区公共图书馆、文化馆等以社保卡为载体,实现阅读一卡通、服务一网通、联展一站通、培训一体化,公共图书馆社保卡一卡通实现率达到 100%。共同举办长三角原创品牌文化活动。加大对嘉善片区公共文化服务现代化建设的支持力度。

3. 创造高品质公共文化生活

(1)实现文化产品多元化供给。以社会主义核心价值观引领公共文化产品的创作生产和传播,重点围绕党的十八大以来改革发展成就,创作生产有力量、有温度的群众文艺精品。扩大图书馆、文化馆(站)等公共文化场馆免费开放范围,创新服务形式,逐步实现错时开放、夜间开放。创新开展创意市集、街区展览、音乐角、嘉年华等活动。鼓励有条件的文化馆(站)将说唱、街舞、小剧场话剧等文艺形式纳入服务范围。高质量传播和输出列入公共文化服务目录的广播电视和网络视听节目。

（2）推动"四个全民"全社会普及。广泛开展全民阅读活动，高水平办好"图书馆之夜"等品牌活动。以公共图书馆、场馆型自助图书馆、实体书店等为主体，年举办全民阅读活动不少于 1000 场次。稳步推进全民艺术普及，组建全民艺术普及联盟，加大艺术培训力度，年举办线下培训不少于 1 万场次，受益群众不少于 10 万人次。积极开展全民健身运动，形成"群众天天有活动、乡村(社区)月月有赛事、乡镇(街道)年年有运动会"的局面。持续推进全民科学普及，全面普及科学知识，弘扬科学精神，传播科学思想，倡导科学方法。

（3）促进文化惠民全地域覆盖。深入实施百城万村文化惠民工程，持续推进送戏送书送展览下乡。举办"全民文化艺术周""农村文化礼堂运动会""残疾人文化艺术周"，广泛开展广场舞展演、群众歌咏等文化活动，引导群众成为基层文化活动的组织者和参与者。与互联网平台合作，创新文化惠民服务方式，让更多群众共享文化发展成果。开展公共图书馆文化馆服务大提升活动，全省"满意图书馆""幸福文化馆"建成率达到 95% 以上。

（4）推进公共文化国际化传播。发挥"东亚文化之都""欢乐春节"等平台优势，开展"一带一路"国际文化交流。提升公共文化场馆国际化服务能力，县级以上公共文化场馆多语种导览导读服务覆盖率达到 90% 以上。建设公共文化国际交流基地不少于 30 个，国际交流项目库不少于 300 项。推广"义乌丝路驿站"经验。创造条件组织国际艺术院团到基层开展公益性演出。鼓励有条件的地区吸收国际友人担任文化和旅游志愿者。

（5）加快公共文化品牌化进程。完善争先创优赛马机制，推动公共文化服务现代化先行县、文化强镇、文化示范村建设。擦亮"一人一艺""乡村村晚"等文化品牌，打造具有浙江标识的公共文化金名片。培育富有引领力、可推广的创新项目不少于 100 个。

4. 实施高效能公共文化治理

（1）提高依法治理水平。贯彻落实《中华人民共和国公共文化服务保障法》《浙江省公共文化服务保障条例》，推进浙江省公共图书馆条例立法工作。修订《浙江省文化馆管理办法》。鼓励设区市制定相关地方性法规。加强公共文化服务法治宣传和执法检查。有序推进公共文化机构法人治理结构改革。

(2)加强乡村文化治理。将文化建设融入乡村治理体系。探索区域公共文化服务联合体建设，推进乡村公共文化组团式发展。实施艺术振兴乡村计划，建立艺术家、策展人等专业人士与省级以上民间文化艺术之乡、A级景区村的对接机制。培育乡村文化策划师队伍，挖掘乡村文化底蕴，传承优秀文化基因。

(3)支持社会力量参与。推广政府与社会资本合作模式，引导社会资本参与文化建设。加大政府购买公共文化服务力度。推广"文化管家"等模式，支持人员配备不足的基层文化场馆通过政府委托运营等方式引入专业团队参与管理和运行。认定培育一批文化类社会组织(企业)。

(4)促进志愿服务发展。制定《浙江省文化和旅游志愿服务章程》，搭建志愿服务平台，健全志愿者招募、培训、激励、保障等制度，壮大志愿服务队伍。广泛开展"美好生活"系列主题志愿服务活动，培育一批特色项目和服务品牌，形成具有浙江特色的文化志愿服务模式。

5. 建立高标准政策保障体系

(1)加强组织领导。各级党委和政府要深刻认识公共文化服务现代化建设的重要意义，把公共文化设施空间布局纳入各级国土空间总体规划；把公共文化服务现代化建设纳入国民经济和社会发展规划，纳入重要民生实事工程，纳入目标责任制考核体系。完善公共文化服务体系建设协调机制。各市、县(市、区)要及时提出贯彻落实措施，制定公布本行政区域公共文化服务目录。

(2)强化要素保障。合理划分各级政府公共文化服务事权和支出责任，建立健全公共文化领域全过程预算管理机制，完善财政保障机制，强化绩效评价结果运用，建立与公共文化服务现代化相适应的财政投入增长机制。省级公共文化经费分配要向山区 26 县倾斜。落实《浙江省居民住宅区公共文化设施配套建设标准》，新(改、扩)建小区按 0.12 平方米/套的标准配建公共文化设施，实现同步规划、同步建设、同步投入使用。合理配置公共文化机构人力资源并进行动态调整。组建公共文化专家智库。

(3)提升队伍素质。实施基层文化队伍素质提升工程，每年培训基层文化骨干 10 万人次以上。加大基层文化员定向培养力度。健全完善文化下派员运行机制，县(市、区)政府可根据需要向省级中心镇和人口 5 万以上的乡镇(街道)派驻文化工作人员。推进乡村文化能人培育，培育乡村文化能人不少于 5 万。加强基层文艺团队建设，培育以"三团三社"(合唱团、民乐团、艺术团、文学社、摄影社、书画社)为核心的基层文艺团队 4 万个以上。

(4)创新运行机制。创新公共文化服务投入方式，通过政府购买、项目补助、定向资助、贷款贴息等措施，支持符合条件的文化企业和社会组织提供公共文化服务。探索浙江文化保障卡制度。深化基层综合文化服务平台建设，建设一批融文化、旅游等功能于一体的综合文化站和农村文化礼堂。公共文化机构文化创意产品开发取得的事业收入、经营收入和其他收入等按规定纳入本单位预算统一管理，可用于加强公益文化服务、藏品征集和继续投入文化创意产品开发，对符合规定的人员予以绩效奖励。

(5)健全评价体系。完善公共文化服务现代化评价指标体系，定期发布公共文化服务现代化发展指数。完善图书馆、文化馆、乡镇(街道)综合文化站等评估定级指标体系。健全公共文化机构绩效评价制度，将评价结果作为确定预算、收入分配的重要依据。探索建立公共文化服务实时统计监测制度。

(来源：浙江省文化和旅游厅)

浙江省公共文化服务现代化
发展指数（CMDI）报告
（2022 年度）

一、公共文化服务现代化发展指数简介

公共文化服务现代化发展指数是推动公共文化服务现代化发展的重要手段。2021 年，浙江省在全国率先实施省域公共文化服务现代化发展指数评估，定期监测并发布各市、县(市、区)发展指数，促进公共文化服务品质大幅提升。2022 年，基于民生引领、品质共享价值导向，浙江省继续开展全省公共文化现代化发展指数评估工作，以评促改，以评促进，在全省域范围内，提高文化治理体系和治理能力现代化水平。

（一）评估对象

全省 90 个县(市、区)(不包括开发区)，以及 11 个设区市。

（二）评估指标和权重

2022 年度浙江省公共文化服务现代化发展指数(CMDI)评估指标体系总分 100 分，共设置了 5 大类别 28 项指标。同时，采用主成分分析法，将有关联的若干指标转化为 5 个综合指标：

1. 优先发展(指标 1 公共文化机构经费效益、指标 2 公共文化文物事业

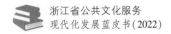

费占财政支出比重、指标 3 文化考核分占比、指标 4 每万人配备文化从业人员数量、指标 5 文化下派员配备率、指标 6 每万人拥有公共文化设施面积等 6 项得分相加）。

2. 均衡发展（指标 7 县级图书馆/文化馆分馆覆盖率、指标 8 年人均接受文化场馆线下服务次数、指标 9 文化志愿者活跃度、指标 10 公共图书馆藏书人均流通册数、指标 11 业余文艺社团、指标 12 送书下乡、指标 13 送戏下乡、指标 14 送讲座/展览下乡、指标 15 县级文化走亲活动次数等 9 项指标得分相加）。

3. 品质发展［指标 16 公共图书馆/文化馆一级馆率、指标 17 一级（含）以上综合文化站建成率、指标 18"15 分钟品质文化生活圈"服务指数、指标 19 新型公共文化空间、指标 20 三星级（含）以上农村文化礼堂建成率、指标 21 县级公共文化机构高级职称人员比例等 6 项指标得分相加］。

4. 以人为本（指标 22 城乡居民综合阅读率、指标 23 全民艺术综合普及率、指标 24 社会公众对公共文化服务满意率等 3 项指标得分相加）。

5. 创新发展（指标 25 重要创新项目数量、指标 26 浙里文化圈普及率、指标 27 县域文化惠民品牌创建、指标 28 文化场馆年报等 4 项指标得分相加）。

（三）设区市得分

11 个设区市的评价是根据所辖县（市、区）数据，并结合开发区数据和市级场馆数据合并计算。

（四）基础数据取得

评估体系数据主要从智慧文化云采集，同时，结合科教、民政、财政、宣传等部门提供的数据，以及第三方测评数据等来源。其中，乡镇（街道）数、行政村（社区）数以省民政厅公布的乡镇（街道）数、行政村（社区）数为准；常住人口数以第七次全国人口普查数据为准；涉及财政投入的数据以浙江省文化文物统计年鉴数据为准；农村文化礼堂(社区文化家园)数据由各县(市、区)根据相关文件进行填报，并提供宣传部门的文件证明材料；城乡居民综合阅读率、全民艺术综合普及率及社会公众对公共文化服务满意率数据通过第三方测评方式获取。数据与全国、全省文化文物统计报表、各地政府官方网站数据相吻合。

(五)评估数据运用

2022年度浙江省公共文化服务现代化发展指数评估指标印发对象为：文化和旅游部，省级有关单位，各市、县(市、区)党政领导，各市、县(市、区)文化广电旅游局。对照28项指标数据的评估结果，各县(市、区)通过横向比较，明确自己的发展优势，找出自己的短板所在，制定下一步的发展规划，达到以评促改、以评促建，砥砺前行，切实推进本地区公共文化服务现代化建设工作提质增效，努力在共同富裕中实现精神富有，在现代化先行中实现文化先行。

二、2022年度浙江省公共文化服务现代化发展总体情况分析

近年来，浙江省委、省政府始终把加强公共文化服务体系建设作为改善民生的重要内容和加快文化强省建设的重要目标。2021年，中共浙江省委办公厅、浙江省人民政府办公厅印发《关于高质量建设公共文化服务现代化先行省的实施意见》《浙江省县(市、区)公共文化服务现代化标准(2021—2025年)》，明确了浙江省公共文化服务现代化主要目标指标，提出了浙江省县(市、区)公共文化服务现代化标准，对"十四五"时期公共文化服务的发展提出了新的要求和标准。《浙江高质量发展建设共同富裕示范区实施方案(2021—2025年)》，又进一步将打造新时代文化高地、丰富人民精神文化生活提到新的高度。

2021年，中央赋予浙江高质量发展建设共同富裕示范区的重大使命。

在国家文化和旅游部的大力指导下，浙江省切实把握公共文化服务这一精神富有的"关键变量"，脚踏实地推进公共文化服务现代化先行省建设，从现代公共文化服务体系高质量发展要求出发，着力扩大公共文化服务的覆盖范围，"省、市、县、镇、村"五级一体化运行的公共文化服务体系不断完善。截至2023年，全省已建成公共图书馆102家、文化馆102家，备案博物馆424家、美术馆19家、非遗馆46家、大剧院54家、音乐厅4家；建成乡镇（街道）综合文化站1366家，村（社区）文化设施22517处，包括：农村文化礼堂19881家，社区文化家园（礼堂）2636家；建成新型文化空间载体2793处，包括：文化驿站717家，城市书房1387家，乡村博物馆689家；其他文化空间78144处，包括：健身设施21619家，文化广场9013家，阅读空间8765家，活动空间27803家，表演空间2788家，展览空间7832家，文保单位16家，旅游驿站308家（注：引自智慧文化云最新数据）。类型丰富的公共场馆、多维立体的文化空间织密浙江省公共文化设施网络，推动城乡均衡一体发展。

在优化布局公共文化设施网络的同时，也在不断丰富公共文化服务供给。利用各级图书馆、城市书房、农家书屋等阅读空间，大力推动全民阅读，提高城乡居民综合阅读率；利用各级文化馆、乡镇（街道）综合文化站、农村文化礼堂、社区文化家园、文化驿站等场馆设施，开展形式多样、内容丰富的群众性文化惠民活动；截至2022年年底，共建成8288个"15分钟品质文化生活圈"，充分挖掘公共资源潜力，多跨整合7.7万个公共文化设施，让群众走出家门步行15分钟即可享受高品质公共文化服务，在家门口就能享受诗和远方。

在丰富文化供给的同时，不断创新公共文化服务供给方式，形成"找准短板—掌握需求—精准供给—考核评价"工作闭环链条，面向农村居民、农民工群体、残疾人群体等推行分人群精准公共文化供给；以数字化改革推动服务一键触达。全域整合、智能调度公共文化资源，以平台+大脑为支撑，以群众需求为导向，打造看书、观展、演出、艺培等七大惠民场景，建设"浙里文化圈"应用，打造线上文化空间；培育精品公共文化项目，创作有力量、有温度的群众文艺精品；创新"村晚""农家书屋"品牌，催生有全国影响力的乡村公共文化现象。实施"文艺赋美"工程，推动高雅艺术走出剧场，以常态化街头展演赋美城市气质。建设"百姓百艺"工作坊，提升全民艺术普及率；创新专业运营体系，实施乡村文旅运营"五百计划"，推广乡村社区"文化管家"等模式，以专业化运营撬动基层文化设施提质增效；培育文化示范户和乡村文化能人，成立省文化志愿者总队，以专业化人才促服务效能提升。

（一）优先发展方面

2022 年是浙江省深入贯彻推进"公共文化服务现代化先行省"高质量建设的关键年，也是各项工作纵深发展的攻坚年。公共文化服务优先发展重点考察当地政府对公共文化工作的重视程度及保障情况，主要包括公共文化机构经费效益、公共文化文物事业费占财政支出比重、文化考核分占比、每万人配备文化从业人员数量、文化下派员配备率、每万人拥有公共文化设施面积等 6 项指标。2022 年，浙江省公共文化机构经费效益大幅提升，一类地区平均值 20.41 元/人，2021 年为 175.82 元/人，同比提升 88%；二类地区 21.18 元/人，2021 年为 41.54 元/人，同比提升 49%，各县（市、区）平均值 20.91 元/人，2021 年为 89.28 元/人，同比提升 77%，已提前实现 2025 年指标要求。① 根据浙江省文化文物统计年鉴和智慧文化云数据统计，2022 年浙江省公共文化机构服务总人次达到 33189.9 万人次。在公共文化文物事业费投入方面，浙江省强化对公共文化服务现代化发展的资金要素保障，明确地方政府公共文化服务责任与保障义务，建立健全公共文化领域全过程预算管理机制，完善财政保障机制，强化绩效评价结果运用，

---

① 《关于高质量建设公共文化服务现代化先行省的实施意见》中，2025 年公共文化机构经费效益达到 25 元/人次。

建立与公共文化服务现代化相适应的财政投入增长机制，省级公共文化经费分配向山区 26 县倾斜。重视公共文化考核，通过赛马机制，争先创优。加强人员配备，包括文化从业人员和文化下派员。2022 年，浙江省各县（市、区）每万人配备文化从业人员平均值为 2.73 人，一类地区平均值为 3.66 人，二类地区平均值为 2.22 人；文化下派员配备率方面，2022 年各县（市、区）平均值为 96.4%，一类地区平均值为 96.56%，二类地区平均值为 96.30%。另外，通过新建、改扩建等方式，挖掘公共文化场地资源，增加文化设施面积，2022 年各县（市、区）每万人拥有文化设施面积 1389.71 平方米，同比增长 6%。

（二）均衡发展方面

习近平总书记多次强调加快构建现代公共文化服务体系，促进基本公共文化服务均等化，实现基本公共文化服务均等化，是保障人民文化权益、改善人民生活品质、补齐文化发展"短板"的重要途径。加快实现基本公共文化服务均等化是浙江省高质量发展的需要。近年来，浙江省相继出台了《浙江省公共文化服务保障条例》《浙江省基本公共服务标准（2021 版）》，对全省加快实现基本公共文化服务均等化和城乡一体化发展等作出部署，进一步强化基础设施建设、完善公共文化服务网络布局。图书馆、文化馆分馆覆盖率方面，2022 年，全省建成图书馆分馆 3828 家，文化馆分馆 1848 家，县级图书馆、文化馆分馆覆盖率一类地区平均值达到 99.15%，同比提升 38%，二类地区平均值达到 99.33%，同比提升 6%，各县（市、区）平均值达到 99.27%，同比提升 15%，地区发展均衡水平显著提升。各类文化场馆积极开展活动，保证文化供给，在年人均接受文化场馆线下服务次数指标上，有 35 个县（市、区）得满分，达到人均 5 次及以上，各县（市、区）平均值为人均 5.60 次，同比增长 28%，共有 31 县（市、区）超过平均值。在 15 分钟品质文化生活圈广泛覆盖城乡、"浙里文化圈"触手可及的公共文化大环境中，越来越多的文旅志愿者参与公共文化服务领域。

2022年，浙江省文旅志愿者活跃人数达到5万左右。公共图书馆藏书人均流通册数、业余文艺社团等指标方面，一类地区的平均值均已超过二类地区平均值，在送书下乡、送戏下乡、送讲座展览下乡以及县级文化走亲活动次数等指标方面，一类地区和二类地区的平均值差距也在大幅度缩小。浙江省通过实施"浙文惠享"工程，推动优质公共文化资源向基层、乡村延伸，很大程度上解决了公共文化服务需求快速上升与供给相对不足的矛盾，促使全省域内逐步实现公共文化城乡均衡、服务均等，实现全民精神文化生活富有，人民群众的获得感和幸福感不断增强。

（三）品质发展方面

随着高质量发展建设公共文化服务现代化先行省的不断推进，公共文化服务品质发展取得新突破。各县（市、区）公共图书馆、文化馆一级馆率的平均值为93.33%，同比提升11%；一级（含）以上综合文化站建成率全省平均值为59.50%，同比提升2%；三星级（含）以上农村文化礼堂建成率全省平均值为58.70%，同比提升48%，提前实现2025年目标值。另外，全省建成包含城市书房、文化驿站、乡村博物馆等新型公共文化空间2547家，新型文化空间覆盖率持续提升，众多新型公共文化空间，通过"颜值+内涵"的精彩组合，培育更有品质、更加多元、更重体验的服务形态，赋美城市、赋美乡村，充分展现了浙江大地的诗画风貌，滋润了广大人民群众的精神世界，为城市文化发展注入了新的活力。2022年，"15分钟品质文化生活圈"作为省政府民生实事之一，全省累计建成8288个，并全部投入运行，一类地区运行指数平均值为126.27，二类地区运行指数平均值为127.76，全省平均值为127.23。"15分钟品质文化生活圈"盘活基层各类公共文化设施资源、服务资源，并通过上线"浙里文化圈"小程序，着眼于构建"24小时不打烊"的在线文化空间，以"15分钟品质文化生活圈"为依托，按照"看书、观展、演出、艺培、文脉、雅集、知礼"七大场景，提供省市县乡村五级联动的一体化、模块化服务，让居民一键触达海量文旅资源，

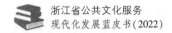
大幅提升城乡居民的公共文化服务品质,让城乡居民走出家门,步行不超过 15 分钟,就能进入阅读服务、艺术普及等公共文化场馆和公共文化空间接受文化熏陶,真正实现品质文化惠享。

(四)以人为本方面

党的二十大报告着重强调了以人为本的核心理念,将"必须坚持人民至上"列为六个必须坚持之首,浙江省始终将"以人为本"理念始终贯穿于公共文化服务主线,浙江省公共文化服务现代化发展指数考核体系中,以人为本主要体现在三个方面:城乡居民综合阅读率、全民艺术综合普及率、社会公众对公共文化服务满意率。《2022 年浙江省居民阅读状况调查报告》显示,全省居民综合阅读率为 91.86%,较上年提高约 1 个百分点,连续三年保持稳定增长。2022 年浙江省全民阅读呈现居民阅读状况不断改善、公共阅读服务效能持续提升的良好局面。在全民艺术普及方面,2022 年浙江省文化和旅游厅印发了《进一步深化全民艺术普及实施方案》的通知,对全民艺术普及的目标、内容、任务做了明确部署,从 2022 年开始,浙江省本级每年组织"全民艺术节"来提高普及性和影响力,将每年的 7 月定为浙江省全民艺术普及月。各县(市、区)依托文化馆分馆、文化驿站、文化广场等阵地,开展文艺赋美、文艺点单、送戏下乡等多种惠民活动,加强全民艺术普及工作的开展。2022 年,浙江省全民艺术普及率全省平均值为 76.7%,同比提升 2.3 个百分点。社会公众对公共文化服务满意率方面,2022 年全省平均值为 82.24%,同比提升 1.87 个百分点。根据《实施意见》,2025 年艺术普及率和社会公众对公共文化服务满意率的目标值分别为 80% 和 85%,基于此,下一步仍需重视全民艺术普及,加大公共文化供给数量和质量,提升公众对公共文化服务的满意度。

(五)创新发展方面

共同富裕,没有先例可循。浙江有条件率先探索、率先破题、率先走出高质量发展的共同富裕之路，思想上率先破冰，行动上率先突围。在公共文化服务现代化建设方面，浙江省一直走在"探索、实践，再探索、再实践"的螺旋式上升发展的道路上，在机制创新、理论创新、实践创新等方面都做出了自己的贡献，对创新的理解和自我要求不断提高，持续深化公共文化服务现代化创新发展之路。"浙里文化圈"作为"数字文化"跑道中的引领示范应用项目，让海量的文化活动触手可及，让人们足不出户就能便捷享有多种文化惠民服务，浙里文化圈的用户量持续增长。在县域文化惠民品牌创建方面也有大幅提升，2022 年县域文化惠民品牌创建比全省平均值为 77.77%，同比提升 7.6 个百分点，越来越多乡镇(街道)培育打造出高品质且富含地方特色的文化品牌，如余杭区的"相约周末"文化夜市、普陀区的中国国际普陀佛茶文化节、海宁市的百场越剧下乡活动、柯桥区的莲花书场等。在文化场馆年报发布方面，2022 年浙江省文化场馆年报发布率全省平均值高达 98.33%，年报编制越来越规范、准确，全面地呈现文化场馆年度运行情况，包括文化投入与服务效能、人员数量结构、场馆设施面积、服务特色等。

三、公共文化服务现代化发展存在的主要问题

(一)公共文化考核重视度有待提升

浙江要加快推进新时代文化浙江工程、高质量建设公共文化服务现代化先行省，首先要从思想上高度重视公共文化工作，思想上高度重视，行动上才见成效，这也是实施公共文化考核工作的目的。通过制定科学合理的考核机制，抓落实、促创新，经过持续多年的考核评估，不少县(市、区)开始认识到公共文化考核的重要性，县级党委党政府在制定当年度考核文件时，加大了对公共文化的考核力度，例如余杭区文化考核分的占比为 6.42%，同比增长 671%，拱墅区文化考核分的占比为 5.4%，同比增长

440%，桐庐县文化考核分占比为 2.5%，同比增长 400%。但是，也应该看到，目前还有很多县(市、区)对公共文化的考核不够重视，在年度考核文件中公共文化的考核分占比极低。2022 年，一类地区的文化考核分占比平均值为 1.45%，同比下降 10%，二类地区的文化考核分占比平均值为 1.77%，与去年基本持平，全省平均值为 1.65%。90 个县(市、区)中，文化考核分占比低于 1% 的有 24 个，占比 27%；低于全省平均值的共有 52 个，占比 58%；文化分考核占比超过(含)3% 的仅有 10 个，占比 11%。以上数据反映出部分县(市、区)在公共文化现代化服务建设方面缺少整体部署，对共同富裕背景下的公共文化服务工作不够重视。另外，在统计公共文化考核分占比的过程中，也发现不少县(市、区)在制定年度考核文件时，对公共文化的考核缺少明确的统计口径，与文化产业、旅游产业等放在一起统一考核，导致各县(市、区)在填报数据时不能明确公共文化考核分数占比。下一步，各县(市、区)对公共文化服务工作的考核仍需进一步重视，考核口径要清晰明确，并合理提升考核权重。

(二)文化社团及志愿者活跃度有待提升

在 2022 年的 CMDI 评估指标里，有两个活跃度的相关指标需要重视，一个是文化志愿者活跃度，一个是业余文艺社团活跃度，这两个指标数值在很大程度上反映出该县(市、区)公共文化活动开展的频次高低及活动类型丰富与否，对这两个指标的考核也是推进基层文化队伍建设的有效手段。文化志愿者活跃度指当年度在"浙里文化圈"有服务记录的人员数量(包含文艺赋美文艺志愿者)与常住人口数量的比值，2022 年，文化志愿者活跃度一类地区平均值为 0.122%，二类地区平均值为 0.073%，全省平均值为 0.091%，通过数据来看，文化志愿者活跃度偏低，庞大的文化志愿者队伍并没有充分发挥其作用。文艺社团活跃度指当年度有活动记录的业余文艺社团占所有业余文艺社团的比重。2022 年，有 55 个县(市、区)每万人拥有的业余文艺社团数量超过 10 支，在社团拥有量上达到满分。但是在业余社团活跃度上，90 个县（市、区）均未达到 100%，业余社团活跃度一类地区的平均值 55.99%，二类地区的平均值为 43.26%，全省平均值为 46.51%，55 个县（市、区）低于 50%，该数据反映出大部分业余文艺社团没有或很少开展活动，不利于丰富基层群文活动开展以及"15 分钟品质文化生活圈建设"。

（三）公共文化设施均衡发展有待提升

公共文化服务设施建设是实现公共文化服务的物质基础，良好的公共文化服务设施有利于文化活动的开展，提升居民公共文化品质，促进共同富裕。根据 2022 年 CMDI 的指标值来看，在公共文化服务设施均衡布局方面还需要进一步加强，特别是在新型公共文化空间覆盖率方面。2022 年，公共图书馆、文化馆持续提升一级馆覆盖率，公共图书馆一级馆率达到 97.06%，文化馆一级馆率达到 90.20%，文化馆与 2025 年的目标值 96% 还存在一定距离。此外，90 个县（市、区）中，有 8 个县（市、区）的一级馆率为 50%，2 个县（市、区）的一级馆率为 0，存在较为明显的短板。新型公共文化空间覆盖率是 2022 年 CMDI 新增设的一个考核指标，新型公共文化空间主要指城市书房和文化驿站，2022 年，各县（市、区）新型公共文化空间建设持续推进，一类地区的各乡镇（街道）城市书房和文化驿站的覆盖率达到 41.04%，二类地区的覆盖率达到 61.90%，从数据可看出，新型公共文化空间覆盖率还不是很高，另一方面，也反映出一类地区和二类地区在新型公共文化空间建设方面还存在较大差距，地区间发展还相对不太平衡。总体上，二类地区在经济水平、人口密度、交通情况等方面都要优于一类地区，而山区 26 县在人口密度、经济社会发展条件等方面存在很多制约，最终导致二类地区新型公共文化空间的覆盖率要优于一类地区。高质量文化先行省建设需要地区间的均衡发展，下一步，一类地区的公共文化场馆设施及新型公共文化空间布局要提上日程。

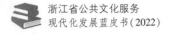
(四)浙里文化圈惠享面有待扩展

近年来,浙江加快构建现代公共文化服务体系,着重建设"15分钟品质文化生活圈",让城乡居民走出家门,步行15分钟内,就可到达公共文化场馆和公益性公共文化空间。以这一生活圈为依托,浙江省文化和旅游厅推出了线上应用"品质文化惠享"。"浙里文化圈"是该应用的服务端,在"浙里办"和"微信小程序"等平台上线。浙里文化圈着眼于构建"24小时不打烊"的在线文化空间,以"15分钟品质文化生活圈"为依托,按照七大场景,通过用户精准画像,实时推送文化展览、图书借阅、文艺演出、艺术培训、志愿服务等清单。通过浙里文化圈可以实现海量文旅资源的"一键触达",浙里文化圈的普及意义重大。因此,2022年CMDI将浙里文化圈普及率作为一个新的指标,考核浙里文化圈年度用户总量与常住人口的比值。2022年10月,浙里文化圈正式上线,经过上下各级联动,各县(市、区)大力推广,普及率得到显著提升,截至2022年年底,一类地区的普及率达到1.457%,二类地区的普及率达到0.886%,全省平均值为1.089%,成效显著。但同时,浙里文化圈普及率总体还不算很高,用户注册量相对偏少,下一步仍需持续推进"浙里文化圈"的普及工作,让基层公共文化服务供给更便捷、更丰富,真正实现文化惠享。

(五)公共文化群众评价有待提升

在CMDI考核中,对公共文化服务以人为本的考核主要体现在三个指标上:城乡居民综合阅读率、全民艺术综合普及率和社会公众对公共文化服务满意率。2022年,城乡居民综合阅读率全省平均值为91.86%,一类地区平均值为91.46%,二类地区平均值为92.09%,根据《实施意见》要求,到2025年,全省城乡居民综合阅读率应不低于92.5%,就目前全省情况来看,阅读率低于90%的县(市、区)仍有17个,全省占比约19%,全民阅读工作需进一步推动。2022年，全民艺术综合普及率全省平均值为76.7%，一类地区平均值为74.48%，二类地区平均值78.85%，一类地区与二类地区相比还有一定差距，普及率低于70%的县（市、区）还有18个，占比20%，《实施意见》中规划到2025年全民艺术综合普及率须达到80%，目前仅有38个县（市、区）达到规划要求，总体看来，全民艺术综合普及率工作还需加大力度推动。2022年，社会公众对公共文化服务满意率的全省平均值为82.24%，一类地区平均值为79.75%，二类地区平均值为83.66%，全省低于80%的县（市、区）有23个，占比约26%。以上数据反映出，在公共文化惠民服务质量、服务规模、服务达到率方面，与公众需求仍存在较大偏差，下一步，在全民阅读推广、全民艺术普及、惠民服务力度上，各县（市、区）仍需积极推动，力争全民参与、共建共享，提升公共文化服务群众满意度。

（六）公共文化创新发展有待提升

浙江既是高质量发展建设共同富裕示范区，又是高质量建设公共文化服务现代化先行省，注定浙江的公共文化建设要不断创新，在改革试点的道路上持续深化、创新发展、探索前行。近几年，浙江省在公共文化创新上也做了很多富有成效的工作，包括推进现代化先行县、领航项目建设，省级文化强镇、示范村（社区）建设，民间文化艺术之乡创建、15分钟品质文化生活圈建设等重点工作。随着"十四五"规划工作的推进，公共文化服务创新工作也需迈上一个新台阶，2022年，浙江省文化和旅游厅在制定CMDI考核指标时，对公共文化创新提出了更高标准，从省级层面提到国家级层面，因为创新工作要求的大幅提升，2022年很多县（市、区）在重要创新项目上没有得分或得分较少。90个县（市、区）中，乐清市的创新项目数量最多，创新项目数量为3，其次分别是海宁市、临平区，创新项目数量分别为2.5个和2个，有69个县（市、区）的创新项目数量均为0个，创新方

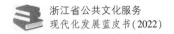

面未取得成果。下一步，公共文化服务创新工作亟待重视，以党的二十大精神为指引，干在实处、走在前列、勇立潮头，通过持续创新提升公共文化服务品质，推动公共文化服务先行省建设。

四、公共文化服务现代化发展对策提升

（一）重统筹，加强公共文化考核工作

政府是公共文化建设的主导力量，公共文化的高质量发展首先依赖于政府的高站位和强谋划，对公共文化工作作出明确的部署和考核要求，公共文化高质量发展先行省建设需要每个县（市、区）对公共文化工作的责任落实和改革创新，因此，县级政府部门要深化公共文化高质量发展的责任意识，立足当前公共文化服务体系建设实际，整体谋划公共文化服务高质量、可持续发展工作蓝图，完善党委领导、政府管理、部门协同、权责明确、统筹推进的公共文化服务现代化发展体系建设管理制度。CMDI 中，文化考核分占比根据县级党委政府的年度考核文件指标核定，党委政府在制定考核文化时，要充分考虑公共文化的考核的必要性，可由文化部门牵头，充分发挥各部门职能作用和资源优势，在规划编制、政策衔接、标准制定和实施等方面加强统筹、整体设计、协调推进，厘清公共文化的考核内容，把公共文化与公共服务、文化产业、公共旅游以及旅游产业、体育事业等区分出来，以便为人民群众提供更高质量、更有效率、更加公平、更可持续的公共文化服务，推动实现群众精神共富，凸显浙江共富背景下的文化优势。

（二）重协同，激发群众文化参与热情

社会力量广泛参与是丰富公共文化服务供给的有效途径，也是推动新时代公共文化服务高质量发展的重要举措，文化志愿者、基层文艺爱好者、

乡村文化能人、非遗传承人、业余文艺社团等是社会力量参与的公共文化的最普遍形式，也是最能活跃和调动周边群众参与公共文化的直接力量，县（市、区）、乡镇（街道）的文化工作者要认识到本土优秀文化人才对基层公共文化繁荣的重要性。2022 年，浙江省培育文化示范户约 5000 户、乡村文化能人约 2 万人，业余文艺社团 7 万余支，成立规模 10 万人的省文化志愿者总队，文化工作者在工作开展中要通过多种形式引导他们积极参与公共文化服务，以加强培训、搭建舞台、建立能人工作室、项目扶持、落实各项优惠政策等方式，为他们提供发挥作用平台，创造人才辈出、人尽其才的环境氛围，从而激发文化志愿者、文艺骨干、业余文艺社团的参与热情，以专业化人才促服务效能提升，打通基层公共文化服务"最后一公里"，最终带动带活品质文化生活圈建设，让公共文化真正实现共建共享。

（三）重推广，提升文化圈普及惠享

浙里文化圈着眼于构建"24 小时不打烊"的在线文化空间，以"15 分钟品质文化生活圈"为依托，提供省市县乡村五级联动的一体化、模块化服务，每场活动都公开开始时间、地址和联系方式，对于注册使用者来说，该平台如同一个品类丰富的"自助餐厅"，使用者可以就近选择自己感兴趣的类目，自主定制适合自己的"15 分钟品质文化圈"，成为圈内注册用户，既节约时间，又提升文化生活品质。浙里文化圈是浙江省数字化改革在公共文化领域的生动应用，以用为本，以实为要，瞄准群众最迫切的需求，推动改革走实走深。因此，浙里文化圈的普及意义重大。要全方位、多维度强化组织部署，强化组织保障，成立推广应用工作专班，明确工作任务，定期召开专题会议，不折不扣抓好推广应用工作任务的落地落实；多形式、多渠道开展宣传培训，加强线上展示，加大线下推广，与"15 分钟品质文化生活圈"的建设紧密捆绑，大范围、深层次、有序推进用户注册；强化业务培训，简化使用流程，提升用户注册和使用的满意率；注重用户调研，

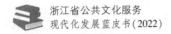

及时发现用户在使用过程中遇到的问题，建成基于大数据的动态供给系统，根据用户偏好，提高公共文化服务的精准性，增强用户黏性。

(四)重布局，深化品质文化空间打造

公共文化服务设施建设是实现公共文化服务的物质基础，良好的公共文化服务设施有利于各类公共文化活动的开展。浙江省全面推进市有"五馆一院一厅"、县有"四馆一院"、区有"三馆"，充分准备、积极参与图书馆、文化馆评估定级，提升图书馆、文化馆一级馆率，落实"一馆一策"，压紧压实责任，力争达到2025年一级馆率96%，统筹县域文化资源，全面推动图书馆、文化馆总分馆体制建设。打造好"家门口"的图书馆、文化馆，通过社会合作，以"图书馆+""文化馆+"模式打造一批特色鲜明、布点合理、群众爱去的主题图书馆、城市书房、书吧、文化驿站等多种形式的新型公共空间。在文化空间布局上，加大对一类地区特别是山区26县的扶持力度，补齐薄弱地区短板，推动公共文化服务资源均衡发布。当地政府部门也要积极规划，将其纳入国民经济和社会发展的中长期规划和年度计划，结合城镇化进程，按照人口发展和分布，合理布局公共文化服务设施，在城乡规划中充分考虑公共文化服务设施的用地需求，确保公共文化服务设施建设的土地供给，加强文旅融合，打造乡村共富样板。

(五)重人本，持续改善群众服务关切

在党的二十大报告中，人民至上、以人为本的理念始终贯穿主线，公共文化服务现代化建设的出发点和落脚点也要以人为本，持续改善群众关切内容。全民阅读是新时代精神文明建设的载体之一，对于促进国家文化繁荣、推动知识经济发展具有重要意义。"十四五"规划纲要中明确提出，要深入推进全民阅读，建设"书香中国"。近几年，浙江省也大力推进书香浙江建设，各地推行图书馆总分馆制，加强城市书房、农家书屋、乡村文化客厅等新型阅读空间建设，"书香门递"、流动书吧、"你点我

买"、"你选我买"等新型阅读服务方式也相继出现，精准对接读者需求，大力推动数字化服务，扩大读者覆盖面，打通阅读服务最后一公里。在全民艺术综合普及方面，重视文化馆总分馆制建设，并要在理念上进行改革创新，突破文化馆只提供免费服务的认识，文化馆要着力提供个性化、多样化的文化服务，提供普惠性非基本服务是为了更好地满足人民日益增长的高质量精神文化需要。同时也要在形式上进行创新，通过文化驿站、乡村艺校、文艺赋美、文化点单以及借助新媒体的传播优势，高效拓展艺术普及，推动文艺走出剧场、遍布城乡、融入生活、美化社会，有效拉近人民与艺术的距离，深化文化供给侧改革，探索文艺赋能共富路径。"15 分钟品质文化生活圈"建设，使得城乡文化基础设施日益完善，群众文化活动蓬勃开展，精品文艺作品不断涌现，"浙里文化圈"使得公共文化服务进一步触手可得。当然，推动全民阅读、艺术普及也离不开政府部门的资金投入、政策支持等，保障制度完善，有力夯实公共文化服务体系支撑，才能不断推进公共文化的普惠共享，推动高质量公共文化服务现代化先行省建设。

（六）重创新，提炼发扬浙江发展经验

公共文化的高质量发展离不开创新深化，改革攻坚、开放提升，各县（市、区）文旅部门工作人员要深入学习贯彻习近平总书记关于文化和旅游工作的重要论述精神，在公共文化服务制度建设、文化空间、全民艺术普及、全民阅读、乡村文化建设、数字化、社会化等方面积极探索，创新推动公共文化服务高质量发展，形成具有创新价值、服务城乡基层、群众认可度高的公共文化服务品牌项目、典型经验、创新模式，凸显"诗画江南、活力浙江"品牌影响力。持之以恒增强先进文化的凝聚力，深入实施铸魂溯源工程，形成一批理论成果。持之以恒解放和发展文化生产力，高水平推动优秀传统文化创造性转化、创新性发展，着力激发全省域文化创新活力，推动创新文化与文化创新双向促进。持之以恒深化和探索文旅融合发展，

深入挖掘文化基因，推动中华优秀传统文化的创造性转化、创新性发展取得突破性进展和标志性成就，实现文化旅游的深度融合。持之以恒提高社会公共服务力，着力推动公共文化服务规范化、标准化，让文化建设成果看得见、摸得着、真实可感，着力构建以精神富有为标志的文化发展模式，不断缩小城乡和地区公共文化服务的差距，努力在共同富裕中实现精神富有。

（来源：浙江省文化和旅游厅）

"浙里文化圈"升级迭代评估报告

一、调研背景

(一)选题意义

"浙里文化圈·浙文旅"数字化应用是以省政府民生实事项目"15 分钟品质文化生活圈"为依托,全面整合浙江省文化系统资源,利用移动端建设,以"看书、观展、演出、学艺、文脉、雅集、知礼"七大板块为核心的全民公共文化服务平台。2022 年 6 月,该应用入选浙江省数字文化系统优秀应用,子场景图书"一键借阅""指尖艺术导师"分别入选 2022 年文化和旅游部数字化创新实践十佳案例和优秀案例。10 月 26 日正式上线以来,截至 6 月 26 日注册用户达 297.8 万,赢得良好的社会反响。

同时,"浙里文化圈·浙文旅"数字化应用对多元文化创造活力的释放,也对线下实体文化领域工作形成了倒逼之势,需要进一步探索整合好线上线下资源,突破固有工作圈层,增强公共文化服务的整体品质,使人们既能足不出户即可便捷享有各类线上文化惠民活动,也能走出家门亲身去线下场馆接受文化熏陶,通过线上线下双向互动,实现真正意义上的"一站式"文化链接。

(二)调研实施

为贯彻习近平总书记重要讲话精神和党中央部署要求,深入开展"大走访大调研大服务大解题"活动,问需于民,问计于民,浙江省文化和旅游厅于2021年4月启动成立《"浙里文化圈"升级迭代评估研究》调研组,立足于进一步掌握浙江省公共文化服务体系建设情况,特别是省政府民生实事建设项目——"15分钟品质文化生活圈"建设与"浙里文化圈"运营管理结合推进情况。以杭州、宁波、衢州等地部分"15分钟品质文化生活圈"作为样本,由厅党组成员、副厅长李新芳带队实地调研走访各地"15分钟品质文化生活圈"服务点。通过实地查看、核实业务数据、召开座谈会、听取情况介绍和建议意见等方式,分析比对各项业务数据与运行情况,了解"浙里文化圈"运行管理与服务效益,查找问题,厘清堵点,同时梳理基层运行管理过程中的创新做法与特色亮点,提炼经验,形成示范,为公共文化服务体系现代化建设寻找到着力点与突破口。主要做法有:

一是明确调研对象。选取杭州市拱墅区、西湖区,宁波北仑区、江北区、鄞州区、象山县,衢州市常山县等地"15分钟品质文化生活圈"为样本,结合当地文化和旅游政府部门、公共文化机构、相关乡镇(街道)综合文化站和文化圈建设工作人员为调研对象。以全省文化圈服务指数排名作为选择依据,同时选取排名靠前(如宁波鄞州区、北仑区)和靠后的文化圈(如宁波江北区)作为调研样本。

二是明确调研内容。根据调研要求,梳理调研重点内容:(1)完善城乡公共文化服务体系,优化城乡公共文化资源配置,省政府民生工程"15分钟品质文化生活圈"落实情况;(2)"15分钟品质文化生活圈"建设与运营管理中的典型做法;(3)"15分钟品质文化生活圈"建设与管理中存在问题与挑战;(4)"浙里文化圈"如何服务"15分钟品质文化生活圈"线下建设运行工作;(5)"浙里文化圈"应用迭代升级的对策和建议。

三是选取调研方法。通过实地走访和观察,了解当地的"15分钟品质文化生活圈"建设现状和"浙里文化圈"小程序的使用情况。通过访谈当地文化和旅游政府部门、公共文化机构、乡镇(街道)文化员、文化圈管理代表、周边群众等人群,了解其对"15分钟品质文化生活圈"和"浙里文化圈"建设的建议意见,收集"浙里文化圈"建设管理中的瓶颈问题和解决方案的意见,以及对"浙里文化圈"建设工作的建议和期望等。

二、基本情况

公共文化领域的数字化改革,是我国文化数字化战略和全省文化和旅游数字化改革总体布局中的重要组成部分。浙江省公共文化服务数字化工作起步早、基础好。早在从舟山"淘文化"、嘉兴"文化有约"到衢州"流动文化加油站"等平台建设,每一阶段都有浙江项目成为全国性品牌。基于此,2021年在省委提出全面推进数字化改革要求下,浙江省把公共文化领域数字化改革重点定位在平台互联互通、资源共建共享、场景多跨应用和管理运营一体化等四个方面。

(一)建立工作机制

为推进"浙里文化圈"应用建设,省文化和旅游厅组建由公共服务处牵头抓总、相关业务处室协同配合、厅属单位合力攻关的公共文化服务数字化改革工作专班,实行周例会保证建设质量和进度,协调各层级、各部门的流程统筹、技术共建和数据共享,完成建设任务。上线推广阶段,组织相关专家赴基层站点,结合工作实际,从系统运营管理、场馆日常使用、活动信息发布、数字资源共享、标准化数据填报等方面进行细致讲解,听取基层人员的使用反馈和业务问题,互相切磋,提升应用水平,保证"浙里文化圈"应用的高效顺畅,为浙江省域内公共文化资源的数字化共建共享保驾护航。

(二)保障经费投入

2017 年，原省文化厅就开始着手建设"智慧文化云"数字化平台，在国家公共文化发展中心的支持下，投入资金 200 余万元。2020 年，"智慧文化云"项目获得立项，投入 1000 万元，分两期建设。一期投入资金 600 万元，主要开展公共文化服务大数据中心、智慧文化云驾驶舱和多跨应用场景建设。二期投入资金 400 万，在一期基础上，建设"浙里文化圈"服务端，主要包括看书、观展、演出、艺培、文脉、雅集、治理等惠民服务场景。今年，为强化应用上线后的宣传推广工作，做好应用内容维护、积分兑换、数据分析、活动策划、精准推送、用户引流等各项工作，确保实战实效、好用管用，让更多群众惠享高品质文旅公共服务。目前厅里的两大数字化应用(浙里文化圈和游浙里)的运营管理工作均由浙数文化运营团队承担，运营费用 500 万元。

(三)统一平台建设

以省政府民生实事项目"15 分钟品质文化生活圈"为依托，全面梳理公共文化领域的线上、线下文化资源，以"平台+大脑"为支撑，以统一、集成、规范为核心，设计整体架构、梳理业务逻辑、深化数据共享、推进业务协同，全力打造面向领导的决策屏(数字驾驶舱)、面向管理人员的业务端(浙政钉、小程序)、面向群众的服务端(浙里办、小程序)"一屏两端"支撑格局，纵向贯通省市县乡(镇、街道)村五级，横向打通宣传、教育、公安、自然资源等 16 个部门的数据，归集全省公共图书馆、文化馆、博物馆、美术馆、非遗馆、艺术院团等公共文化机构及相关社会文化组织的活动信息和数字资源建设"浙江智慧文化云"公共文化服务大数据中心，推动公共文化服务的整体智治。

"浙里文化圈"应用定位是通过互联网这个"免费""开放"不设边界的平台，增强文化产品的开放性和可参与度，丰富文化产品的内涵，进而拉长文化生产的意义链条，打造包罗万象的 24 小时不打烊的线上文化空间，促进全域文化繁荣全民精神富有。定位三个"一"：一个品质共创平台，优化现有政府提供公共文化服务(免费为主)内容、模式、渠道，同时扩大社会参与，形成开放多元、充满活力的公共文化服务供给体系；一个文化传播平台，打造多入口流量矩阵，统一品牌宣传，统一用户体系，形成浙江的文化现象、文化品牌；一个百姓惠享平台，以 15 分钟品质文化生活圈为依托，立体覆盖各类场景(看书、观展等)、提供线上线下融合的服务能力。

(四)构建内容体系

依托数字化工具丰富公共文化内容供给，面向群众建设服务端"浙里文化圈·浙文旅"浙里办和微信小程序，以及"华数电视"端应用，打通群众文化生活最后一公里，并通过精准画像提供个性化推送服务，精准触达百姓看书、观展、演出、艺培、文脉、雅集、知礼等七大惠民场景(表 2)。"看书"板块，可在线借阅全省公共图书馆和新华书店的 398.7 万册海量书籍，全省通借通还、一键借阅、快递到家；"观展"板块，可查询浏览全省博物馆、纪念馆、展览馆、美术馆线下展览、6826 个线上虚拟展览以及 1.9 万件数字藏品资源，线上游展、入馆预约、一键搞定；"艺培"板块，实时对接 1.4 万堂网络课程，文化导师 4610 位，根据个人喜好，在线查找全省文化场馆的公益培训课程，"机构、课程、老师"，专业可靠、放心优选；"演出"板块，话剧、舞剧、音乐剧等热榜剧目一键购票，全省文化场馆线上直播一站集成；"文脉"板块，对接非遗系统，接入非遗项目 1350 个，非遗传承视频 161 个，非遗书籍 238 册，汇聚文物考古、非遗传承和文化标识，讲述浓墨重彩的浙江历史和传统技艺；"雅集"板块汇聚全省县级以上文化场馆的文化活动 15.23 万场和可供预约举办活动的场地；"知礼"板块，对接志愿浙江应用，系统内注册志愿者近 450 万，发布活动招募信息 5000 条，全省文化场馆的文旅志愿活动集散地，文旅志愿者可以共享圈层活动，知礼善行。在"浙里文化圈"，每个用户还有专属"文旅惠民

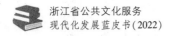
码",登录激活后可一码通行,参与文化活动可获权益和积分,并在积分商城兑换文旅产品、享受消费折扣。

表 2 "浙里文化圈"七大模块对接内容资源

模块	内 容 资 源
看书	对接图书馆和新华书店系统的数目检索系统和 398.7 万册馆藏图书,实现线上下单,快递到家,近 1 万册电子图书在线查看。
观展	对接文博场馆系统,接入 1.9 万个馆藏藏品图片资料和 6826 个云展览资源,打通文博场馆预约系统,实现一网通览,一键预约。
演出	对接文化志愿者、专业演职人员、民间艺人等 3 万余名,在社区空间、广场公园、景点景区等开展常态化艺术展演,以及剧团剧院的演出直播回放。
艺培	对接文化馆系统,接入线上课程 1.4 万个,文化导师 4610 位,打造"一站式"全民艺术资源库。
文脉	对接非遗系统,接入非遗项目 1350 个,非遗传承视频 161 个,非遗书籍 238 册。
雅集	对接全省文化场馆活动资源将近 15.23 万场,县级以上文化场馆 700 家。
知礼	对接志愿浙江应用,系统内注册志愿者近 450 万,发布文化志愿活动招募信息 5000 条。

(五)资源建存管用

资源建存管用主要体现在服务端、治理端、驾驶舱三大方向,即一个公共文化数字服务平台、一个公共文化数字协同工作平台和一个公共文化大数据处理平台。服务端方面,紧扣服务范围拓展和服务效能提升,整合省级及本地的文化动态、云上展览、云上课堂、云上阅读、场馆预约、文化点单、志愿服务等服务端口,搭载自点单程序,强化文化点单的精准配送模式,提升个性化用户体验。平台上的公共文化服务资源均实现网上点单、网上管理、网上评价的方式，形成网上服务闭环，使数据更智慧，更具价值，为深化数字化服务和治理打下扎实基础。治理端方面，主要面向市、县(区)级公共图书馆、文化馆，部分面向乡镇(街道)综合文化站等基层公共文化服务管理机构及服务单位，统一标准、统一规范、统一监督、统一考核，互联互通，实现基层公共文化服务的数字化管理，提升整体效能。驾驶舱方面，主要构建省域公共文化服务的智慧大脑，通过数字汇总罗列、图像可视化等方式，处理和呈现公共文化日常运营、各应用场景产生的数据，建设省市县三级互联互通、共建共享的大数据仓。作为大数据可视化和中后台能力底座，驾驶舱的潜力在于围绕大数据存、算、用三大核心问题，发掘、盘活各类活动数据，构建公共文化服务决策分析体系。

(六)品牌活动数字化

随着云演出、云剧场等线上演出为代表的新文化生产和消费方式兴起，在"浙里文化圈"应用，设置专题页面，寻找公共文化服务"流量密码"。围绕全民阅读、全民艺术普及，积极整合近年来积累的数字化公共文化资源，加快内容更新节奏，优化服务界面，提升线上服务体验，活动报名、场馆预定、票务预约、演出直播、云课堂、云展览等基本实现线上线下同步。图书"一键借阅""指尖艺术导师"分别入选 2022 年文化和旅游部数字化创新实践十佳案例和优秀案例。

(七)规范运营管理

"浙里文化圈"应用的运营主体入驻到"浙里文化圈"的各类文化场馆(机构)。省文化和旅游厅专门下发《浙江省文化和旅游厅关于做好"浙里文化圈"日常运行管理工作的通知》明确，厅属各单位以及各市、县(市、区)公共图书馆、文化馆、博物馆(纪念馆)、非遗馆、美术馆、大剧院、音乐厅、综合文化站、农村文化礼堂、社区文化家园、村(社区)综合性文化活动中心等公共文化设施应开通"浙里文化圈"平台账号，采用开通权限入驻和应用数据接口方式，发布文化活动资讯，开展运营推广，为群众提供文化活动预约、场馆入馆预约、全民阅读、全民艺术普及、文化和旅游志愿活动等服务。鼓励其他公共文化服务机构、第三方机构等社会力量开通权限入驻，开展公共文化服务。实现全省公共文化服务入口、数据、服务、管理的统一，全面建成全省公共文化信息一屏掌控、服务一网畅达、监管一览无余的数字化协同管理体系。

省文化和旅游厅引入浙数文化，作为浙里文化圈的运营团队，主要和开发团队协同，从"浙里文化圈"应用的内容呈现、市县指导、文旅融合、品牌打造，做好以下几个方面：

(1)完善首页内容推荐机制。运营团队携手技术开发团队共同制定各板块推荐规则和算法推荐，真正实现"就好、就近、感兴趣"的内容运营机制。建立全省通联中心，对省市县乡村的各类文化活动，安排专人将精品活动在平台首页以及7大栏目进行日常更新，指导入驻"浙里文化圈"的文化场馆(机构)及时准确发布活动资讯，组织开展省级层面的文化惠民活动、积分商城运营等日常工作。

(2)指导地市分站和区县频道。落实省级搭平台，区县有内容的指导精神，运营人员下沉到区县，归集各地文化资源。根据各地实际需求进行微开发和指导运营，让区县参与进来发布资讯、开展区域抽奖活动、积分互动等。

(3)推动文化旅游深度融合。在浙文旅一体化平台下，"浙里文化圈"和"游浙里"打通用户体系，统一"浙文旅积分规则、兑换规则"，共建"浙文旅积分商城"，平台内容互融互通，并开展联合运营。

(4)持续引流打造品牌活动。每月组织开展不同推广活动，运用微信朋友圈、5G融媒体彩信、文旅公众号、自媒体网红和新媒体矩阵，持续不断地开展宣推。做到"浙里文化圈、月月有惊喜"，持续"拉新、拉活"，全面实现"政府搭平台、百姓有应用"的目标。

（八）线上线下融合

以省政府民生实事项目"15分钟品质文化生活圈"为依托，推动数字文化场馆建设，打通文化服务"最后一公里"。一是示范引领，如杭州市图书馆的"一键借阅"，线上选书，快递到家，为线上线下服务融合提供了宝贵的经验，带动全省图书馆数字化建设；二是绩效考评，浙江省将预约配送、远程辅导纳入考核评估，让市民足不出户即可享受文化馆服务，提升文化场馆的公共文化服务数字化水平；三是促进数字化服务模式创新，引导浙江省各级文化场馆发挥网络优势，积极运用新技术，不断创新公共文化传播的内容、形式、渠道，不断拓宽公共文化数字化服务的新途径，切实提高全省公共文化的数字化服务水平，满足人民群众日益增长的精神文化需求。

（九）用户需求分析

"浙里文化圈"应用自2022年10月26日上线以来，截至目前，系统注册用户297.8万。通过分析用户数据，在用户性别比例上，男性占比41.18%；女性占比58.82%，整体女性用户占比更高。按照年龄段进行划分，17~29岁青年用户占比30.89%，30~59岁中年用户占比59.63%，总体用户人群分布聚集在中青年。通过分析2022年以来"浙里文化圈"应用访问量，排名靠前的是艺培模块，占比达到71.57%，其次是演出模块占比11.8%，第三是观展模块占比6.76%，说明通过"浙里文化圈"参与全民艺术普及，在老百姓心中最实用。同时也说明，数字文化馆建设具有必要性。

（十）创新服务举措

积极推动艺术院校、文化馆（站）、演艺业协会等社会各界艺术人才入"圈"，成为文艺志愿者队伍的有机力量。依托"浙里文化圈"应用，构建全省文艺志愿者专项数据库，并与"志愿浙江"平台协同，结合基本信息、服

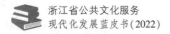

务时间、服务质量等指标建立电子档案，实行动态管理和专项评比。以线下线上联动的方式，组织文艺志愿者队伍业务培训，不断提升展示技艺和服务能力。

三、工作成效

（一）制度重塑，实现四大闭环管理

浙江省是全国唯一的公共文化服务现代化先行试点省，省文化和旅游厅在全国率先发布公共文化服务现代化发展指数（CMDI）、"15分钟品质文化生活圈"指数评价体系，首个制定"城市书房"、"文化驿站"建设和服务省级标准，在顶层设计上对基层公共文化服务设施建设和运行管理提供框架标准，形成"资源梳理—要素添加—智能研判—优化配置"的公共文化资源配置闭环、"需求分析—资源组合—供需对接—用户反馈"的精准服务闭环、"问题发现—系统预警—督促整改—结果晾晒"的管理调度闭环、"标准设定—数据采集—全程监测—综合评价"的评价监测闭环，每月对公共文化机构进行得分排行、榜单晾晒、督促整改，从管理端保证公共文化服务品质。

（二）流程再造，一地创新全省共享

依托一体化智能化公共数据平台，在省市县乡村五级贯通共享的基础上，构建"一地创新、全省共享"机制，不仅防止低水平重复建设，也能激发基层创新活力，在更大范围内发挥作用。台州市临海市针对群众看戏找戏，创新打造了"浙里有戏"应用，这一应用既具有当地特色，又通过审批流程再造，建立"白名单"制度，解决了基层公共文化设施管理上的共性难题。通过对临海市的实践进行提炼总结，在"浙里文化圈"开设专区，推动全省的复制推广、落地生效。

（三）多元供给，引导社会力量参与

创新平台运营模式，引导和鼓励社会力量以多种形式参与平台公共文化内容和服务供给，逐步形成"开放、合作、共建、共享"的数字化应用运营新途径。在"浙里文化圈"创新实施文化惠民工程，经过市、县文化主管部门认可的社会组织可以入驻"浙里文化圈"，将其活动项目纳入"点单资源库"。村社区和综合文化馆的文化员可以根据当地群众需求，双方协商，定制需求菜单，落地文化活动。让公共文化服务更便利、更接地气、更有感。

（四）管理升级，健全实时监管机制

通过整合文化设施空间资源、文化达人、人口数据、地理数据、经费投入等资源的归集，基于公共服务对群众的服务效能、群众的参与度等多维度分析，建立文化资源布局一张图和推进公共文化服务质量五色图管理，开展公共文化服务绩效星级评价。建设省市县一体化的公共文化服务驾驶舱，建立以群众好差评、实时数据监测、第三方评估、指数综合评价相结合的公共服务动态化反馈考评机制，构建全省一屏掌控、服务一网畅达、监管一览无余的数字化协同管理模式。

四、存在问题

（一）新型文化空间入圈比率待提升

当前圈内整合文化空间 8.91 万个，其中文化系统设施 1.35 万个，其他文化空间 7.56 万个，平均每个文化圈拥有设施 10.1 个。从全省范围来看，城市书房、文化驿站、乡村博物馆等新型公共文化空间入圈比率有待提升。目前已建成城市书房 1402 个，文化驿站 757 个，入圈的城市书房

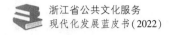

748 个, 文化驿站 412 个, 入圈城市书房占已建成城市书房比例仅为
53.35%, 入圈文化驿站占已建成文化驿站比例仅为 54.44%。

(二)圈内文化活动品质供给待优化

自文化圈建成运行以来, 文化活动有序开展。就目前来看, 一是"一圈
一品"同质化现象普遍。由于文化人才缺乏, 资源禀赋分布不均衡, 挖掘力
度有待加强, 根据"一圈一品"要求, 有地域特色、有品质的公共文化品牌
活动尚未出圈, 差异化不明显。二是文化圈内自发活动居多, 文化点单数
量占文化活动总量仅为 4.25%, 全省文化圈优质精品活动的精准供给和服
务有待进一步提升。

(三)圈内文化骨干作用发挥机制待建立

目前圈内拥有文化骨干 36312 人, 其中非遗传承人 1637 人, 省级乡村文
化能人 811 人, 省级文化示范区 342 个, 但是文化团队和骨干的示范引领作
用发挥不明显(表3)。各地还需积极探索文化能人在文化圈的入驻机制, 名
人工作室、文化示范户参与圈内活动的模式, 充分发挥文化人才影响力, 通
过文化骨干带动文化圈服务和活动品质提升, 提高文化圈服务水平。

表 3　已建文化圈拥有骨干及社团情况表

序号	地区	文化圈数量(个)	文化圈文艺社团均值	文化圈骨干均值
1	杭州市	937	12.0	3.4
2	宁波市	908	8.3	3.8
3	温州市	918	9.8	5.7
4	嘉兴市	941	10.1	4.6
5	湖州市	456	10.1	3.8

序号	地区	文化圈数量(个)	文化圈文艺社团均值	文化圈骨干均值
6	绍兴市	822	7.7	3.9
7	金华市	790	9.4	3.6
8	衢州市	815	7.3	4.4
9	舟山市	450	5.0	3.6
10	台州市	935	8.4	3.5
11	丽水市	855	9.2	2.1
	合计	8827	9.0	3.9

(四)闭环管理评价标准规范待优化

公共文化数字化改革的最大特点和优势是便捷化、多元化、个性化,"浙里文化圈"应用的建设目的是更好满足人民日益增长的美好生活需要,但经实地调研了解到,部分基层组织方和民众反映,出于平台智能化管理需要所作的数据化闭环管理,对组织活动方以及参与活动的老百姓提出预约、核销、签到、评价等一系列数字化操作要求,不仅对老年人、儿童等特殊群体极不友好,让组织方也囿于繁琐的操作流程中,很大程度上影响基层文化活动的开展与民众参与的积极性。同时个别县市为了指数排名靠前,存在脱离实际不合理设定工作目标并层层传导压力的情况,更加偏离了文化圈提升日常运行管理绩效的初衷。一组组"群众满意度""参与率"等亮眼数据的数字背后折射出的附带问题应当引起关注。

(五)地方与省级、国家平台加快对接

在"浙里文化圈"应用建设之前,全省各地已经建设了众多综合性公共文化数字平台,如嘉兴"文化有约"。如何在维持数据分布式存储、不改变

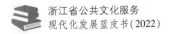

数据所有权的前提下，把分散的各级各类文化平台的文化资源数据关联起来，避免数据重复上报、平台重复建设，同时，按照国家公共文化云制定的标准规范，推进"浙里文化圈"与国家公共文化云的全面对接，做好国家公共文化云与"浙里文化圈"的互联互通，全面融合国家公共文化云体系，利用关联技术让数据走出孤岛，实现数据的互联互通、全面共享，这是"浙里文化圈"迭代升级需要解决的问题。

（六）公共文化信息宣传渠道单一化

尽管在数字化改革背景下，政府开发了各类整合资源和服务的数字平台，但随着大量 App 小程序横空出世，调研显示，很多人存在"不会操作、不方便使用、不知道存在"等情况。与商业平台相比，政府官方特色文化资源宣传不够，目前，部分公共文化活动和场馆宣传，主要依靠各场馆官方微信公众号的信息推送，渠道和形式较为单一死板。在尝试使用相对热门的社会第三方 APP、数字化新功能的信息推送上还比较保守，创新力不足。调研发现，一些群众反映经常在演出、展览结束后才获取到信息。

五、对策建议

（一）充分挖掘政府官方特色文化资源

从平台建设到内容建设，数字化平台建成之后便将是内容之争。为此应充分挖掘文旅系统内的政府官方特色文化空间资源。如准入也能退出，对已建设好的"15 分钟品质文化生活圈"，因居民搬迁、文化设施拆迁、村委会撤销等原因形同虚设的，建立退出机制或替换机制；建议各地在规划新建"15 分钟品质文化生活圈"时将城市书房、文化驿站等新型公共文化空间作为必备设施优先纳入，提升品质化公共文化服务的供给；深入挖掘有一定资质的文化资源，如演艺集团等艺术院团，为扩大商业演出无法满足的文艺精品覆盖面和影响力提供渠道；以之江文化中心为服务创新样板，支持省文投集团参与之江文化中心公共空间智慧管理，建设集内容供给、场馆运营和消费体验于一体的数字化终端，等等。

（二）简化操作流程增强用户易用性

优化操作端，简化操作流程，优化浙里文化圈页面布局设计，让群众更快获取公共文化信息重点。构建覆盖全生命周期的多元传播渠道。充分了解和尊重各年龄段、各群体百姓获取信息的习惯和偏好，构建"线上+线下"的多元公共文化服务内容传播渠道。建立工作台和服务端的需求反馈机制，安排专人对反馈的需求进行分门别类整理，为应用开发人员优化流程提供依据。通过群众和从业人员的需求反馈，不断迭代升级服务端和工作台的操作逻辑，让应用好用、管用。

（三）优化提升监测指标和数据填报

文化圈服务指数以"三力一考评"（服务保障力、工作组织力、群众影响力和全程管理考评）为主框架，含6个一级指标、17个二级指标。鉴于指标会对基层数据填报产生导向性影响，文旅厅已组织对指标作进一步梳理优化，设定指标上限，并去除非关键性指标。同时，优化填报字段，一是加强多跨数据协同共享，减少重复填报。已通过数据的多跨协同，将"智慧文化云"原本需要填报的村（社区）文化活动数据，通过对接"礼堂家"应用直接获取，村社区无需在"智慧文化云"重复填报。另外，公共图书馆的文化活动以及文化志愿者活动发布相关数据，与"全民阅读在线"和"志愿浙江"应用存在字段重复的情况，将商省宣数字化专班，协同相关数据对接方式，减少基层重复填报。二是去除非关键字段。对于基层反映较多的综合文化站文化活动填报字段，删除非关键性字段，将原来需要基层填报的

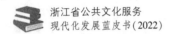
23 个字段减至 12 个。三是强化系统自动读取数据。四是优化填报流程环节。认证后的用户均取消审核环节。同时基层只需设立文化活动填报工作人员 1 人，既作为填报员又作为审核员，保证了信息安全和数据质量。

(四)以商业"爆款"增加平台吸引力

改变传统的自上而下的单向输入式文化惠民，通过商业活动引流公共平台。应利用政府优势，增加社会化合作，分阶段打造进行营销宣传引流，以时下群众最关注的热点文化活动为服务点、福利点来实现的新文化惠民。同时，拓展宣传渠道到各种融媒体平台，打通时下火爆的抖音、小红书、大众点评等社交、文化购买平台，让百姓像逛淘宝、美团那样便捷，"一触即达""送文化上门"。加大对传统文化传承相关活动和场馆的宣传，以群众喜闻乐见的艺术宣传形式，展现传统文化魅力和城市文化内涵。

(五)线上数字服务与线下场馆服务并重

应推动各地积极依托文化圈圈内设施、空间，盘活图书馆总分馆、文化馆总分馆等高质量公共文化资源，精准抵达基层，以文化点单精准对接村、社区的文化需求，实现"一圈一品"。同时重点谋划好"浙里文化圈"惠民服务场景迭代升级，促进线上线下结合。如探索"5G+"新基建，赋能智慧公共文化服务现代化探索。通过利用云计算、人工智能、区块链、VR/AR 等新技术应用和全新体验，构建线下数字体验新场景，以及基层人才培育、文化空间创新等场景，开发一地创新全省共享等模块，切实推进全省公共文化服务"从线到面"的全覆盖优质均衡发展。

(六)根据用户需求开展第三方评估

"浙里文化圈"应用还需积极和高校以及第三方机构合作，研究移动互联网产品对接公共文化服务需求、提供公共文化服务供给有效性方面的积极作用，结合"浙里文化圈"当前建设现状，提出更加契合用户需求的公共文化服务方针，提高潜在用户对公共文化服务的接受程度，让平台功能易用、服务好用、用户爱用。以评促建，通过评价发现并解决问题，持续优化和提升应用服务能力，推动"浙里文化圈"功能模块不断迭代升级，为平台发展提供决策支持，为服务模式创新提供探索，为在线体验提供依据。

（来源：浙江省文化和旅游厅调研课题成果）

浙江省社会公众对公共文化服务满意度测评报告(2022年度)

一、工作背景

近年来，浙江省委、省政府始终把加强公共文化服务体系建设作为改善民生的重要内容和加快文化强省建设的重要目标，从现代公共文化服务体系高质量发展要求出发，覆盖城乡、便捷高效、保基本、促公平的现代公共文化服务体系加快形成。为积极推动浙江全省公共文化服务发展，促进公共文化服务均衡协调发展，满足群众不断增长的文化需求，不断完善公共文化服务体系建设，浙江省文化和旅游厅继续委托第三方专业调查机构开展2022年度公共文化服务满意度测评工作。

本次满意度测评覆盖了浙江省11个设区市下辖的90个县(市、区)，测评对象为在当地居住6个月以上14周岁及以上人群。测评主要采用入户调查法、拦截调查法、实地观察法和文献研究法等多种社会调查方法，根据各设区市地域和人口分布特点，设计科学抽样。最终，每个县(市、区)收集到140个成功样本，累计获取全省有效样本12600个。

二、结果综述

通过对公共文化设施管理、数智文化建设、政府工作、社会氛围、公共文化服务供给、"15分钟品质文化生活圈"、运营管理需求等指标进行综合评价，最终 2022 年度浙江省社会公众对公共文化服务总体满意度为 82.24%，相比 2021 年度(80.16%)提升 2.08%，全省公共文化服务满意度持续提升，群众文化获得感不断增强。

各项二级指标得分均处于 85.00% 以上，其中得分排在前三位的为"15 分钟品质文化生活圈"满意度(84.99%)、公共文化服务供给满意度(83.39%)和社会氛围满意度(82.76%)；数智文化建设服务满意度(80.12%)得分相对最低。从各都市圈来看，全省四大都市圈公共文化服务数智文化建设总体满意度得分差距较小；其中金华都市圈(82.83%)满意度得分最高。从各设区市来看，排名最高的设区市为金华市(85.08%)，衢州市(79.67%)满意度相对较低。从各县(市、区)来看，30 个县(市、区)满意度得分处于 85.00% 以上，占比 33.33%；59 个县(市、区)得分处于 70.00% 以上，占比 65.55%；1 个县(市、区)得分处于 60.00% 以上，占比 1.12%。其中，杭州市西湖区(96.21%)总体满意度得分最高，庆元县(69.55%)总体满意度较低。从性别来看，女性群体(82.69%)满意度相对较高，男性群体(81.82%)满意度相对较低。从学历来看，大学(大专及以上)群体(83.27%)满意度相对较高，小学及以下群体(80.52%)满意度相对较低。从年龄来看，14~22 岁群体(83.84%)满意度相对较高，61 岁及以上群体(80.77%)满意度相对较低。

三、 情况分析

(一)数字化改革一键触达，数字文化服务"最闪亮"

2022 年度，省文化和旅游厅线上建成"浙里文化圈"服务端数字化应用，横向打通 16 个省级部门，纵向贯通省、市、县、乡村 5 级，实现全省文化资源的智能调度和精准供给，精准触达百姓看书、观展、演出、艺培、文脉、雅集、知礼七大惠民场景，打造贴近千万百姓的 24 小时不打烊的一

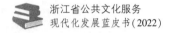
站式在线文化空间。调查结果显示，2022年度浙江省公共文化服务数智文化建设服务总体满意度为80.12%，其中在指标"数智文化设施丰富度""数智文化资源更新速度"中取得较好的表现。

通过访谈，群众对数智文化建设服务方面的进一步需求主要有"多增添自助服务终端、智能设备""增多发布消息的电子渠道""个性化数智定制服务欠缺""加强数智相关设施的易用性"等。同时，需要注意的是，从总体得分来看仅处于"优良"水平，存在公共数智文化建设结构不合理，针对性、实用性不强；公共数字文化平台互不对接，服务效能较低，公共数字文化建设机制不够完善，灵活性、开放度不足等问题。

(二)无愧共富"关键变量"，公共文化建设"缩差距"

2022年度，省文化和旅游厅切实把握公共文化发展这一精神富有的"关键变量"，脚踏实地推进公共文化服务现代化先行省建设，以高品质公共文化服务促进人民群众精神生活共同富裕。出台《城乡一体"15分钟品质文化生活圈"建设导则》，建设"15分钟品质文化生活圈"8828个，认定城市书房223家、文化驿站110家，在"市有五馆一院一厅、县有四馆一院、区有三馆"的同时，谋划在老百姓身边建设一批新型公共文化空间；覆盖由省至村的五级现代公共文化服务体系的网络在浙江铺陈展开。调查结果显示，无论从各都市圈或各县(市、区)、城乡方面看，群众对于公共文化服务的总体得分满意度差距并不大，均保持在10%的浮动幅度中，表明近年来浙江省在区域间、城乡间公共文化设施在逐步完善，差距正在逐步缩小，公共文化服务供给保障能力全面提升，群众的精神文化生活得到显著改善。

通过访谈，群众在对公共文化服务供给的相关意见和建议中提到"公共文化场所没有明显招牌显示对外开放或未通过公众号等渠道宣传，且农村地区公共文化设施较差，缺少管理""城市和乡村之间供给的力度应该平衡一点，不能偏重于城市""乡村文化基础设施基建要跟城市均衡"等呼声。

调查结果显示，尽管从各设区市来看，群众对于公共文化服务的总体满意度得分差距不大，但县（市、区）之间的差距较大，一些县级城市满意度调查得分较低，有 22 个县（市、区）满意度得分只处于 70.00% 及以上，1 个县（市、区）满意度得分仅处于 60.00% 及以上。在一些二级指标上，公共文化服务的品质、经费保障、文化人才配置等方面的地区间不均衡较为明显。从城乡看，县级以下基层公共文化资源仍然比较匮乏，县级公共文化各类场馆缺乏购买和运行经费，展陈单薄、造成场馆闲置浪费，无法满足人民群众的文化活动需求。

（三）公共文化精准供给，设施管理"一老一小""有偏爱"

2022 年度，省文化和旅游厅积极拓展新型公共文化空间，创新建设乡村博物馆、城市书房、文化驿站等覆盖城乡的新型公共文化空间，促进城乡均衡一体。全省建成 1.9 万个农村文化礼堂，500 人以上的行政村全覆盖。实施"文化润景"计划，全省百家博物馆、美术馆创建 A 级景区，全省 11531 个 A 级景区村、128 个旅游驿站成为公共文化新阵地。面向农村居民、农民工群体、残疾人群体等推行分人群精准公共文化供给。

从具体调查结果来看，在二级指标项中，设施管理的满意度分值偏低（80.20%）。同时，进一步分析发现，"公共文化设施基本服务项目齐全"（82.85%）指标得分较低。随着人民群众日益增长的物质生活水平，对文化投入的要求也越来越多，群众渴望通过公共文化设施满足自身文化需求。但各地区受财政资金的约束，一定程度上影响了公共文化服务的发展。一些地区现有公共文化设施难以满足多元化的群众需求，导致群众认可度和参与度不高，降低了公共文化服务效能。同时群众提到"增添针对小孩老人的活动设施""加强残疾人文化基础设施的建设，多增添无障碍设施""数字服务要适应中老年人的需求"等方面意见。从群体看，当前针对老人、少年儿童、残疾人、农民工和贫困地区群众的公共文化体育资源普遍偏少，尤其是要继续均衡、优化公共资源配置，补齐对乡村老人、留守儿童等特殊

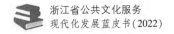

群体在文化供给方面的短板。

（四）创新专业运营体系，公共文化活动"要特色"

全省积极培育精品公共文化项目，创作有力量、有温度的群众文艺精品。创新"村晚""农家书屋"品牌，催生有全国影响力的乡村公共文化现象。实施"文艺星火赋美"工程，推动高雅艺术走出剧场，以常态化街头展演赋美城市气质。建设"百姓百艺"工作坊，在中小学设立 1000 个艺术普及点，全省全民艺术普及率达 74.4%。调查结果显示，公共文化服务社会氛围满意度指标中"举办过类型丰富的文体活动（全民阅读、全民艺术普及等）"、"公共文化活动群众参与率"和"曾举办过的地方特色文化活动"得分表现较好，表明经过全省文艺精品创作不断涌现，演艺事业开展如火如荼，艺术与乡村相融共生，赋能乡村振兴，不断增强群众文化生活参与度和获得感。

调研结果显示，关于公共文化活动，百姓的相关建议主要集中在两个方面，一是关于公共文化设施的管护问题，如"需要加大力度对公共设施的保护""提倡日常巡逻维护保养文化设施设备，实行常态化管理""公共文化设施要及时维护和更新"等。二是关于公共文化活动内容方面的建议，如"多开展全民参与的文体活动""全民阅读艺术普及类的活动比较少，活动内容不丰富，多组织活动，多一点新意""对空巢老人多安排一些文化活动""特别需要加强体育类社区文化活动""传统戏曲节目普及率低""文化活动多而不精，没有黏性和吸引力"等。这些诉求一方面反映了文化公共设施建成后，如何通过做好公共文化活动内容，做好公共文化活动的后续运营；另一方面百姓对公共文化活动中的"传统文化活动"表现出浓厚兴趣，印证了习近平总书记在文化传承发展座谈会上提出的"两个结合"重要论述中"第二个结合"，即"马克思主义基本原理同中华优秀传统文化的结合"的群众基础。

（五）政府文化工作得民心，公共文化诉求"多通道"

全面启动公共文化服务现代化先行县（领航项目）创建工作，确定首批先行县创建单位8家、培育单位5家和领航项目创建单位10个。全省市级以上公共图书馆、博物馆、文化馆、美术馆等具备条件的公共文化机构基本建立以理事会为主要形式的法人治理结构；开展文化和旅游志愿服务"四个一批"评选。成立浙江省文化和旅游志愿者总队，注册志愿者总数达200余万人。实施基层文化素质队伍提升工程，年培训基层文化从业人员不少于10万人次。推动建立"浙江省文旅人才项目共享服务平台"。

调查结果显示，公共文化服务政府工作满意度指标中"工作人员办事效率""工作人员服务态度"和"公共文化设施配备足够数量的工作人员"三项得分最高，表明经过公共文化机构法人治理结构改革、各级政府不断加强文化人才队伍建设，开展文化人才培训，全省文化人才既有量也有质的提升，全省公共文化服务水平不断增强。调研发现，百姓对公共文化服务"诉求通道"表达出强烈的意愿，如，"大型公共文化场所的建设选址，普通视频无法表达意见""多一些沟通渠道，多一些反馈给到群众""公众对自身文化需求的诉求渠道很少，希望政府能加强"等，这与国际上公共服务满意度指数评价中"设置抱怨和满意通道"一级指标相吻合。

四、存在问题

（一）公共文化设施仍然难以满足多元化的群众需求

调查结果显示，通过满意度重要性矩阵分析发现"对公共文化设施类型丰富度的评价""对往返公共文化场馆便利性的评价""对公共文化场馆时间开放合理性的评价"指标落在"亟待改进"区间。同时群众提到"加大推广与建设力度，让项目真正惠及大众""希望本地文化馆各方面设施可以进行全

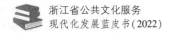
面升级""供给有规律一点,然后多点宣传,让大家知道什么时候什么地点有什么活动,这样群众的参与积极才会高"等方面意见。

随着人民群众日益增长的物质生活水平,对文化投入的要求也越来越多,百姓渴望通过公共文化设施满足自身文化需求。一些地区现有公共文化设施难以满足多元化的群众需求。而从群体来看,当前针对老人、少年儿童、残疾人、农民工和贫困地区群众的公共文化体育资源普遍偏少,尤其是要继续均衡、优化公共资源配置,补齐对乡村老人、留守儿童等特殊群体在文化供给方面的短板。

(二)公共文化活动需继续强化"特色"

调查结果显示,通过满意度重要性矩阵分析发现"对公共文化设施群众利用率的评价""对举办过的地方特色文化活动的评价"指标落在"逐步改善"区间。同时群众提到"对特殊人群的提出的需求要及时满足""弘扬中国传统文化,多举办特色民族活动,如端午节划龙舟等传统文化活动""多搞小而美,小而精的专项文化活动,也可以多办成本低的大型民俗活动""举办传统文化活动的同时也要增加有创意的文化活动"等方面意见。

群众对于文化活动的诉求一方面反映了文化公共设施建成后,应该如何通过做好公共文化活动内容,做好公共文化活动的后续运营;另一方面群众对公共文化活动的"传统特色文化活动"表现出浓厚兴趣,印证了习近平总书记在文化传承发展座谈会上提出的"两个结合"重要论述中"第二个结合",即"马克思主义基本原理同中华优秀传统文化的结合"的群众基础,只有通过艺术与文化相融共生,赋能文艺精品创作,演艺事业才能如火如荼地开展,群众文化生活参与度和获得感才能不断增强。

(三)仍需持续完善公共数字文化建设机制

调查结果显示,通过满意度重要性矩阵分析发现"对数智文化资源更新速度的评价""对数智文化服务实用性的评价"指标落在"亟待改进"区间,同时群众提到"数智文化活动比较少，可以多开展一些线上文化活动""打造文化资料库，为大众提供文化资料的共享，降低文化享受以及学习的门槛""把文化馆活动制作成短视频在抖音和微信让大家观看""博物馆内可增加与其他地区博物院的线上参观途径"等意见。

公共数智文化建设结构仍然存在不合理和针对性、实用性不强的问题，群众对数智文化建设服务方面仍有进一步的需求，公共数字文化平台不对接，服务效能较低等问题需要更加精准供给，持续完善全省文化资源数字化智能调度机制，全面提高公共数字文化建设机制完善，灵活性、开放度。

（四）基层文化队伍专业化程度有待提升，信息反馈机制仍需完善

调查结果显示，通过满意度重要性矩阵分析发现"公众对文化需求意见表达畅通性的评价""对政府公共文化信息公开和宣传的评价""对政府工作人员对公共文化建设的重视程度的评价"指标落在"亟待改进"区间，同时群众提到"希望政府能多关注文化场所的建设，比如图书馆、艺术馆、美术馆等""加强全体工作人员的职业素养，更好地服务群众""建立和完善信息反馈渠道，并让群众知晓"等意见。

随着全省经济的快速发展，人民群众精神文化需求呈现快速增长态势，对公共文化服务"诉求通道"表达出强烈的意愿。但在调研中发现仍存在信息反馈渠道不顺畅，基层文化队伍专业化程度不高，政府对公共文化建设重视不够，重经济发展、轻文化建设等问题。各地政府对辖区内相关设施建设情况仍缺少了解，且一些公益性文化单位盘活公共文化资源的活力不足、整体工作效率不高。

（五）社会力量参与度不足，公共文化服务现代化水平仍需提升

调查结果显示，公共文化服务的政策制度设计缺乏社会力量参与，容易造成文化产品供给与文化消费需求，文化与社会大众的脱节。此外在促

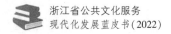
进社会力量与公共文化机构合作之间缺乏深入合作的常态化激励机制，同时需要持续完善社会组织的培育机制，才能形成多元社会力量共同发展的局面。

(六)区域间、城乡间公共文化服务供给不均衡现象仍然存在

调查结果显示，二级指标"15分钟品质文化生活圈"满意度(84.99%)排名最高。表明全省不遗余力打造城乡一体"15分钟品质文化生活圈"实施成效显著，浙江省公共文化服务供给保障能力全面提升，群众的精神文化生活得到显著改善。但在调查过程中发现"15分钟品质文化生活圈"公共文化服务的品质、经费保障、文化人才配置等方面的地区间不均衡较为明显。从城乡看，县级以下基层公共文化资源仍然比较匮乏，县级公共文化各类场馆缺乏购买和运行经费，展陈单薄、造成场馆闲置浪费，无法满足人民群众的文化活动需求。

五、对策建议

(一)建立公共文化服务要素保障制度，夯实高标准发展保障体系

一是强化资金保障。将公共文化服务相关经费纳入各级地方政府本级预算，根据各地公共文化设施建设、管理需求安排所需资金；构建合理的资金、管理和使用制度，设立专门的公共文化专项资金账户，专款专用。要积极探索全省山区26县同经济发达地区建立公共文化服务资金援助计划，特别是对大型公共文化设施项目实施援助共建措施，以保证相关设施建设、运行以及维护的必要资金。同时，制定科学合理的效能评价指标体系，依据"国家基本公共文化服务指导标准"对公共文化服务效能予以综合评估，使其成为政府专项经费拨付、奖惩和分类管理的重要依据，确保激

励和约束作用的发挥。二是做实基层文化队伍建设。针对基层文化队伍普遍存在的专业化程度不高的问题，制定出台基层文化人才培养、发展扶持政策，建立公共文化人才专属岗位，在学历、专业、年龄、政治身份、待遇等方面加以明确，为人才提供良好的成长和发展环境。重点培养发展基层群众文艺创作人才队伍，配套开展文艺创作系列培训，让更多的群众文艺爱好者有机会接受专业指导，成长为群众文艺创作骨干。注重和团结新文艺组织(如：民营文化工作室、民营文化经纪机构、网络文艺社群等)和新文艺群体(如：网络作家、签约作家、自由撰稿人、独立演员歌手等)，争取将新文艺组织和新文艺群体发展成公共文化的产品生产者和活动参与者。三是要探索乡村文化特派员制度。将公共文化建设融入乡村治理体系，探索区域公共文化服务联合体建设，推进乡村公共文化组团式发展。实施艺术振兴乡村计划，建立艺术家、策展人等专业人士与民间文化艺术之乡、A级景区村的对接机制。在全省实施乡镇文化特派员制度，培育乡村文化策划师队伍，挖掘乡村文化底蕴，优秀传承农耕文化基因，推动乡村基层文化从业人员专职化、专业化、专心化，带动乡村文化资源挖掘、保护、传承和乡村文化资源创造性转化和创新性发展。

(二)加强公共文化设施建设与运维，优化高标准公共文化空间

各地各级政府要对辖区内相关设施建设情况进行摸排，特别是要高度重视老年大学、青少年活动中心、残疾人服务中心等"一老一小一残"群体活动场所建设，无活动场所的要按照"规划先行、彰显特色、大气美观、功能齐全"的原则，抓紧规划建设。一是要优化城乡基层公共文化设施布局。进一步编实织密基层公共文化设施网络，优化基层文化设施建设，镇(街道)综合文化站一级站以上达标率100%，农村文化礼堂、社区文化家园覆盖率和达标率均为100%。鼓励机关、学校和企事业单位，将内部文化场馆向社会免费开放。二是要打造新型文化空间。建设一批环境优雅、布局精致、体验舒适的基层文化打卡点。创意性改造一批综合文化站和农村文化

礼堂。按照"便捷、普惠、实用"原则,借力未来社区和新时代文明实践中心等场馆,精心打造一站式公共文化服务中心和文化活动交流场所。在城市商业综合体、综合交通枢纽、文化创意园区,以及城市绿道河岸和其他空地,建设自助图书馆(城市书房)、文化驿站、多功能文体运动场等"公共文化+"空间。三是构建多元化公共文化服务供给主体。暂无条件建设的,可通过租赁、调配等方式盘活闲置资源,尽量减少浪费。要转变公共文化设施管理理念,通过制定相关政策、制度,构建符合公共文化设施特点的新型公私合作管理模式,为专业化的社会管理团队进行公共文化设施运作、管理创建平台。对于大型的、需要专业人才管理的公共文化设施,通过合法途径,择优选择专业化管理机构,实行委托管理。

(三)完善公共文化服务内容和质量,创造高品质公共文化生活

通过制定并公布县级基本公共文化服务目录,以标准化推动均等化,满足群众多样化、个性化服务需求。特别是满意度评分较低县的(市、区),地方政府需梳理公共文化服务体系建设存在的突出矛盾和问题,结合本地区经济社会发展实际,因地制宜地采取精准措施加以解决。一是在服务内容上,深入挖掘地域特色文化资源,持续推进文化基因解码和文化标识培育工程。根据调研反映的百姓喜爱浙江地方特色的文化戏曲等文化产品,深入挖掘浙江地域特色文化资源,持续推进文化基因解码和文化标识培育工程,打造具有独特地域风格和全国影响力的公共文化 IP 和公共文化品牌。深入贯彻落实习近平总书记文化传承发展座谈会上"两个结合"重要论述,重点推进乡村优秀农耕文化发掘、保护、传承和发展,打造乡村文化高地。要把"高质量"摆在首要位置,坚持把"培根铸魂"与"喜闻乐见"紧密结合起来,推动党的理论路线、方针政策因地制宜地以群众性文化和艺术"丰富生动""彰显特色"的方式,在"润物无声"的过程中"入脑入心"。二是在方式创新上,加快推进"浙里文化圈"应用。尤其要加强大数据技术在公共文化服务需求采集、资源建设、精品创作、产品开发、活动举办、平

台搭建、预期引导、运行管控、绩效评价等方面的应用，持续提高公共文化服务的数字化、智能化、可及性和透明度。三是在重点人群方面，对"一老一小一残"群体提供精准服务。面向"农村群众"广泛开展"三送一走"惠民活动，推动文化资源有效下沉农村；面向"儿童群体"，提升全省文化艺术类培训机构的办学质量，推进文化艺术教育"从娃娃抓起"；面向"农民工群体"，探索推行"浙江文化保障卡"，让其享受同城文化待遇；面向"残疾人群体"，加强公共文化场馆配备无障碍设施，县级以上图书馆提供盲人借阅服务，延伸服务面。

（四）引入社会力量共建共享共创，提高公共文化服务现代化水平

新时代新征程，全省公共文化服务工作要实现要文化产品供给与文化消费需求的链接；在线数据、虚拟空间与线下文化资源、设施、产品的链接；地域特色文化与数据驱动下未来文旅消费的跨时空链接，这些都需要文化、文化人与社会大众的链接。一是完善社会力量参与公共文化服务的政策制度设计。明确社会力量参与和进入公共文化服务领域的范围和边界，扩大社会力量参与公共文化服务建设的范围和程度，保障社会力量参与服务供给的平等待遇。二是制定社会力量参与公共文化服务的激励政策。通过政府购买、财政补贴、税收优惠、荣誉激励等方式，引导和鼓励社会力量的积极参与；同时创新激励方式，促进社会力量与公共文化机构的深入合作。三是建立健全社会组织的培育机制。为社会力量的发展提供良好的发展环境，重点培育文化志愿者、乡贤和文化能人、非营利文化组织等主体力量，形成多元社会力量共同发展的局面。

（五）加强公共文化服务反馈机制，实现高效能公共文化治理

为最大化地发挥既有公共文化服务体系的功能，不断提升公共文化服务设施和产品的利用率，满足群众日益增长的精神文化需求，应积极开展

群众评价与反馈机制的创新实践工作，进一步拓宽公众信息渠道，畅通需求表达途径。一是全覆盖，建立多种形式的需求征集机制。建立多种形式的需求征集机制，做到专人负责，通过走访了解、召开座谈会、发放调查表、开设服务专线、设置意见箱、搭建信息化互动平台等方式，定时梳理，实现公共文化服务信息沟通互联互通。二是细梳理，建立科学规范的项目评审机制。细化梳理征集到各类文化需求，进行梳理分类，按照需求主体、需求程度（主动诉求和被动征集）、服务对象类别（一般人员和特殊人群）、供给主体、处理的时效和难度等，对征集上来的各类需求进行整理、归纳和分类。结合社会发展阶段、公共文化服务范畴和标准、资金保障、现有文化资源等实际因素，对政府可提供的文化产品进行成本绩效分析，最终筛选确定符合群众需求的阶段性文化活动项目。三是预公布，建立阶段性文化产品供给机制。将阶段性文化活动项目按培训、讲座、赛事、服务、演艺、展示、民俗体验等活动予以分类，整理制作成《群众文化活动手册》，通过海报、手册、网络互动平台、微信、微博等多种方式向百姓预告。预告手册附着《意见回执单》和反馈电话，进一步收集群众本阶段活动安排意见和下阶段活动安排建议，使阶段性活动安排能根据群众需求动态调整，有效对接。四是重反馈，构建以群众满意为主导的评价机制。通过发放评价表或委托第三方调查等方式，对每个阶段性文化活动项目的实施效果进行评估。每年年底随机抽取群众开展文化生活满意度调查，征集群众对政府基本公共文化服务各方面意见，并根据调查结果制作总体评价报告反馈各部门，确保实现公共文化服务"按需定制"。

（来源：浙江省文化和旅游厅）

浙江省全民艺术普及率测评调查报告
（2022 年度）

一、工作背景

2022 年以来，浙江省委、省政府立足实现"两个先行"奋斗目标，提出了"高水平推进文化强省建设、打造新时代文化高地"的具体目标，部署了"着力推进全域文化繁荣全民精神富有"的重要任务，为浙江文化建设描绘新蓝图，也为全民艺术普及工作指明新方向。与此同时浙江省文化和旅游厅全面贯彻落实《关于高质量建设公共文化服务现代化先行省的实施意见》文件精神，在全省范围内推动全民艺术普及工作，交流各地全民艺术普及工作先进经验，发挥文化铸魂塑形赋能的强大力量。在 2022 年度委托第三方机构开展全省全民艺术普及率调查工作。

本次测评涵盖浙江省辖区内 11 个设区市 90 个县（市、区）的当地 8 周岁以上常住居民。采用实地问卷调查的方式获取调查数据。在满足内容需求的基础上，样本量兼顾各县（市、区）均衡性，每个县（市、区）采集 120 个有效样本量，最终获取全省样本量 10800 个。

二、结果综述

通过对全民艺术普及基础评价、全民艺术欣赏普及、全民艺术知识普

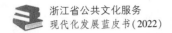
及、全民艺术技能普及、全民艺术活动普及、全民艺术创造普及等七个方面展开调查测评,最终2022年度浙江省全民艺术普及率为76.7%,相比2021年度(74.4%)提升2.3%,全省全民艺术技能和艺术创造普及初显成效,全民艺术普及整体取得较大工作成效。

从各项一级指标来看,其中得分排在前三位的为全民艺术普及基础评价(87.8%)、全民艺术知识普及(84.7%)和全民艺术欣赏普及(84.5%)。从各设区市看,普及率最高的是宁波市(82.1%),衢州市的普及率最低(71.6%)。从各县(市、区)来看,全民艺术普及工作呈现出区域发展不一、工作成效不均衡的态势。90个县(市、区)中,普及率排名前三名的依次是宁波市江北区(89.9%)、义乌市(89.2%)和杭州市上城区(88.5%),排名后三位的依次是永嘉县(67.7%)、温州市龙湾区(68.0%)和开化县(68.2%)。从调查群体年龄段来看,普及率最高的是18~29岁和30~39岁年龄段人群(78.6%),普及率最低的是60岁及以上年龄段人群(75.1%)。从调查群体的学历来看,普及率最高的是小学及以下学历人群(80.1%),普及率最低的是初中学历人群(70.8%)。从调查群体的职业来看,普及率最高的是科教文体卫专业人员(80.8%),普及率最低的是其他人员(39.2%)。从调查群体的性别来看,女性受访者的普及率比男性受访者高2.7%。

三、情况分析

(一)全省联动,广大群众对艺术普及工作整体满意度高

2022年,浙江省继续以机制为主线,浙江省文化馆依托"基层联络服务机制"整合全省力量,开展全民艺术普及。这一机制创新保证了全省文化阵地从省文化馆开始、通过各级文化馆的力量,联动到乡镇文化站、农村文化礼堂,让资源共享互补更为合理,品牌项目复制推广更为便利。省馆

从全省层面进行顶层设计，市级馆从市级角度进行顶层设计，县级馆从县区馆角度进行顶层设计，联动到文化站和文化礼堂。通过一级抓一级，全民艺术普及工作形成全面管理，深度对接基层群众公共文化服务需求，有效解决基层公共服务的难点和漏点。

本次调查体现了广大群众对浙江省全民艺术普及工作总体认可情况，"全民艺术普及总体评价"一级指标下设知晓率、重要性、获得感、满意率等 4 个二级指标。绝大多数(92.9%)的受访者认可全民艺术普及的重要性，认为全民艺术普及工作给自己的生活带来了改变(95.1%)，并对艺术普及工作表示满意(94.6%)。对本地开展的文化艺术欣赏活动满意度均超过88.0%。从县域层面看，广大群众对全民艺术普及的知晓率、参与率和满意度逐年上升，实现了浙江人民艺术修养的提升、城市文明水平的提高，推进群众精神富有，助力建设共同富裕先行省中充分彰显着文化力量。

(二)全链升级，全民艺术知识普及工作实现有效覆盖

2022 年 1 月，浙江省文化和旅游厅印发《进一步深化全民艺术普及实施方案》，明确在艺术知识、欣赏、创造、技能和活动五个方面实现全民普及的主要任务。这五个方面也成为全民艺术普及率的衡量指标。

从分项调查结果来看，在艺术知识、艺术欣赏、艺术技能、艺术活动、艺术创造五个方面，全民艺术普及都发挥了不同程度的作用。特别是艺术知识普及方面，依托"线上+线下"各类载体和平台，艺术知识得到有效传播，激发了人们对于艺术的兴趣和爱好。94.5%的受访者表示其对某种文化艺术知识普及活动有所喜好，65.5%的受访者能够进一步培养艺术专长。82.2%的受访者能通过文化馆(站)、图书馆、博物馆等场馆宣传海报，报刊、杂志、广播、电视及互联网平台等各种渠道获得全民艺术普及相关宣传信息，使得广大群众在与艺术的对话中感知美、欣赏美、创造美，提升了全社会文明程度。

（三）全民美育，全民艺术欣赏普及工作获较高参与度

本次调查中，全省广大群众反馈，目前全省能参加的全民艺术普及项目越来越多，培训、讲座、活动、赛事活跃在城乡村每个角落；群众的选择越来越多，书法、戏曲、非遗、生活美学涵盖了数十个艺术门类；参加的人群越来越多，不同年龄，不同职业，不同国界，从孩童到老人，从工人到外国友人；覆盖的层面越来越广，艺术普及走进场站、走进企业、走进校园，由城市到乡村，由山区到海岛，遍及全省。

调查显示，《关于高质量建公共文化服务现代化先行省的实施意见》提出以来，全民艺术欣赏普及程度获得进一步提升。73.6%的受访者在过去一年中参加过各类展览、知识讲座、论坛等文化活动。而在回答有艺术喜好的受访者中，以演出类活动最受欢迎（57.6%）。艺术欣赏的普及，表明扩大免费开放范围等措施落到了实处，激发了人民群众欣赏经典艺术和优秀艺术的热情，形成了健康的审美品位和审美情趣，促进了社会文明水平的提升。

（四）全民参与，全民艺术活动普及推进群众团体文艺

2023年6月，浙江省召开"全民艺术普及"现场会、浙江省戏曲大联展暨首届浙江省全民艺术节开幕式在宁波举行，并发布2022年全省群众文化活动；7月，作为全省"全民艺术普及月"；10月，举行浙江省农村文化礼堂"三团三社"展演展示系列活动暨首届浙江省全民艺术节闭幕式，并推出全省全民艺术普及成果展览等一系列全省联动、全民参与的精彩活动，已成为浙江省推进全民艺术普及工作的有力载体。

团体性的艺术活动是人民群众喜闻乐见的艺术活动之一。调查显示，有超80.0%受访者更偏好团体艺术活动，而在过去一年中参与过合唱团、舞蹈队、艺术团、书画摄影社团等各类团体文艺活动的受访者各县市均超过一成，全省平均接近四成。全民艺术活动普及工作促进了群众团体文艺

的发展,《关于高质量建公共文化服务现代化先行省的实施意见》中"艺术活动进社区、进校园、进农村、进企业"的部署得到了群众的广泛认可。

(五)全员共创,全民艺术技能和艺术创造普及初见成效

经过"十三五"期间浙江省全民艺术知识、欣赏、技能和活动的普及,群众艺术素养大幅提高。在"十四五"期间浙江省进一步深化"全民艺术普及",提升拓展全民艺术普及内涵,在群众了解、熟悉、掌握文化艺术的基础上,激发群众创造创新的活力。鼓励广大群众积极参与文化艺术创造、创作出更多艺术作品,丰富群众艺术产品供给,促进全民艺术普及的良性循环,实现公共文化服务从保基本向高质量发展转变,力求在满足群众更高层次文化需求上走在全国前列。

调查显示,有65.5%的受访者能从事艺术创造活动,相比2021年度(36.1%)增长29.4%。66.1%的受访者表示近一年内"参加过"文化艺术类的培训活动,相比2021年度(47.8%)增长17.7%。两组数据表明,艺术技能和艺术创造普及初显成效。但和艺术活动的情形相类似,合格的师资力量是当前群众学习文化艺术知识最大困难,此外在理解艺术专业知识、掌握艺术技能、寻找艺术创意等方面,群众仍需要有的放矢的艺术技能提升。

四、存在问题

(一)区域和人群间全民艺术普及的差距依然存在

在全民艺术普及整体取得较大工作成效的同时,此次调查也反映出一些问题,特别是各县(市、区)全民艺术普及工作尚不均衡。例如,各县(市、区)普及率的极差为22.2%,各县(市、区)全民艺术普及基础评价、全民艺术知识普及、全民艺术欣赏普及、全民艺术创造普及、全民艺术技能普及和全民艺术活动普及的极差分别为25.9%、50.7%、42.3%、

56.7%、54.8%和59.3%；可见各县(市、区)在全民艺术普及工作上的差异较大。在分年龄和分学历进行分项统计中，8~17岁与60岁及以上年龄段人群的各项得分均较低；初中群体与其他职业群体相比，五大普及得分也相对较低。此外还有群众反馈"针对各年龄段的群众都应做好宣传，多举办活动""多开展文艺演出和外界交流会，多创新形式，让年轻人更喜欢""普及率不够高，很多社区并没有宣传或通知，也没有信息获取渠道"等意见。可见，全民艺术普及工作离"全区域覆盖、全人群普及"的工作目标还存在一定差距，补齐区域间、城乡间、不同群体间公共文化服务短板依然是深入推进全民艺术普及的重中之重。

(二)全省全民艺术普及工作宣传渠道还不够广泛

调查显示，全省全民艺术普及基础评价为87.8%，相较2021年度(89.2%)出现小幅度下降趋势，此外有群众反馈"普及宣传不到位，群众不知道博物馆有活动展开""建议在各大网络平台，电视栏目等进行宣传""加大文化宣传力度，提高群众文化意识，鼓励群众参与各种文化活动，如文艺创作、读书、音乐、舞蹈等"等意见，说明全省全民艺术普及的宣传渠道不够多元化且形式缺乏创新，直接导致全民艺术普及工作知晓率涨幅较低且两极分化严重。调查结果显示，全省全民艺术普及主要内容知晓率仅为70.1%。在群众普遍对浙江全民艺术普及工作不是非常清楚的情况下，小学及以下学历人群的知晓率在65.0%以下，可见，目前全民艺术普及工作对部分人群未起到有效的作用，还未能形成一个良好的、双向的艺术普及工作宣传氛围，宣传渠道影响力不足，进而间接局限了群众文化艺术普及信息的广告面和受众面，同时也抑制了文化志愿者和"土生土长的文化能人"等社会力量参与全民艺术普及工作的制度设计。

(三)全省专业艺术师资队伍建设有待进一步加强

调查显示，33.9%的受访者表示近一年内"没有参加过"文化艺术类的培训活动，同时有群众反馈"加强专业人员的培育工作，发展文化创意产业，打造品牌，拓展市场""多培养社区文艺小团体，艺术感染力强，容易接受身边的人的熏陶""制定详细的文化工作计划，明确工作目标和任务，加强专业艺术师资队伍建设"等意见；可见，积极搭建起一个包含全省艺术师资力量的培训联盟体系，积极推进专业艺术师资队伍建设，培育社会培训机构、社会志愿者等多方力量是当前群众学习文化艺术知识，参与团体艺术活动时最急需的资源。大众艺术素养的积累水平有关，但是也说明大众的艺术习得仍然急需大批量符合条件的专业机构或师资加以引导。艺术普及需要发挥与各级学校的优势作用，尽快建立一支有水平、有能力同时兼具灵活性强的专业艺术教育师资队伍。

（四）艺术专长到艺术创造的转化通道还不够畅通

调查显示，受文化创作意识薄弱、艺术创作能力较低等因素的影响，在艺术专长高达81.1%的情况下，艺术创造参与率仅为65.5%，这说明有五分之二以上拥有艺术专长的受访者未参与全民艺术普及的相关活动，未去展示自己的专长，去创作可以让更多人领略到艺术魅力的作品。此外，有群众反馈"要充分利用现有设施平台加强艺术鉴赏能力和艺术知识指导，当前该部分工作还是比较薄弱""鼓励艺术在社区艺术活动，并为其提供场地、设备和经费支持""加强文艺工作，组织群众文艺比赛、演出等活动，提高文艺水平，让更多的群众参与其中"等意见。可知这种现象不仅是对个人才华的一种限置，对全民艺术普及工作来说无疑也是一种可惜。未创作优秀作品的专业人才，创作数量与质量逐渐降低，群众艺术欣赏能力也会止步不前。亟须在进一步深化全民艺术普及，在群众了解、熟悉、掌握文化艺术和拥有艺术专长基础上，加强反映时代特征的文艺创作引导和支持，鼓励大家积极参与文化艺术创造、创作出更多的艺术作品，丰富群众艺术产品供给，促进全民艺术普及的良性循环，实现公共文化服务从保基本向高质量发展转变，是浙江省全民艺术普及工作面临的破冰难题。

（五）参加各类文化艺术培训活动的人数偏少

参加文化艺术培训是发展"一人一艺"的有效推手，也是提升艺术技能和艺术创造力的动力。然而，调查结果显示，仅有不到七成的受访者近一年内"参加过"文化艺术类的培训活动。如何强化培训需求导向，结合基层群众文化艺术诉求，进行"线上线下"双联动、共享名师的"双师"教学模式；如何推出"百姓百艺"全民艺术普及工作坊，落户到各类文化空间，使各类文化空间实起来、用起来、火起来，吸引群众自发参与文化艺术培训活动中，亟须各项政策落地见效。

五、对策建议

（一）以体制机制为关键，优化全民艺术普及制度环境

体制机制是促进全民艺术普及发展的核心要素。当前浙江省依托"基层联络服务机制"整合全省力量，开展全民艺术普及。这一机制创新保证了全省文化阵地从省文化馆开始、通过各级文化馆的力量，联动到乡镇文化站、农村文化礼堂，让资源共享互补更为合理，品牌项目复制推广更为便利。但全民艺术普及工作管理链条上存在着上紧下松、上强下弱等现象，文化合力有待加强，管理机制需进一步优化。一是要进一步强化全民艺术普及工作的顶层设计。形成以文化和旅游厅牵头，宣传、农业农村厅、财政厅、文物局等部门共同参与、各负其责、协同推进的工作机制，整合政策与资金资源，支持在艺术知识、欣赏、创造、技能和活动五个方面实现全民普及的主要任务。二是要深化理论实践与工作品牌塑造研究。组织多学科专家开展全民艺术普及研究，系统识别全省全民艺术普及的阶段性和规律性特征，推出一批可复制推广的实践成果、理论成果和制度成果。三是要加大宣传力度，营造群众主动参与的良好氛围。借助"15分钟品质文化生活

圈""文化驿站"等品牌载体宣传，提高广大群众对全民艺术普及工作具体内容的知晓度。

（二）以问题导向为牵引，不断缩小区域和人群间差异

相对城市等发达地区由于经济基础比较扎实，文化建设成效较为明显，乡村尤其是山区及海岛县经济基础较弱，农村公共文化基础设施建设还得不到足够的重视，全民艺术普及工作还存在城乡资源配置不平衡等问题。一是围绕乡村文化资源特色，打造"三驾马车"，推动乡村全民艺术普及工作。积极推进乡村文化资源开发、乡村文化产业发展和乡村文化队伍建设，依托省文化馆"耕山播海""文化特派团"等载体，将优质资源向 26 个山区及海岛县倾斜，推动城乡区域基本公共文化服务更加普惠均等。根据各县（市、区）全民艺术普及相关结果，针对丽水市、衢州市、金华市、绍兴市等有传统艺术基础的地区，艺术普及工作要鼓励技艺传承。同时，针对温州市和舟山市部分县（市、区），如定海、普陀、龙湾、瑞安、乐清等，艺术普及的重点要放在艺术活动组织上，利用艺术活动带动全民参与的热情。艺术普及最终目标是激发民众对艺术的创作热情，如针对富阳、庆元等地，周边艺术普及情况尚可的地区，要鼓励基于民间文化、技艺进行原创艺术，可以依据连同周边县市举办原创艺术大赛。二是重点人群方面，为"一老一小一残"群体提供特色化艺术普及载体和平台。不同层次、不同年龄群体有着不同的艺术兴趣，仅靠各地现有文化资源是很难满足多样化、差异化艺术文化需求的，建议发展社会公益组织、志愿者团队以及公共文化机构要主动开放平台，找到与专业力量合作的最大公约数，撬动服务"老、中、青、妇、幼、残"不同群体全民艺术普及的综合效应，打造"城乡居民的终身美育学校"。

（三）以人才队伍为核心，提升全民艺术普及创新能力

全民艺术普及工作的关键是人才，尤其是各类专业艺术师资力量。受

区域环境、经济基础、文化渠道等多种因素影响，人才队伍质量和数量等问题一直是全民艺术普及工作高质量发展的老大难问题。一是搭建起全省艺术师资力量培训联盟体系。联盟中既有文化馆系统的培训师资，又包含社会培训机构、社会志愿者等多方力量。依托这些师资，"全民艺术普及"在培训方面的工作将以"线上线下"双联动、共享名师的"双师"教学模式进行。线上，省文化和旅游厅"全民网络艺术学院"建成后，与省文化馆"指尖艺术导师"结合，持续推出线上艺术课程；线下，各地结合本地计划开展。二是建设"外部引进+在地化培育"艺术普及师资库。对于特别优秀的乡村文艺骨干，各县（市、区）政府应设法将其纳入当地人才体系当中，帮助他们申请各级人才称号及奖励；重视发现和吸收扎根基层的乡土文化能人、非物质文化遗产项目传承人，补充到全民艺术普及"专业师资"和"技术指导"队伍，推动全民艺术普及工作不断发展壮大。鼓励有条件的村庄与艺术团体或个人联合设立"艺术家工作站（室）"。探索"政府+高校+基金会+村民""艺术家+村集体+村民"等多种形式，通过搭建乡村歌舞曲艺大舞台、开办乡村歌舞曲艺小讲堂、开展乡村艺术育苗行动，共同开展全民艺术普及培训、艺术展演、艺术人才培育等活动，多渠道拓展艺术专业师资力量。

（四）以文化馆为阵地，打造全民艺术普及新型文化空间

立足城乡特点，打造有特色、有品位的公共文化空间，扩大公共文化服务覆盖面，增强实效性是推动全民艺术普及高质量发展的重要工作。一是推进文化馆联动市、县馆"百姓百艺"全民艺术普及工作坊，落户到各类文化空间。鼓励各地学习借鉴宁波"一人一艺"体系化、多元化、数字化的全民艺术普及宁波模式。通过实施展览进场站、歌声进家庭、舞蹈进商圈、文艺进客厅等系列活动，提高受众覆盖面，提升艺术普及率，真正让文化艺术"飞"进寻常百姓家。同时，通过数字化改革推进覆盖全省的文化馆、社会联盟机构场馆实用的应用场景，通过数据分析，了解哪些文艺项目最受

欢迎，再调整相关艺术活动等的普及工作，完成数据支持的普及闭环。二是推进公共文化空间业务建设全覆盖。通过省文化馆每条线业务干部带动 11 个地市业务干部代表组成空间业务指导实验团队，在各地市落实一个试点空间，同时指导各地市业务代表带动当地各县(市、区)业务干部组建本地区的实验团队，进行各市空间试点，多点推开。基于上述空间建设模式复制，大幅覆盖至全省文化空间。通过"从 1 到 10 的延伸，从 10 到 100 的拓展，从 100 到 1000 的扩张，从 1000 到上万的辐射"，最终形成公共文化空间业务建设全覆盖和群众自发持续开展文化活动的良好局面。

(五)以多元参与为格局，推进艺术普及共建共创共享

新时代新征程，浙江省全民艺术普及工作要实现要文化艺术产品供给与文化艺术消费需求的链接；在线数据、虚拟空间与线下文化资源、设施、产品的链接；地域特色文化与数据驱动下未来文旅消费的跨时空链接，这些都需要文化、文化人与社会大众的链接。一是要通过完善社会力量参与全民艺术普及的政策制度设计。明确社会力量参与和进入艺术普及等公共文化服务领域的范围和边界，扩大社会力量参与公共文化服务建设的范围和程度，保障社会力量参与服务供给的平等待遇。二是应制定社会力量参与公共文化服务的激励政策。通过政府购买、财政补贴、税收优惠、荣誉激励等方式，引导和鼓励社会力量的积极参与；同时创新激励方式，促进社会力量与公共文化机构的深入合作。三是需建立健全社会组织的培育机制。为社会力量的发展提供良好的发展环境，重点培育文化志愿者、乡贤和文化能人、非营利文化组织等主体力量，形成多元社会力量共同发展的局面。

(来源：浙江省文化和旅游厅)

浙江省公共图书馆网络影响力评价报告

一、评价背景

随着科技的迅猛发展，数字化技术在公共图书馆的应用，图书馆网络化已经成为大势所趋，越来越多的公共图书馆建立了自己独立的门户网站，通过网络来增加虚拟空间内与用户的联系，进一步探求、满足用户需求，从而扩大图书馆的影响力范围。

在图书馆网络化的过程中，网站是否起到了相应的作用，有哪些因素关系到图书馆网站的网络影响力的发挥，如何提升网络影响力使信息资源能够被用户有效利用等，这些都是目前浙江省公共图书馆网站在发展过程中面临的重要问题。

因此，本报告对现有研究全面系统总结，构建浙江省特色的公共图书馆网络影响力评价理论体系，形成具有全面性的、多维度的评价指标模型，推动浙江省公共图书馆的数字信息化转型和基础服务的改善，为图书馆的网络化、数字化、智慧化转型提供指导和支持，推动浙江省公共图书馆事业的创新发展。

二、评价方法

(一)评估方法

目前，对网站的网络影响力评估的方法主要分为两大类：一是基于网络计量学中的链接分析法，从定量的角度对网站进行链接分析与网络影响因子分析；二是根据对网站网络影响力的数据评估及其特点，选择部分代表性网站进行内容的定性分析。本报告所构建的我国省馆网站的网络影响力评估指标体系，运用定量与定性分析相结合的方法对网络影响力进行评估研究。

（二）评估对象

本报告主要选取浙江省各地市85所公共图书馆作为评估对象。

（三）数据处理

本报告采用爬虫技术获取图书馆网站、微信公众号、微博、学术数据库、百度以及谷歌搜索引擎等网站的相关信息，并运用人工的方式给予验证，采用专家结合层次分析与头脑风暴的方式获取各指标的权重。

在数据标准化方面，采用min-max标准化方式，即将原始数据通过一定的准则转化在特定的区间内。对于每项指标分别进行数据归一化处理之后，每一列数值范围在[0，1]之间。

在综合指数测算方面，采用线性加权的方式测算公共图书馆网络影响力综合指数值。

（四）指标体系

本报告主要从网站影响力、新媒体影响力、网络社会影响力以及网络学术影响力四个方面评估公共图书馆的影响力。指标体系主要包括4个一级指标、15个二级指标、26个三级指标，具体指标如表4所示。

（五）公共图书馆网络影响力的组成要素

对于公共图书馆网络影响力形成过程的分析，影响主体借助媒介把网络信息资源与服务传递给用户，最后产生具体的影响效果。综合不同平台和媒介，以及多维度的影响力效果，获取到图书馆网络影响力组成要素图，

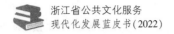

从媒介上可以分为网站影响力、新媒体影响力、网络社会影响力以及网络学术影响力等四个部分。

表 4　图书馆评价指标体系

一级指标	权重	二级指标	权重	数据来源
网站影响力	0.15	图书馆基础实力	0.20	教育部、文化和旅游部、高校图工委
		网站资源量	0.15	百度、谷歌、搜狗、360 搜索引擎，各图书馆网站
		网站被链接数	0.25	百度、谷歌、搜狗、360 搜索引擎，各图书馆网站
		网络影响因子	0.15	百度、谷歌、搜狗、360 搜索引擎，各图书馆网站
		网站访问量	0.10	Alexa、SimilarWeb、站长之家
		网站建设情况	0.15	百度和谷歌搜索引擎、站长工具，各图书馆网站
新媒体影响力	0.25	微信影响力	0.50	百度和谷歌搜索引擎、微信公众号、清博指数
		微博影响力	0.50	百度和谷歌搜索引擎、新浪微博
网络社会影响力	0.25	网页中显示度	0.50	百度、谷歌、搜狗、360 搜索引擎
		新闻中显示度	0.50	百度咨询、谷歌新闻、搜狗资讯
网络学术影响力	0.35	发文量	0.15	中国知网、北大核心、WOS
		被引量	0.25	
		篇均被引量	0.15	
		下载量	0.15	
		核心期刊发文量	0.30	

1. 网站影响力

图书馆网站是图书馆在网络上展示自身形象和提供服务的窗口，具有非常重要的作用。官网的信息丰富、形式多样、界面友好等方面都会影响用户体验和形象传递，从而影响图书馆在网络上的影响力。传统的网络影响力评价主要评价网站影响力水平。随着信息技术和互联网的发展，线上的传播渠道日益丰富，第三方网站也成为重要渠道，是影响力效果中公众对图书馆完成资源与服务传递后的间接反馈，如媒体网站对图书馆的报道，权威网站的提及次数等。

2. 新媒体影响力

随着数字网络化的持续发展，新媒体平台日益成为重要的信息传播媒介。图书馆重视通过新媒体渠道进行网络宣传、资源与服务的提供，例如在微信公众号、官方微博、视频号等定期发布相关视频、文字、图片等；也通过社交媒体平台账号，发表图书馆的资讯性文章、推广活动，回答读者提问等，吸引用户关注和互动，提高图书馆在社交媒体上的影响力。图书馆的新媒体影响力是指图书馆在新媒体平台上传播信息和知识资源，对用户产生的影响和感知程度。影响力程度可从粉丝数量、阅读量、互动交流程度等多个角度衡量。

3. 网络社会影响力

图书馆网络社会影响力是指图书馆在履行其社会职能，传播信息和知识资源过程中，通过主流网站、网络新闻的报道，对社会环境、社会公众所产生的影响及贡献。图书馆资源的种类和质量直接决定了在网络上的影响力。高质量的数字资源，为读者提供权威、全面、便捷的服务，可提高图书馆网络知名度和学术形象，增强对用户的吸引力。影响力程度可从图书馆在主流网站网页及网络新闻中的显示度进行衡量。

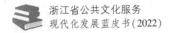

4. 网络学术影响力

图书馆网络学术影响力通常是指其通过在线学术平台对教学、科研和学术交流等方面的支持和贡献程度。图书馆本身具有学术研究的职能；互联网的发展，使得图书馆在学术成果的传播上有了更多的媒介和渠道。图书馆在在线学术平台和数据库中的期刊发文量、被引量，以及参加学术科研会议、学术交流的情况都可以作为其网络学术影响力的考量。

三、浙江省公共图书馆网络影响力总体分析

中国公共图书馆网络影响力总排行的具体结果见表5。由此表可知，前15名排名中浙江省有两个图书馆上榜，分别是杭州图书馆、浙江图书馆。

杭州图书馆的网络影响力得分为96.48，在全国排名位于第四名属于5☆级。其网站影响力、新媒体影响力、社会影响力、学术影响力的得分分别为95.91、100、96.94、91.87。在这四个维度中，杭州市图书馆的新媒体影响力较高，达到了100分，学术影响力维度的得分最低仅为91.87，低于其网络影响力的总得分。

浙江图书馆的网络影响力得分为96.07，在全国排名位于第五名属于5☆级。其网站影响力、新媒体影响力、社会影响力、学术影响力的得分分别为96.72、98.57、96.65、92.13。在这四个维度中，杭州市图书馆的新媒体影响力较高，达到了98.57分，学术影响力维度的得分最低仅为92.13，低于其网络影响力的总得分。

表5　中国公共图书馆网络影响力总排行榜

排名	图书馆名称	得分	星级	地区
1	国家图书馆	100	☆☆☆☆☆	北京

排名	图书馆名称	得分	星级	地区
2	上海图书馆	99.49	☆☆☆☆☆	上海
3	广州图书馆	97.75	☆☆☆☆☆	广东
4	杭州图书馆	96.48	☆☆☆☆☆	浙江
5	浙江图书馆	96.07	☆☆☆☆☆	浙江
6	南京图书馆	95.85	☆☆☆☆☆	江苏
7	深圳图书馆	95.84	☆☆☆☆☆	广东
8	重庆图书馆	95.66	☆☆☆☆☆	重庆
9	陕西省图书馆	94.97	☆☆☆☆☆	陕西
10	广东省立中山图书馆	94.84	☆☆☆☆☆	广东
11	山东省图书馆	94.81	☆☆☆☆☆	山东
12	湖南图书馆	94.80	☆☆☆☆☆	湖南
13	江西省图书馆	94.52	☆☆☆☆☆	江西
14	湖北省图书馆	94.40	☆☆☆☆☆	湖北
15	四川省图书馆	94.36	☆☆☆☆☆	四川

四、浙江省内公共图书馆网络影响力比较分析

（一）浙江省公共图书馆网络影响力比较分析

对浙江省 85 所公共图书馆网络影响力综合指数对比分析发现，浙江省公共图书馆网络影响力发展一般，85 所公共图书馆网络影响力平均值仅为 45.10。各公共图书馆网络影响力发展差异显著，其标准差和变异系数分别为 22.24 和 0.49。其中，杭州图书馆网络影响力发展较好，网络影响力得

分为96.48，在浙江省公共图书馆网络影响力处于领先地位。浙江省公共图
书馆的网络影响力排名前三的分别是杭州图书馆、浙江图书馆、温州市图
书馆，其得分分别为96.48、96.07、92.51。总体来看，浙江省有5所图书
馆网络影响力得分高于90分，它们分别是杭州图书馆、浙江图书馆、温州
市图书馆、宁波市图书馆、嘉兴市图书馆。通过对比发现，浙江省共有12
个图书馆的网络影响力高于85分。然而，上虞图书馆、义乌市图书馆、浦
江县图书馆的网络影响力发展较差。浙江省公共图书馆的网络影响力排行
榜，具体见表6。

表6 浙江省公共图书馆网络影响力排行榜

排名	图书馆名称	得分	排名	图书馆名称	得分
1	杭州图书馆	96.48	10	瑞安市图书馆	87.71
2	浙江图书馆	96.07	11	张元济图书馆	86.87
3	温州市图书馆	92.51	12	湖州市图书馆	86.50
4	宁波市图书馆	91.98	13	温州市少年儿童图书馆	84.72
5	嘉兴市图书馆	91.61	14	杭州市萧山图书馆	84.65
6	台州市图书馆	88.58	15	桐庐县图书馆	83.91
7	绍兴图书馆	88.03	16	海宁市图书馆	83.16
8	舟山市图书馆	87.96	17	三门县图书馆	83.06
9	德清县图书馆	87.93			

排名18—42：乐清市图书馆、平湖市图书馆、杭州市余杭区图书馆、宁波市海曙图
书馆、建德市图书馆、余姚市图书馆、云和县图书馆、平阳县图书馆、湖州南浔区
图书馆、湖州市南浔区图书馆、宁波市鄞州区图书馆、宁波市北仑区图书馆、慈溪
市图书馆、宁海县图书馆、文成县图书馆、台州市路桥区图书馆、永康市图书馆、
绍兴市越城区图书馆、诸暨市图书馆、新昌县图书馆、温岭市图书馆、东阳市图书
馆、仙居县图书馆、上虞图书馆、义乌市图书馆、浦江县图书馆

（二）浙江省公共图书馆网络影响力维度对比分析

在网络影响力方面，浙江省 85 所公共图书馆的平均值为 60.12，标准差为 34.94，变异系数为 0.58。其中浙江图书馆的网络影响力得分最高，其值为 100.00，在全省排名第一，杭州图书馆、温州市图书馆紧随其后分别位于第二名和第三名，舟山市定海区图书馆得分最低，处于末尾。以后应重点关注舟山市定海区图书馆在网络影响力等方面的发展。

在新媒体影响力方面，浙江省 85 所公共图书馆的平均值为 69.48，标准差为 27.81，变异系数为 0.40。其中杭州图书馆、浙江图书馆、温州图书馆的新媒体影响力得分最高，其值为 100.00，在全省并列排名第一。杭州市下城区图书馆、温州市鹿城区图书馆、舟山市定海区图书馆得分最低，处于末尾。以后应重点关注杭州市下城区等图书馆在新媒体等方面的发展。

在社会影响力方面，浙江省 85 所公共图书馆的平均值为 72.68，标准差为 28.94，变异系数为 0.40。其中杭州图书馆、浙江图书馆、温州市图书馆、宁波市图书馆、嘉兴市图书馆的社会影响力得分最高，其值为 100.00，在全省并列排名第一，景宁畲族自治县图书馆、温州市鹿城区图书馆得分最低，处于末尾。以后应重点关注景宁畲族自治县图书馆在社会影响力等方面的发展。

在学术影响力方面，浙江省 85 所公共图书馆的平均值为 36.65，标准差为 39.19，变异系数为 1.10。其中浙江图书馆、宁波市图书馆、嘉兴市图书馆的社会影响力得分最高，其值为 100.00，在全省并列排名第一，江山市、青田县等图书馆得分最低，处于末尾。以后应重点关注江山市、青田县图书馆在学术影响力等方面的发展，如表 7 所示。

表 7　浙江省公共图书馆网络影响力排行榜

馆名	网络影响力	排名	新媒体影响力	排名	社会影响力	排名	学术影响力	排名	图书馆影响力	排名
杭州图书馆	97.53	17	100.00	1	100.00	1	99.31	9	100.00	1

馆名	网络影响力	排名	新媒体影响力	排名	社会影响力	排名	学术影响力	排名	图书馆影响力	排名
浙江图书馆	100.00	1	100.00	1	100.00	1	100.00	1	98.91	2
温州市图书馆	100.00	1	100.00	1	100.00	1	85.39	18	89.55	3
宁波市图书馆	89.23	22	94.16	21	100.00	1	100.00	1	88.14	4
嘉兴市图书馆	85.46	30	100.00	1	100.00	1	100.00	1	87.16	5
台州市图书馆	98.71	14	98.87	12	97.23	16	68.16	25	79.20	6
绍兴图书馆	93.53	19	79.29	36	96.26	17	99.96	8	77.73	7
舟山市图书馆	86.46	27	95.02	18	88.28	32	91.06	13	77.55	8
德清县图书馆	99.22	12	91.36	25	87.40	35	89.51	16	77.49	9
瑞安市图书馆	98.23	16	87.68	28	88.85	30	91.00	14	76.89	10
张元济图书馆	64.00	47	100.00	1	84.96	40	85.16	19	74.69	11
湖州市图书馆	73.43	41	88.94	26	93.08	21	90.76	15	73.72	12
温州市少年儿童图书馆	32.52	60	100.00	1	81.54	45	88.76	17	69.02	13
杭州市萧山图书馆	85.86	29	97.63	14	56.60	65	95.13	11	68.84	14
桐庐县图书馆	37.40	56	95.34	17	73.48	57	95.35	10	66.90	15
海宁市图书馆	86.99	25	99.45	11	89.06	29	0.00	46	64.91	16
三门县图书馆	100.00	1	91.37	24	78.54	50	35.01	37	64.65	17
乐清市图书馆	81.82	36	94.25	20	87.47	33	30.74	40	64.59	18
平湖市图书馆	78.99	39	88.62	27	78.52	51	42.55	32	60.89	19
杭州市余杭区图书馆	14.97	72	97.64	13	49.78	68	92.70	12	58.07	20
宁波市海曙区图书馆	88.03	24	68.76	52	73.92	55	62.71	26	57.85	21
建德市图书馆	74.48	40	51.07	69	100.00	1	27.20	44	55.19	22
余姚市图书馆	66.87	45	97.57	15	76.75	53	0.00	46	55.06	23

续表

馆名	网络影响力	排名	新媒体影响力	排名	社会影响力	排名	学术影响力	排名	图书馆影响力	排名
云和县图书馆	48.96	52	76.59	39	70.76	58	74.24	22	54.86	24
平阳县图书馆	65.99	46	83.39	32	77.29	52	35.73	36	54.33	25
湖州市南浔区图书馆	81.99	35	100.00	1	51.13	66	27.61	43	54.13	26
宁波市鄞州区图书馆	83.32	33	55.60	63	76.57	54	68.72	24	54.02	27
宁波市北仑区图书馆	81.00	37	100.00	1	65.47	63	0.00	46	54.00	28
慈溪市图书馆	70.20	44	53.01	67	93.06	22	49.37	27	52.99	29
宁海县图书馆	86.90	26	71.97	49	73.57	56	42.76	31	52.50	30
文成县图书馆	70.22	43	83.03	33	65.53	62	43.50	30	50.84	31
台州市路桥区图书馆	85.86	28	95.92	16	49.83	67	22.50	45	49.93	32
永康市图书馆	54.91	50	81.17	35	87.46	34	0.00	46	49.31	33
绍兴市越城区图书馆	59.56	49	94.02	23	32.78	73	68.88	23	48.88	34
诸暨市图书馆	34.17	57	44.45	72	79.49	48	77.16	21	46.97	35
新昌县图书馆	84.97	31	65.28	53	68.92	59	31.86	39	46.75	36
温岭市图书馆	99.19	13	49.60	71	82.94	44	0.00	46	45.67	37
东阳市图书馆	14.97	72	57.29	59	94.66	18	37.88	34	45.59	38
仙居县图书馆	91.69	21	59.26	57	79.65	47	0.00	46	45.50	39
上虞图书馆	92.89	20	55.42	64	78.70	49	0.00	46	44.29	40
义乌市图书馆	34.17	57	55.90	61	100.00	1	0.00	46	43.99	41
浦江县图书馆	14.97	72	94.10	22	80.80	46	0.00	46	42.94	42
兰溪市图书馆	14.97	72	86.11	29	89.54	28	0.00	46	42.59	43

续表

馆名	网络影响力	排名	新媒体影响力	排名	社会影响力	排名	学术影响力	排名	图书馆影响力	排名
嘉善县图书馆	84.58	32	56.58	60	87.07	36	0.00	46	42.11	44
龙泉市图书馆	41.12	55	74.19	42	90.06	26	0.00	46	41.63	45
桐乡市图书馆	14.97	72	52.38	68	100.00	1	39.54	33	41.57	46
长兴图书馆	80.35	38	62.25	56	85.99	39	0.00	46	41.12	47
杭州市拱墅区图书馆	46.96	54	53.77	66	30.98	74	100.00	1	40.34	48
缙云县图书馆	21.15	62	55.64	62	100.00	1	34.19	38	40.19	49
淳安县图书馆	14.97	72	71.31	50	91.53	25	27.62	42	39.43	50
临海市图书馆	34.17	57	19.72	78	86.68	37	83.59	20	39.39	51
临安市图书馆	14.97	72	84.90	30	84.43	41	0.00	46	37.99	52
金华市少年儿童图书馆	83.01	34	19.72	78	86.33	38	44.36	29	37.61	53
杭州市西湖区图书馆	89.02	23	81.58	34	44.38	71	0.00	46	37.15	54
苍南县图书馆	52.23	51	54.39	65	97.54	15	0.00	46	36.75	55
绍兴市柯桥区图书馆	100.00	1	83.57	31	27.09	75	0.00	46	36.13	56
岱山县图书馆	72.99	42	50.51	70	91.90	24	0.00	46	35.81	57
温州市瓯海区图书馆	100.00	1	94.36	19	15.16	77	0.00	46	35.78	58
泰顺县图书馆	18.32	68	73.62	44	89.78	27	0.00	46	35.22	59
温州市龙湾区图书馆	98.44	15	100.00	1	7.70	80	0.00	46	35.18	60
温州市洞头区图书馆	96.78	18	63.78	55	66.43	61	0.00	46	31.26	61

馆名	网络影响力	排名	新媒体影响力	排名	社会影响力	排名	学术影响力	排名	图书馆影响力	排名
嵊州市图书馆	18.32	68	64.23	54	94.50	19	0.00	46	30.05	62
武义县图书馆	18.32	68	58.44	58	98.61	14	0.00	46	30.03	63
永嘉县图书馆	18.32	68	75.02	41	84.31	42	0.00	46	29.50	64
台州市黄岩区图书馆	100.00	1	100.00	1	8.46	79	0.00	46	27.98	65
金华市婺城区图书馆	18.81	64	74.17	43	88.78	31	0.00	46	26.93	66
宁波市江北区图书馆	18.81	64	78.18	37	83.06	43	0.00	46	25.72	67
象山县图书馆	18.81	64	28.26	73	93.37	20	29.47	41	25.08	68
杭州市富阳区图书馆	18.81	64	72.14	48	63.13	64	37.40	35	24.57	69
宁波市镇海区图书馆	100.00	1	73.46	45	47.80	70	0.00	46	24.49	70
舟山市普陀区图书馆	100.00	1	69.39	51	49.01	69	0.00	46	23.50	71
天台县图书馆	20.08	63	28.26	73	100.00	1	0.00	46	22.03	72
台州市椒江区图书馆	100.00	1	72.56	47	0.00	81	47.54	28	19.82	73
杭州市江干区图书馆	48.61	53	0.00	80	11.66	78	100.00	1	19.46	74
宁波市奉化区图书馆	21.30	61	73.21	46	66.76	60	0.00	46	16.19	75
江山市图书馆	0.00	79	28.26	73	100.00	1	0.00	46	15.34	76
青田县图书馆	0.00	79	28.26	73	100.00	1	0.00	46	14.72	77

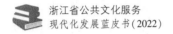

续表

馆名	网络影响力	排名	新媒体影响力	排名	社会影响力	排名	学术影响力	排名	图书馆影响力	排名
杭州高新区(滨江)图书馆	100.00	1	77.05	38	24.81	76	0.00	46	13.32	78
玉环县图书馆	0.00	79	76.09	40	92.65	23	0.00	46	13.12	79
开化县图书馆	61.25	48	28.26	73	34.90	72	100.00	1	11.87	80
杭州市下城区图书馆	100.00	1	0.00	80	100.00	1	100.00	1	11.14	81
景宁畲族自治县图书馆	0.00	79	0.00	80	0.00	81	0.00	46	0.00	82
温州市鹿城区图书馆	0.00	79	0.00	80	0.00	81	0.00	46	0.00	82
舟山市定海区图书馆	0.00	79	0.00	80	0.00	81	0.00	46	0.00	82
最大值	100		100.00		100.00		100.00		100.00	
最小值	0		0.00		0.00		0.00		0.00	
平均值	60.12		69.48		72.68		35.65		44.96	
标准差	34.94		27.81		28.94		39.19		22.51	
变异系数	0.58		0.40		0.40		1.10		0.50	

五、发展策略

(一)优化网站链接,提高网站可见度

网站中包含了大量的网页,它们与链接进行组合构成了网站内部网状式的组织结构,其中海量的链接发挥了至关重要的作用。内链数量及质量

的合理性，可以反映出网站内部结构的完整性与层次性。图书馆网站要重视内链的优化：首先，导航条栏目的设置要根据逻辑性进行细致划分，使其关键词不出现交叉重复，每个网页尽可能地设置导航条，且导航条的栏目之间可以进行互链，这样不仅方便用户进入与返回页面，增加其体验流畅度，同时有利于提高蜘蛛的爬取索引效果，提高网站的可见度；其次，网站发布的文章内容可以增加标签及相关文章推荐，提高了文章之间的互指性，便于激发用户的阅读兴趣，增加用户黏度；最后，要及时对内链进行更新与维护，防止死链与断链的出现，提升用户体验满意度。外链的建设也是链接优化的一项重要工作，图书馆网站可以将本馆网址提交到高质量的分类目录网站，分类目录是按照主题整理分类，将有价值的网站资源整理、存放在相应的目录下。这种途径可以提高搜索引擎的重视度，增加其在用户面前出现的概率。同时，网站也可以在具有针对性和内容相关度高的网站进行友情链接的交换，或者在高权重网站上增加外链的出现率，这些网站建站时间久、内容更新快、用户访问量大，可以有效提高网站的关注度，从而促进其网络影响力的提升。通过内链与外链的优化，完善图书馆网站的内部结构，增加网站外部的导入性，使网站内容布局更加合理，方便用户访问与浏览，从而提高网络影响力水平。

（二）注重电子资源建设，促进信息资源共享

网络时代的来临，使传统图书馆工作与服务的模式开始向网络化转变，多种信息资源以数字化的模式存在，图书馆的建设与发展必须重视信息资源的建设与推广。公共图书馆作为一个地区的文化服务中心，肩负着为开展社会教育与传递科学信息的重任，因此公共图书馆在协调财政经费的同时，尽可能地为用户提供更多优质的数据库资源。首先，在数据库类型的选择上既要保持全文数据库的质量，还应该增加多媒体数据库的建设，例如图片库、视频库、音乐图书馆等，使用户在进行文化欣赏、科学研究时有多维的阅读感受，促进全民阅读与全民学习。同时，各馆要对数据库内

容进行及时的更新与维护，保障数据的可用性。其次，公共图书馆作为地区性的文化代表，要深层次挖掘地域特色、文化特色，构建特色数据库。特色数据库可以由多类型文献、音频、视频等多种形式呈现，它一方面弥补了网络信息资源的繁杂、无序的缺点，又充分发挥了公共图书馆推动地区文化发展的作用。面对互联网海量信息时，用户更希望获取准确且全面的信息资源，因此这就要求公共图书馆网站加强信息资源共享，为用户提供更多更优质的信息。图书馆不仅可以采用自建数据库的开放获取、网络信息资源的共享、馆际互借等方式，还可以通过联合参考咨询服务、公共图书馆联盟等进行信息资源的共享，打破各馆的文化壁垒，共同完善公共文化服务体系建设。同时，在数据库资源的共享上要克服技术难关，保障数据的及时更新，缩短信息数据与世界信息发展的距离。各图书馆积极地进行电子资源的建设，实现信息资源共享，可有效帮助用户获取准全的信息资源，缩短用户检索时间，充分提高信息资源的利用率。

（三）树立用户至上的意识，增强网站交互功能

无论是传统图书馆还是数字化图书馆，都是一切以读者为中心，最终目的是为其提供更准确的信息与更优质的服务。公共图书馆是为社会公众开放服务的，每个人都有平等获取知识的权利，都可以使用公共图书馆。因此，公共图书馆网站也要根据用户的不同背景，树立用户至上的意识，从用户需求的角度提供有针对性的服务，帮助其更好地获取信息和理解信息。浙江省公共图书馆网站的交互功能主要是改善用户体验。一般有电话、表单咨询、电子邮件、实时咨询等，用户在虚拟参考咨询服务方面属于被动接受状态，网站应以用户为中心，增强个性化交互功能。可以从以下两个方面入手：一方面，图书馆员应树立用户至上的服务理念，扩充学科专业知识，加强工作技能的培训，提高其职业责任感，主动与用户进行沟通交流，通过分析及时掌握用户所需及所思，对服务方式与内容相应的进行调整。图书馆员引导用户掌握专业领域的信息渠道，指导他们运用现代技

术准确检索和有效地利用数字资源，提高用户的信息素养。另一方面，可以设置论坛、留言板、网络调查等方式，在这些互动平台上，他们可以根据自身的需求对图书馆网站的信息资源情况及服务质量提出建议，用户更加主动地参与、体验图书馆网站的各方面建设，促进工作与服务的完善。同时，省馆网站也可以借助微博、微信等新型传媒方式，发布个性化的图书推荐、互动活动等，拉近其与用户的距离。在以用户为中心的基础上，增加浙江省公共图书馆网站的互动方式，使信息资源的传播更具针对性与目标性，使信息服务更贴近用户需求，扩大网站的网络影响力。

（来源：浙江省公共文化服务现代化理论研究中心—中国科教评价研究院）

浙江省优秀传统文化保护传承利用研究报告

一、主要成就

(一)世界级、国家级文化标识不断涌现

1. 良渚古城成功申报世界文化遗产

2019 年 7 月，联合国教科文组织第四十三届世界遗产委员会将良渚古城遗址列入《世界遗产名录》。申遗成功后，先后开展《良渚遗址保护整体规划》规划文本修订，良渚遗址综合保护工程二期、三期基础设施提升工程等重点项目，良渚考古遗址公园周边环境和公共服务能力不断提升。

2. "海上丝绸之路"申遗工作有序推进

完成了宁波永丰库遗址、保国寺、天童寺、上林湖越窑国家考古遗址公园等一批"海丝"相关重大文物遗址保护利用工作。龙泉窑国家考古遗址公园等成果次第涌现。青瓷、丝绸、茶叶三条体验专线均已完成专项规划并按规划实施。

3. 人类非物质文化遗产项目申报取得突破进展

完成"中国传统制茶技艺及其相关习俗"申报人类非遗的相关工作，涉

及 15 省 44 个国家级非遗项目，相关申报材料已全部提交联合国教科文组织。

（二）传统文化研究阐释不断深入

1. 浙江文化研究工程成果丰硕

完成重大系列项目"中国村庄发展的浙江样本研究"，挖掘浙江乡村优秀传统文化资源。重大项目"浙江儒学通史"已完成《总论》《汉唐卷》等六卷本著作。迄今为止关于"浙学"最大规模的文献整理项目《清代浙东经史学派文献丛书》已完成项目结题评审。

2. 传统文化教育科普在创新中发展

组织省属院团（院校）、基层戏曲院团、民营院团开展浙江省传统戏曲演出季等活动。有序推进"浙江文丛"第二期工程。编写《真理的味道》系列中小学通识教材，充分体现了"浙江味、红船味、时代味"。

3. 古籍保护和文献研究亮点频出

《中华古籍总目·浙江卷》、"浙学文献中心总库建设""古籍资源库""浙江历史文献数字资源总库"项目顺利推进，共完成古籍、历史文献数字化 495 种 4551 册。

（三）文化遗产保护利用领域不断拓展

1. 非遗保护多项指标领先全国

浙江省以 10 项人类非遗项目和 241 项国家级非遗项目的总数居于全国领先位置。传承载体不断创新突破，海洋渔文化（象山）生态保护区成功入选国家级文化生态保护区，确定 17 个县（市、区）为省级文化传承生态保护

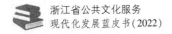
区创建单位。"十三五"期间国家补助我省非遗保护专项资金合计 14819 万元，省级非遗保护专项资金累计投入 26600 万元。

2. 实施文化基因解码工程

全省合计完成文化元素普查入库 31029 个。完成首批 1878 项文化基因的解码工作，全省 90 个县市区、5 个功能区和 2 家单位完成了《文化基因解码报告》。全省统一的"浙江文化基因库"基本建成。

3. 实施传统村落民居保护工程

2021 年开展 100 个传统村落风貌保护提升和文物保护修缮工作，系统有序推进全省传统村落保护利用。截至目前，全省共有 1042 个省级及以上传统村落，其中 636 个村落列入中国传统村落名录，位列全国第四。

（四）传统文化艺术精品不断推出

1. 实施精品创作项目

宋韵文化出版工程已形成宋学研究出版工程、宋代浙刻本回归工程等 6 大子工程 18 个重大项目。文化浙江出版工程项目共完成 71 个项目出版任务。积极推进一批弘扬中华优秀传统文化、具有浙江辨识度的创作选题和创作项目，制作完成电视剧 9 部，动画片 10 部，纪录片 10 部。推出歌剧《红船》、交响乐《大潮之上》、婺剧《信仰的味道》、越剧《核桃树之树》、京剧《战士》等一批优秀文艺作品。4 件作品入选"庆祝中国共产党成立 100 周年优秀舞台艺术作品展演。

2. 创新传统戏曲平台载体

持续推进温州戏曲主题文化公园、嵊州越剧小镇、遂昌汤显祖戏曲小镇等一批传统戏曲平台项目建设。推进地方戏曲传承发展，开展两批浙江省戏曲之乡评审，评选出 27 个"浙江省戏曲之乡"。开展为期两年的戏曲曲牌抢救性记录工作，建立"浙江省戏曲曲牌数据库"；推进文艺数字化改革，省、市、县联动打造"艺数家"文艺数媒服务平台，持续开展业态创新和市场拓展。

3. 打造越剧文化圈

以杭州和嵊州为核心打造越剧文化圈。先后创排《高机与吴三春》《南堡壮歌》等 9 部越剧新戏，其中 5 部入围国家艺术基金和杭州市文艺精品扶持项目。复排巡演《红楼梦》《荆钗记》等越剧经典。整合荣华戏园、老开心茶馆等剧场、书场资源，完善大运河戏曲驿站廊道建设。集中开展越剧"进校园、进剧场、进社区、进广场、进景区"的"五进"活动。

（五）高质量文旅融合步伐不断加快

1. 推进大运河（浙江）文化带建设

《浙江省大运河世界文化遗产保护条例》于 2021 年 1 月 1 日起正式施行。完成《大运河生态保护修复专项规划》《浙江省大运河核心监控区国土空间管控通则》《浙江省大运河文化保护传承利用暨国家文化公园建设方案》等编制工作。持续打造杭州京杭运河游、宁波三江水上夜游、嘉兴古运河旅游等系列运河沿线特色旅游专线。

2. 打造唐诗之路山水人文旅游精品

谋划实施文化挖掘、核心景区、道路交通、生态修复等领域诗路重大项目 200 余个；协同推进大运河国家文化公园建设，加快 188 个重大文旅项目建设，指导西溪湿地、乌镇等 10 家千万级大景区培育，开通杭衢游线等 3 条水上游线。

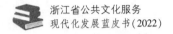

3. 打造南孔文化体验圣地

推进南孔圣地文化旅游区 5A 级景区和衢州儒学文化产业园国家级文化产业示范园区"一区一园"创建。强化南孔文化与研学旅行的融合发展，制定南孔研学标准化课程体系。积极开展"请进来"和"走出去"儒学文化国际交流项目。

4. 提升浙江书香文化

浙江书法文化之路项目以兰亭书法文化为核心，以 5A 创建为抓手，依托"兰亭的故事"文创，形成一条以文创产业、研学教育、景区提升、节会会展、休闲度假等为主要业态的兰亭 IP 品牌产业链。皕宋楼建筑群修缮展示、嘉兴曝书亭整修等 12 个书院重修提升项目均已完成。

表 8　传统文化主要发展指标

主要指标	2016 年基础数（个）	2021 年预测数（个）	2027 年预期数（个）
世界文化遗产/预备名单	3/5	4/6	4/7
国家考古遗址公园	1	3	5
国家级文化标识	未提出	提出建设	2~3
人类非遗代表作名录项目	10	10	11
国家级文化传承生态保护区	1	1	2
国家级非遗项目	217	241	255

二、短板问题

(一)传统文化与当代浙江文化之间存在割裂

浙江是改革开放的前沿地区，各种外来文化特别是西方文化的影响已经深入到社会经济和文化生活的方方面面，严重冲击了传统文化的价值观念、文化结构和文化模式。尤其在青少年人群中，存在片面追求西方文化、忽视本民族文化的现象。一是缺乏结合当代浙江文化需求对传统文化全面、科学、系统的挖掘。在传统文化挖掘方面缺乏科学整体的规划。二是缺乏对中华传统文化现代性转化，在赋予民族传统文化以时代精神等方面的研究和实践严重不足。在实践中，对传统文化现代意义的理论研究和实践解读都十分欠缺。三是缺乏对优秀传统文化与社会主义核心价值观、浙江精神之间辩证关系的深入阐释。四是缺乏对中华优秀传统文化科学的通俗化阐释。当前优秀传统文化通俗化阐释和庸俗化解释的现象同时存在，影响了优秀传统文化的传承效果。

（二）传承与弘扬体制机制有待进一步完善

一是文化遗产保护理念薄弱。各级政府和全社会对传统文化保护的重要性认识不足，为经济发展和城市建设规划牺牲文物文化的现象时有发生。二是缺乏统一协调的管理体制机制。优秀传统文化传承工作涉及文化旅游、文物、新闻出版、广电、建设、公安、工商、宗教等多个部门。受部门职能分割和权限不同的影响，条块、区域分割还比较严重，没有完全形成相互配合、齐抓共管的传承保护工作机制，相关监管工作不够有力。三是相应的法律和制度还不健全。现行的法律法规、政策制度对文化遗产保护措施规定比较原则，特别是关于经费保障、人才支持等方面的规定过于原则笼统，刚性不够。四是相关保障措施执行不力。部分文化遗产保护经费投入与实际需要相比有较大差距。特别是山区 26 县，文化遗产资源丰富，但由于地方财政困难，保护资金缺口较大。基层文化遗产保护事业管理和专业技术人员欠缺现象严重，"三缺"（缺编制、缺人才、缺经费）现象普遍。有的非物质文化遗产项目传承人后继乏人，存在人走艺绝的现象。

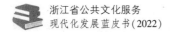
(三)传承和弘扬的方式和手段相对单一

一是传统文化传承和弘扬的社会参与程度相对较低，政府包办文化传承的现象仍然存在。当前不管是历史文物保护，还是非物质文化遗产保护，乃至中华优秀传统思想文化的传承和弘扬，更多的是政府的工作内容，政府"办文化"的现象仍然比较突出。社会力量参与的渠道不畅通，尤其是浙江强大的民营经济参与意愿不强烈。二是存在政府和民间在优秀传统文化传承和弘扬上"各自为政"、"两张皮"的现象。部分地方政府缺乏有效的手段吸纳和推广民间优秀的经验和做法，不能充分发挥科研院所、社区、社会组织、企业等社会力量的积极作用。三是传统文化缺乏有效的现代传播手段。当前的传播手段相对单一，互联网技术和数字技术的运用十分欠缺，难以吸引年轻人的关注，严重影响了传统文化的生命力。

三、总体思路

以习近平新时代中国特色社会主义思想为指引，深入贯彻落实党的十九大和省委文化会议精神，围绕"举旗帜、聚民心、育新人、兴文化、展形象"的职责使命，守好红色根脉、增强精神力量，深化文化建设"八项工程"，深入挖掘和弘扬浙江优秀传统文化蕴含的核心思想理念、中华传统美德、浙江人文精神，坚持创造性转化、创新性发展，推动文旅融合、数字化改革，助推"八项工程"建设，以"浙江文化标识"建设计划统领我省优秀传统文化保护事业的高质量发展、竞争力提升、现代化建设，凸显浙江文脉、浙江元素。

四、主要目标

重点打造代表国家形象的、体现东方智慧的传统文化标识。到 2027

年，集中力量推进 300 个左右传统文化标识培育项目，从中再遴选、整合、提炼若干浙江文化标识，形成浙江省文化标识建设的工作体系，以及一批持续擦亮浙江文化标识的政策、制度、标准。将浙江文化标识建设成为推动，浙江优秀传统文化保护发展的核心力量，为忠实践行"八八战略"、奋力打造"重要窗口"，争创社会主义现代化先行省，高质量发展建设共同富裕示范区，提供强大精神动力和文化条件。

五、重点任务

（一）普查资源，夯实传统文化资源基础

根据文化和旅游部文化和旅游资源普查试点省的有关工作要求，依据新修订的《文化和旅游资源分类、调查与评价标准》，实施纵贯式、全覆盖的文化和旅游资源普查，形成图文报告。探索制订"文化和旅游资源可利用指数"，对传统文化资源的产业利用价值进行分级评价。普查工作锚定"力争全面摸清家底、力争成果成为全国样板、力争实现重大成果转化"三大工作目标，把握发展、吸引力、利用三大关键词，力争在 2022 年全面完成普查工作。

（二）创新模式，提升文化遗产保护传承水平

围绕"万年上山、5000 年良渚、千年南宋、百年南湖"，以及丝瓷酒茶等文化标识，完成文化标识相关遗产保护利用项目遴选。同时，建设一批地方博物馆文化标识主题展区，努力构建具有较高知名度和鲜明辨识度的可移动文物标识体系。建立浙江文化标识非遗专项名录，将文化标识建设纳入文化传承生态保护区培育与验收标准。实施浙江文化标识建设与非遗融合发展工程、非遗保护振兴工程、非遗传播体验工程，形成一批地域特色鲜明、人民群众参与度高、传播辐射力强的浙江文化标识品牌（节庆）

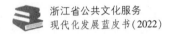

活动。

(三)构建场景，激活文旅产业发展动能

一是赋能景区开发。加快建设文明之源、大运河、丝瓷酒茶、江南水乡古镇、书香文化、宋韵文化、古越文化、南孔文化、和合文化、阳明文化等文化标识旅游目的地，加快文旅融合。推进文化标识建设和"微改造、精提升"行动计划深度融合，打造一批文化标识主题"微改造、精提升"示范点。二是打造线路产品。推出一批支撑文化标识建设的旅游精品线路和研学旅游线路产品。三是发展文创产业。探索制订《文化标识产品标准通用要求》等指导性行业标准。提升文化产业发展内涵，通过影视动漫、旅游演艺、文化创意、文化会展、文体休闲娱乐等，培育一批新兴文化业态、打造一批重点项目、做优一批文化名企，再支撑文化标识建设。四是培育文旅 IP。开展浙江文化标识主题文创衍生品的研发，研究创设某一"浙江文化标识"下的专属 logo、卡通形象和视觉 VI 体系。推出一批文化标识主题酒店、民宿、非遗民宿示范点、"百县千碗"示范店、"浙宿好礼"等项目。

(四)赋能创作，繁荣新时代文艺事业

赋能文化标识建设，丰富高品质文化产品、主题文艺精品创作和文化服务供给，重点围绕越剧文化、宋诗文化、四条诗路等文学艺术类标识，打造围绕文化标识下的作品集群。一是繁荣舞台艺术。依托"讴歌新时代"主题原创歌曲创作计划等，推出一批聚焦文化标志、浙江特色明显的优秀歌曲、交响乐作品。以"浙江省舞台艺术创作重点题材扶持项目"为抓手，以省属重点院团和艺术院校为主体，推出一批反映浙江文化标识的戏剧等舞台作品。二是打造美术平台。充分利用浙江深厚的历史文化资源，大力加强美术创作研究。从浙江山水和文化内涵中寻找和发现新的创作主题、创造新的艺术语言、开拓新的审美境界，举办具有全国影响力的文化标识主题美术、书法和摄影活动。三是创新旅游演艺。引导旅游演艺经营主体

充分挖掘文化标识中的核心思想理念、传统美德和人文精神，推出一批底蕴深厚、特色鲜明、涵育人心的优秀作品。

（五）文化惠民，丰富公共服务内涵

围绕打造公共文化服务标准 2.0 版，推动博物馆、美术馆、非遗馆、图书馆、文化馆等公共文化场所设立文化标识主题展区，在基层公共文化设施中充分植入文化标识元素，建设一批突出文化标识的景观道路、文化广场、文化公园、文化街区。建设提升一批文化标识主题书院书房书屋、农村文化礼堂、社区文化家园、企业文化家园、文化驿站。加强针对浙江文化标识相关的主题馆藏古籍和民间遗存的文书档案整理和研究，推出一批文献整理标志性成果。支持各级群众文化机构创作、演出一批与文化标识相关的高水平群众文化艺术作品，力争一批节目获省级及以上群星奖。在全省培育建设若干浙江文化标识主题未来社区、未来乡村项目，建设一批浙江文化标识主题旅游驿站、游客服务中心、自驾车旅居车营地。

（六）借力借势，融入国际交流传播平台

探索浙江文化标识的跨文化阐释与表达，将文化标识培育成具有鲜明辨识度的对外传播名片和文化符号。将文化标识纳入对外交流重大平台，发挥世界旅游联盟总部、东亚文化之都、亚洲之光国际文化艺术节、中国义乌文化和旅游产品交易博览会等作用，形成为浙江文化标识建设服务的国际传播主渠道。借助青年汉学家研修班等载体，聘选一批精通浙江文化标识的传播达人、"诗画浙江"友好使者，多参与、多发声、展形象。建设国际丝绸之路与跨文化交流中心等 20 个浙江文化标识主题国际人文交流基地，推动浙江文化标识融入"诗画浙江与世界对话"主题系列交流推广活动。

（七）数字赋能，构建文化标识信息系统

围绕建设数字浙江目标，在文化标识建设过程中，重点融入数字文化

和旅游产业发展体系,在"浙江文化基因库"的基础上,建设集元素采集、资源普查、遗产监控、基因解码、质量评价、产业发展于一体,涵盖遗产库、基因库、项目库三个模块的浙江文化标识信息系统,构建两个应用场景:一是联通文旅产品开发和文艺作品创作的"资源端"与"设计端",接入"文化和旅游产业投融资服务平台",建立动态调整的"资源可利用指数",实现文化标识产业转化的"随取随用";二是打通文化标识、文化基因与项目建设"两张皮",接入"浙江文化云",实现全省文化标识建设项目的全过程管理和统计评价。

六、战略举措

(一)实施宋韵文化传世工程

"寻宋",实施考古研究工程。协调推进南宋皇城遗址核心区考古工作,高水平推进台州地区瓷窑址和临安天目窑考古工作。实施杭州南宋德寿宫遗址保护展示工程,推进宋六陵考古遗址公园建设。"探宋",实施应用研究工程。开展宋韵乐舞、南宋雅韵音乐重建等项目。推进两宋古籍整理及印刷出版研究。创新开展宋代旅游业、住宿业、休闲娱乐、体育竞技、美食及相关非遗研究。"赏宋",实施文艺精品创作工程。做大做强一批存量宋韵舞台艺术项目。形成"一团一品"的浙派宋韵舞台艺术系列品牌。集中攻关一批原创宋韵文艺精品。"游宋",实施文旅产业创新工程。开展全省范围宋韵文化和旅游资源普查,编制《浙江省宋韵文化和旅游融合发展总体规划》。加快重点产业项目建设开发。谋划设计10条宋韵旅游线路产品。"阅宋",实施文化惠民工程。谋划建设宋韵文化博物馆。推进非遗传承,形成一批千年宋韵品牌(节庆)活动、宋韵非遗传承教学基地和研学基地。建设提升一批宋韵主题书院书房书屋、农村文化礼堂、社区文化家园、文化驿站。"传宋",实施国内外交流传播工程。开展宋韵文化旅游主题推介活动。发挥国际重大文化交流平台作用，探索千年宋韵标识的跨文化阐释与表达。

(二)实施阳明文化、和合文化、南孔文化研究、保护和文旅融合发展行动计划

深入挖掘、传承、弘扬阳明心学蕴含的"致良知、知行合一"文化基因，和合文化蕴含的"和而不同、和实生物"文化基因，南孔文化蕴涵的"崇学尚礼、义利并举、经世致用、创新力行"文化基因，从坚定文化自信、弘扬浙江精神的高度，通过三年左右的努力，统筹全省文化和旅游系统资源，全面解码三项文化基因，推动文化基因高水平融入文旅产业发展，全面构建三项文化研究、保护、传承和开发利用体系；构建"二城多地"的阳明文化发展格局和"一核一庙六地多点"的南孔文化发展格局；将天台县建设成为中华和合文化的标志地、传播地、示范地。培育"阳明故里，心学圣地""和合圣地""南孔圣地、浙厢有礼"三大核心 IP，到 2025 年，建成全国一流的三项文化研究、保护、传承和创新转化体系，推出一批国内领先、国际瞩目的文化遗产保护和转化利用研究成果；三项文化文旅融合 IP 成为区域文旅产业发展的核心推力，形成一批具有国字号品质、国际性影响、市场充分认可的文艺作品、景区景点、研学旅游基地和传统文化传承发展示范区；全面建成"心学圣地、和合圣地、南孔圣地"三张文旅金名片。

(三)建设文化生态传承保护区

以非遗保护传承为核心，以区域社会整体协调发展为要义，以体制机制创新为突破点，坚持"保护优先、特色发展、文旅融合、提升福祉"，推动浙江优秀传统文化的活化、升华和转化，高质量建设"守正创新、融合发展"的文化传承生态保护区"浙江样本"。坚持保护优先，提升传承能力，促进非遗融入现实生活；坚持整体保护，护育文化生态，厚植优秀传统文化传承发展土壤；坚持融合发展，促进共建共享，助推乡村振兴与"诗路文

化带"建设；坚持政府主导，社会力量参与，形成全社会共同参与建设的合力；坚持群众主体，提升社区福祉，增强群众的认同感、获得感和幸福感；坚持改革创新，增强发展后劲，促进区域社会全面协调可持续发展。到2022年，建成10个左右的省级文化传承生态保护区。秉承非遗传承保护、创新发展理念，通过积极举措，形成非遗区域整体性高水平保护和高质量发展。到2027年，新增一个国家级文化生态保护区。通过促进特色产业培育发展和各项工作联动开展，促进区域整体风貌和社会文明水平显著提升，地方经济社会文化全面协调发展，成为浙江非遗保护和优秀传统文化"双创"发展示范引领区、文旅融合发展示范区，实现"遗产丰富、氛围浓厚、特色鲜明、群众受益"。

(四)举办亚洲之光文化艺术节

深入贯彻落实习近平总书记2019年在"亚洲文明对话"上的主旨演讲精神，整合"亚洲文明对话"和"亚洲艺术节"等优质资源，在2022年举办"亚洲之光文化艺术节"。以守正创新、互鉴合作、开放包容为宗旨，弘扬中国优秀传统文化和亚洲优秀文化，搭建国际艺术交流互鉴平台，促进亚洲文化的保护、传承、创新和发展，提升民众文化素养，促进人的全面发展；促进亚洲各国文化交流和人民文化参与，增强亚洲文化对亚洲民众的亲和力和凝聚力，助力"一带一路"和亚洲命运共同体建设。将亚洲之光文化艺术节打造成"开放、专业、大气、安全"的世界一流国际艺术节，吸引来自47个亚洲国家以及若干"一带一路"国家和地区约5000名嘉宾、演职人员共同参与线上和线下活动。同时，在艺术节期间举办不同形式的展览活动20余场，举办音乐舞蹈戏剧等舞台艺术演出100余场，预计现场参与活动的观众达200万人次。

(来源：浙江省文化和旅游厅)

第三部分
典型案例摘编

基层公共文化服务高质量发展典型案例
（浙江省）

老城区有机更新蝶变最美文化空间

——杭州市临平区打造市民身边的文化艺术长廊

一、基本情况

杭州市临平区地处长江三角洲圆心地，坐落于 G60 科创大走廊和杭州城东智造大走廊的战略交汇点，区域面积 286 平方千米，辖 7 个街道，1 个镇，常住人口 117.58 万人。是全国文化先进地区、浙江省首批公共文化服务体系示范区、中国民间文化艺术之乡和中国曲艺之乡、首批浙江省公共文化服务现代化先行区创建单位。

临平区一直以来非常注重公共文化空间的打造，不仅拥有国家一级文化馆、国家一级图书馆，还有国际一流的临平大剧院、亚运场馆群、国家二级博物馆等地标性公共文化设施，镇街综合文化站均达到浙江省特级站标准，是全省唯一一个特级站 100%全覆盖的县（市区）。农村文化礼堂覆盖率也达到 100%。在众多城市面临老城区空间拥挤、寸土寸金，公共文化空间捉襟见肘的背景下，临平区紧紧抓住老城有机更新这一契机，在城市小区包围着的核心地块打造高质量的公共文化空间，并通过专业化现代化的运营管理，让群众享受高品质的公共文化服务，为建设有辨识度的"15分钟品质文化生活圈"作出探索。

文旅部、国家文化和旅游公共服务专家委员会首席专家李国新等专家学者实地考察临平文化艺术长廊后，均给予高度肯定，称赞其为新型公共

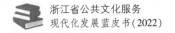

文化空间的典范、真正的市民身边的公共文化空间。

二、主要做法

临平老城依临平山而建，历史悠久，北宋端拱元年建镇，至今已有1000余年，不仅有"十里青山半入城"的独特城市空间格局，更有千年古运河所承载的深厚文化底蕴，自古是江南繁华集镇之一，常住人口7万人。伴随着临平区的快速发展，城市规模和范围日趋扩大，老城区"公共空间匮乏、环境质量不高、停车位不足、城市记忆散失"等问题日渐凸显。随着人口的愈趋密集，临平老城原有综合文化站设施较为陈旧，功能不全，已经不能满足居民文化生活需求，急需寻找一个突破口"突围"。

1. 优化布局，打造"一山一水一长廊"城市空间格局

2018年，以挖掘历史文化和创造美好生活为理念，在老城核心区域，临平区优化公共文化空间布局，启动老城有机更新文化艺术长廊项目，最终打造出"一山一水一长廊"的临平城市空间新格局，北起临平山文化公园，南通上塘古运河，中间临平文化艺术长廊贯通南北。通过挖掘运河文化、山水文化，新建戏曲交流中心、图书馆、文化艺术交流中心三组建筑。同时完善沿线生活配套，新增小舞台、活动广场、地下车位、过街天桥等配套设施，从根本上改善老城区居民文化生活品质，实现居民共生、文化共生。

2. 品质共享，创造多元开放的主客空间

临平借力文化艺术长廊，以新的审美品质呼应城市居民审美水平快速提升需求，通过"形""音""书""画"四个公共文化空间进行串联，形成流线设计，动静结合的品质文化服务集聚区。文化艺术交流中心占地2965平方米，以打造"家门口的美术馆"为宗旨，构建1000平方米的展厅，设计长约250米的展线，成为居民群众书画摄影作品展览交流的"展陈区"，让美

育在社区生根发芽；戏曲交流中心占地 1738 平方米，打造以排练厅、戏苑讲坛、临里大舞台等为核心的"悦动区"，培育成本地居民、外地游客欣赏或参与舞台演出的"打卡地"；智慧图书馆占地 2852 平方米，以家门口的智慧化书房为定位，藏书 8 万余册，阅读坐席 200 余个，以数字化变革为主线，为读者提供"阅读、活动、展示、休闲"等智慧化多跨场景应用服务"静享区"。

文化艺术长廊不是一个封闭的区域，而是一个主客共享的开放式公共文化单元。西侧与临平街道综合文化站以及钱塘画院、小山画室等艺术培训机构形成呼应，东侧与新建成的文创街区互联互通，将为周边的居民及外来游客带来更加丰富的文化生活体验。

3. 一轴多点，打造多维度体系化文化圈层

为进一步满足群众需求，针对人群特点、性别结构、年龄层次，临平区深入分析文化空间供给差值，在临平文化艺术长廊周边利用"九曲营""大圆井"等历史遗迹进行提升改造，建成一批家门口的口袋公园、临品艺站（文化驿站）、临品书坊（城市书房），构建"一轴多点"的公共文化服务新格局，建成"5—10—15"分钟的品质文化生活圈层。社区居民走出家门，步行 5 分钟左右，即可到达口袋公园（如"牛拖船"、洋园春晓口袋公园）、健身苑点等；步行约 10 分钟，可赴文化家园、临品艺站（庙东文化驿站）、临品书坊（西大街 24 小时自助图书馆）、文化艺术长廊等参与小型演出、借阅图书等；步行约 15 分钟，可囊括圈内临平区公园、上塘河文化带、藕花洲剧院等中大型公共文化设施，享受高品质的公共文化服务。

4. 智慧管理，实现高端个性化文化服务

临平文化艺术长廊利用成熟的物联网技术，将安防系统、光伏能源系统和室外水循环系统等充分集成，利用大数据、云计算、人工智能、数字孪生监控运行平台等技术手段，通过视频监控、智慧消防、光伏发电等多

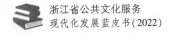
个系统,对长廊的人流、停车、消防等状态进行实时监测、数据分析,实现"资源对接""风险防范"等领域的高效智慧治理。

文化艺术长廊中的智慧图书馆配备人脸识别入馆、智能书架、智能机器人、VR 一体机等,打造"智汇客厅、星空影院、耳朵森林、身临其境"等 10 余个智慧场景。推出"临里约书"快递借书服务。通过后台的读者行为数据,挖掘读者潜在阅读兴趣,将满足用户、读者的个性化资源推送到相应读者的"个人图书馆"。戏曲交流中心配备专业级音响、LED 屏、智慧管理系统等设备和空间,并接入数字文化馆总分馆体系,开展视频交互培训以及云直播等,形成"线上"+"线下"互联互通的公共文化服务体系。

优化个性化服务,在配备无障碍电梯、共享雨伞、共享充电宝、智能饮水机、智慧厕所等设备的基础上,拓展双创空间、市民小剧场、三点半学校、便民服务点等 X 项特色功能。推出儿童看护系统"电子围栏"以及"华龄直通车"适老化公共文化服务,尽可能为特殊群体提供更为周到的服务。长廊所有文化场地、活动均可通过智慧文化云、"临里有约"等线上平台预约、参与、评价形成闭环管理。

三、实施成效

在临平文化艺术长廊,15 分钟会发生什么?

每 1 秒,有 600 人同时使用"临里有约"小程序;1 分钟,光伏发电 1.3 度;5 分钟,中水回用节约用水 0.5 吨,基本满足长廊绿化自动滴灌需求;15 分钟,文化场所人流监测超 2000 人次。这些数据,均来自"临平文化艺术长廊"的智慧驾驶舱日常治理,这些从侧面反映出临平文化艺术长廊的实际成效。

(一)圈出高人气,提升公共文化空间的利用率

临平文化艺术长廊不仅是临平文化新地标,而且成了居民群众最受欢

迎的文化会客厅，还荣获美好生活长三角公共文化空间创新设计大赛"百佳创意空间奖""网络人气奖"、浙江省公共服务大提升典型案例等一系列荣誉，被央视、中国蓝新闻等媒体报道。并充分发挥历史文化、绿色生态等资源优势，大力推进以文促游活动，文化圈年接待游客100万人次。

智慧图书馆开馆两年以来，接待到馆读者20.9万，借还量达66.3万余册，刷脸借阅1.5万余人次，组织活动474场，接待参访272批3936人次，成功创建"杭州书房"，并被评为十佳最美杭州书房之一。

（二）专业化运营，提升公共文化空间的管理效能

临平文化艺术长廊通过社会化、专业化运营，服务效能不断提升，即使在疫情常态化防控下，各场馆实行线上预约、一进一出，开放服务不停歇。场馆引入第三方运营团队进行专业化运营，在保持高水平公共文化服务的基础上，全年管理运营费用较同级别场馆节省近30%。

探索公共文化机构治理结构改革，建立由党政代表、各界人士代表为成员的理事会，对重大事项进行审议和科学决策，监督规范化运营。组织召开年度发展咨询会议，邀请大学、公共文化界及相关领域知名专家为场所运营建言献策。

聚合"家门口"文化服务资源，建立公共文化服务"区域联盟"，承接周边社区主题党日、文化讲座等活动，拓展社区文化活动阵地；成立"阅读联盟"，将书籍流通各社区，延伸"文化服务触角"；开展"阅读直通车"服务，构建"馆员（网格员）+用户"帮扶机制，提供"送书上门"服务，实现借还书"一次都不用跑"。定期公告服务开展情况，建立投诉渠道，完善反馈机制，接受社会监督，目前群众对文化空间的满意率均在95%以上。

（三）品牌化驱动，高质量打造新型城市文化空间

临平文化艺术长廊从公共文化服务品牌项目入手，以高质量文化供给增强人民群众的获得感和幸福感。打造全民艺术普及品牌，建设中国曲艺之乡。中国曲艺牡丹奖艺术团"送欢笑"走进基层演出、著名曲艺表演艺术

家翁仁康莲花落专场等一场场名人名家专场演出走进文化圈，不仅满足了百姓在家门口欣赏高规格文艺赛事的需求，也为辖区提供了许多优质文化资源，为本地文化的传承和发展打开了一扇"重要窗口"。全国中国画/篆刻名家邀请展、"当代中国画创作的比较与批评"名家学术讲座、女子十二乐坊专场音乐会、浙江交响乐团专场音乐会等品牌文化活动的常态化举办，更是增添了临平的文化艺术氛围。

临平文化艺术长廊还推出了艺术节、智汇临平讲坛、临平老城区的艺人们、书林韵事智慧漫画等一系列本土文化品牌，打造"智慧星"志愿服务品牌，鼓励、动员和组织居民参与公共文化志愿服务，构建起政府、社会、市场共同参与的格局，实现公共文化服务的可持续发展。

四、经验总结

临平文化艺术长廊通过老城区有机更新，在市民身边打造了高品质公共文化空间，通过专业化智慧化的管理，改善了市民生活品质，推动了城市高质量发展，临平区的成功实践有如下启示：

首先，新型公共文化空间与区域历史文化聚集地、旅游资源聚集地等紧密结合起来建设，可以使文化空间接地气、有人气，创造出文化空间的最大效益。

其次，在老城改造有限空间有限经费内，公共文化空间打造须尽可能多地满足群众差异化的文化需求，缩小从基本公共文化服务到品质文化生活的差距。

最后，公共文化空间的运营引入现代化的管理，提升智慧化、专业化、品质化服务水平，创新服务内容和方式，将吸引更多年轻群体参与，使老城文化空间更朝气蓬勃，更具生命力。

（来源：中央宣传部、国家发展改革委、文化和旅游部"基层公共文化服务高质量发展典型案例"）

文化引领发展艺术赋能乡村

——桐庐县以艺术乡村建设推动公共文化服务现代化高质量发展

一、基本情况

为深入贯彻落实习近平总书记"三农"思想，2020年以来桐庐县部署了打造美丽乡村3.0版工作，以推动桐庐美丽乡村建设在更广领域、更深层面、更高水平取得新的突破，为展示"重要窗口"桐庐风采增添亮丽风景。美丽乡村3.0版的核心要义是把"人"摆在重中之重，其中推进艺术乡村建设，就是让人在艺术的熏陶中修身养性、提升素养，引导人追求崇高价值，从而实现享有更丰富的精神文化生活。

艺术乡村建设从发掘和利用好文化艺术资源入手，以乡村满足人的更高层次的需求为着眼点、立足点、出发点，进一步优化公共文化服务内容和形式，推动公共文化服务提档升级，提升了公共文化服务在美丽乡村建设、文旅融合发展以及城乡居民精神生活共同富裕等方面的积极效益。

二、主要做法和成效

（一）突出三个强化，重塑乡村艺术风貌与气质

1. 强化艺术规划

制定《桐庐县艺术乡村建设行动规划》，对首批11个艺术乡村试点村，

147

按照"一村一策"思路进行差异化定位和特色化打造。如凤川街道翙岗村突出现代潮流艺术，打造时尚文化交流艺术村，在村里建立了主题动漫艺术馆，打造了沉浸式游戏场景，举办了动漫艺术节和"洗街"非遗文化节。横村镇白云村定位为音乐艺术村，新建了钢琴步道、网红音乐桥、音乐盒子等音乐艺术景观，并筹建唱片博物馆、录音棚、音乐酒吧、音乐民宿、音乐艺术工作室等。芦茨村青龙坞艺术谷则依托高端民宿聚集，常态化开展脱口秀、诵读之夜、国际音乐会等特色活动。

2. 强化要素保障

桐庐县围绕艺术乡村建设，专门制定印发了《桐庐县艺术乡村建设实施方案》（桐乡振〔2020〕2号）文件，并成立了以分管副县长为组长，宣传、文旅、农业农村、文联、融媒体、乡镇街道等为成员单位的领导小组，协调推进全县艺术乡村建设。同时，成立了艺术乡村建设工作专班，从艺术项目招引、活动组织策划、宣传营销推广等方面给予艺术乡村建设单位以支持帮扶。资金保障上，专项安排艺术乡村建设资金，用于对全县艺术乡村建设项目的奖励和扶持，2021年全县奖励和补助艺术乡村建设项目达2000余万元。

3. 强化共建共享

充分调动文化企业、文创达人、民宿业主等社会力量参与艺术乡村建设。如鼓励民宿与桐庐图书馆合作开展乡村生活书吧建设，民宿提供场地、设施、管理人员，图书馆提供图书资源、业务指导服务，合作打造一批"三香"（书香、茶香、墨香）民宿。民宿业主们积极响应，至2021年年底已建成15家乡村生活书吧，这些书吧都作为村级亚分馆纳入桐庐图书馆总分馆体系，实行"通借通还"，游客及周边村民都可以自由借阅，日常由民宿业主管理，他们有的引进桐庐特色非遗、有的举办阅读沙龙、有的开展笔会雅集，活动非常丰富，对农村文化建设起到很好的示范和引领，丰富了基层文化阵地和建设主体。

（二）实施四大工程，优化公共文化服务与供给

1. 实施文化基因解码工程

把文化基因解码工程，作为艺术乡村建设基础性、战略性工程，通过对桐庐文化名人、诗画作品、中医药、饮食等乡土文化元素的梳理、解码和利用，编撰出版《诗说桐庐》《隐逸桐庐》《桐庐味道》等地方文化研究专著8套，创排《通达天下》《南堡壮歌》等展示桐庐快递精神、南堡精神的优秀原创越剧大戏2本，创作音乐、舞蹈、小品等艺术作品50余件，为群众提供了更加丰富多样的精神文化产品。

2. 实施艺术村镇创建工程

对艺术乡村试点单位明确量化考核指标，要求每个艺术乡村试点村建设1处以上文艺场馆、开展10场以上特色文艺活动，建设艺术景观10处以上。推进"百村百馆""一人一艺""百村千场"项目建设，建成翙岗动漫艺术馆、舒羽山房·国际写作中心、彰坞竹艺馆、芦茨乡村美术馆等文艺场馆9个，恢复和建设集文化宣讲、艺术培训、社会实践多功能于一体的乡村青少年美育场所50个，培育"三团三社"（合唱团、民乐团、艺术团、文学社、摄影社、书画社）文艺队伍93支，从文艺场馆建设、文化活动开展、文艺队伍培育等方面优化了公共文化服务供给。

3. 实施品牌IP打造工程

以"全民艺术节"为统领，举办乡村音乐节、乡村戏剧节、非遗文化节、农民丰收节、乡村书画美术展、欢乐大舞台等节庆赛展活动，推动优质公共文化服务向乡村延伸。打造"一乡一品，一村一品"，优化"新合索面节""葰山开酒节""江南开渔节"等乡村文旅节庆，形成地域特色文旅产业

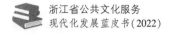
品牌。

4. 实施农民艺术提升工程

组建全民艺术普及联盟，引进文艺高校、艺术专业机构和文创达人、非遗达人同试点村建立结对关系，新设立艺术工作室 50 余家，年组织开展文化艺术培训 100 余场，培训乡村文艺骨干 5000 余人次。通过文艺工作室的建立，这些外来艺术家们既有了融入桐庐乡村生活的载体，也发挥了他们在村民文艺普及提高方面的积极作用。如上海画家金钰琦就是桐庐引进的书画艺术家，他在富春江镇石舍村建立了工作室，并将当地一间明清古宅租下，改造成"舍庐"美术馆。他每年都要为石舍村民开展 2 期水彩画培训，并将他们的作品在村里公开展览。如今石舍村民们在他的熏陶带领下纷纷加入美术家协会，创作的作品在各类比赛中也屡屡获奖。

（三）升级艺术效能，激活乡村旅游产业与经济

1. 艺术活动拉动乡村旅游消费

2021 年 10 月桐庐县在桐君街道梅蓉村举办了"浙里富春·那么乡田"中国·桐庐山水艺术季活动。该活动以打造富春山居实景地为主题，邀请中央美术学院、中国美术学院、四川美术学院、广州美术学院等国内十大知名美术院校，在梅蓉村驻地创作 20 件艺术作品，并将作品在梅蓉村公开展览。同时举办乡村戏曲节、非遗文化节、艺术论坛和艺术嘉年华等艺术季系列活动，国庆期间梅蓉村 7 天共接待游客 8.7 万人次，实现乡村旅游收入 1351.5 万元，让群众在家门口享受到了高质量的文化大餐，还获得了实实在在的经济收入。除上述活动外，还组织开展了翙岗村动漫艺术节、白云村民谣音乐节、深澳村"盲盒戏曲周"等乡村文化艺术活动 20 余场，带动乡村旅游收入 16.4 亿元。

2. 培育艺术乡村产业项目

通过艺术乡村建设"相亲会"等形式招引一批优质文化企业参与艺术乡村建设和运营。如北京索雅年代文化公司与百江镇达成合作协议,重点实施花田艺术空间、艺术民宿项目。江南镇深澳村围绕百匠艺术村建设,招引艺术大师、艺术工匠项目 20 余个,引进社会资本 3000 余万元,建设了集书画、茶艺、雕刻、制香等 50 余处开放式的文化共享空间。自开展艺术乡村建设以来,桐庐县各乡镇(街道)、各试点村共谋划艺术乡建项目 60 余个,吸引各类资金投入约 2 亿元。

3. 打造"忆江南·富春山居游"IP 项目

2022 年央视春晚推出了以《富春山居图》为蓝本的创意音舞诗画节目《忆江南》,让拥有富春江最美一段山水风光的中国最美县——桐庐和严子陵钓台的人文风情广受热议。桐庐县抓住这一契机,谋划了"忆江南·富春山居游",并把其作为 2023 年艺术乡村建设的重点工作,举办了忆江南·文化赋能共同富裕研讨会、"忆江南·富春山居游"线路首发仪式,联动江南古村落、黄金左岸梅蓉村以及芦茨乡村民宿集聚区等乡村旅游点位,推出满足自驾游、跟团游不同需求的"忆江南·富春山居游"精品旅游线路,相关活动得到了人民日报、新华社、光明日报、浙江日报等媒体相继报道,微博话题"忆江南富春山居在桐庐"阅读量达 9776.2 万。

三、经验总结

(一)在村庄建设中融入艺术

第一,在乡村文脉中体现艺术。注重将艺术思维运用于村庄建设和环境治理,将我们的越剧、剪纸、故事、书画等地方文化元素融入乡村特色民居、公共服务设施、景观小品、环境整治等节点，同时，结合民俗技艺、人文典故等非物质文化遗产的保护与传承，打造越剧乡村、书画乡村等，让文化得到活态展示。第二，在产业发展中拥抱艺术。推动艺术进农村、进景区，借助中国美院、风语筑等资源，策划引进言几又胶囊书屋、洒秀文化交流基地等一批文旅项目，同时，瞄准年轻一代，突出文旅融合、网络造势，推出音乐节、戏曲节等特色文化活动，既丰富群众生活又助力乡村经济发展。第三，在精品打造中彰显艺术。加快实施艺术村镇创建工程，打造开元老街、武盛老街、昭德水街、深澳老街、窄溪老街等一批文化艺术街区，建成若干艺术之乡、艺术村落、非遗主题小镇。

（二）在品牌打造中融入艺术

实施品牌 IP 打造工程，加大文旅项目和文化创意人才的引进力度，打造一批有影响力有生命力的乡村文旅 IP。举办"浙里富春·那么乡田"山水艺术节，与中央美院、浙江大学、中国美院等高校合作，实施"名人名家走进桐庐""潇洒桐庐中国画展"项目和"十大美院助力美丽乡村共筑黄金左岸"艺术乡村建设课题，创作艺术小品 20 件落户乡村。推出"二十四节气村"，将节气习俗有机融入"新合索面节""百江樱桃节""钟山蜜梨节""旧县桂花节""莪山开酒节""江南渔获节"等乡村节庆活动，持续提升"向往的生活"拍摄地、富春大岭图、蜜蜂小镇、放语空文化综合体等文旅 IP 的知名度影响力。

（三）在促进农民全面发展中融入艺术

实施农民文艺提升工程，实施艺术家驻村计划，引进 50 余名书画家、作家、诗人、非遗工匠建立工作室、创作基地，同时，为本地高水准、有影响力的书画家、诗人作家、民间艺人搭建更大的舞台，发挥他们的引领带动作用，举办乡村才艺大赛、乡村音乐会、村晚、书画展等活动，提升农民对艺术感知、体验、评价和创造的能力。加强与中国美院等高等院校的对接，积极探索高校艺术生实践基地等模式，招募一批在职艺术家和在读大学生开展驻村服务，结合"美丽庭院""美丽菜园"生活场景开展艺术创作，同时，深化"美丽庭院""美丽田园""美丽菜园"等活动，动员群众用艺术点缀自家庭院、美化家园，激发村民参与艺术乡村建设的积极性。

（来源：中央宣传部、国家发展改革委、文化和旅游部"基层公共文化服务高质量发展典型案例"）

龙游县打造"三百联盟"运作体系，实现公共文化为民服务"零距离"

一、基本情况

近年来，龙游县以省级公共文化服务示范区、公共文化服务现代化先行县创建为抓手，坚持"创新性、导向性、带动性、科学性"原则，着力聚焦公共文化服务，迭代升级"一站一公司五员"建管用新模式，创新推出以百家站堂共建、百村赛事活动、百师千场培训为主要载体的"三百联盟"运作新体系，着力推动"15分钟品质文化生活圈"建设，在共同富裕建设中推动精神富裕，在现代化先行中实现文化先行。

二、主要做法和成效

（一）以社会化为支撑，"百个站堂共建联盟"实现基层公共文化服务大提升

在乡镇（街道）综合文化站社会化运作基础上，进一步拓展社会化服务范围，开展农村文化礼堂"站堂联盟"社会化管理。一是"一乡一企"市场化机制。乡镇（街道）将综合文化站、文化礼堂所需服务进行打包，通过公开招标、竞争性谈判等方式，与1家入库的文化公司签约，按需购买文化站、

文化礼堂的日常运行管理、队伍的组建培训、节目的编创指导、活动策划组织等服务项目。县乡两级财政按照 2 万元/个文化礼堂、10 万~20 万元/个文化站的标准,将"站堂联盟"运行经费纳入财政预算,用有限的财政资金撬动专业公司的社会力量。二是"一堂两员"互补性服务。文化公司统一派驻文化礼堂管理员、流动辅导员两类人员到文化站、各文化礼堂。管理员由文化公司从本村村民中物色,选择有责任心、热心文艺的人来担任,负责礼堂的日常开放、文体队伍组建。辅导员由文化公司根据乡镇实际和群众文体需求派驻,全部下沉到各村文化礼堂,开展各类培训、辅导活动策划。三是"县乡村三级"连环式监督。针对各乡镇(街道)文化特色资源、特色项目,制定出台《农村文化礼堂公司化运行考核办法》,压实乡镇主体责任;乡镇(街道)根据与文化公司签订的服务协议,对服务公司日常管理、活动开展,以及特色文化挖掘传承、原创节目创编、公益培训覆盖面等服务内容开展量化打分;各行政村负责对文化公司提供的服务进行群众满意度测评。通过县乡村三级监督评估体系,有力提高文化公司服务能力。

(二)以精品化为准则,"百村(社)赛事联盟"实现基层公共文化品质大提升

通过竞赛机制推动全县各机关部门、各乡镇(街道)、各村(社)文体活动开展,实行定期考评机制,让文化活动"闹"起来。一是在主体上,整合农村文化礼堂、乡镇文化站等公共文化阵地资源,通过政府"搭台"、百姓"唱戏",鼓励群众成为舞台的主角,广泛参与文化作品的创作与供给,让群众真正成为文化活动的创造者。二是在内容上,下沉文艺骨干力量,指导组建村社文艺小分队,精心编排地方戏、情景剧、村歌、舞蹈等具有地方特色的文艺节目,促使"送文化"向"种文化""创文化"转变。三是在机制上,聚焦节目创新力、群众参与度、活动覆盖面等维度,构建政府主导、媒体推动、社会支持、群众参与的文体赛事运作模式,通过赛事比拼精选出群众喜闻乐见的优秀作品,进一步提升基层群众文化生活品质。2021 年以来，龙游县围绕"月月有活动、季季有亮点、全年都火爆"目标，共举办各类百村赛事群众文化活动 150 余场，累计登台演出的基层群众和乡村文艺骨干 1.8 万人次，惠及现场观众 18 万人次，线上点播量达 300 多万人次，有效满足群众日益增长的精神文化需求。

（三）以多样化为核心，"百师千场培训联盟"实现基层公共文化供给大提升

凝聚全县域文化队伍，让文化队伍"亮"起来。一是整合扩面，搭建艺术指导联盟。针对基层文化人才队伍薄弱的难题，通过整合校外艺术培训机构、县内外专业技术人才、县级以上文化艺术类协会会员和有一定知名度的专业人士，成立艺术指导联盟，组建艺术领域专家人才库，弥补乡镇"三团三社"专业化水平不高的短板，搭建县乡"文艺人才链"。二是专职专能，开展"点单式"服务。针对基层文化员和文化辅导员擅长专业单一、下村指导时间难以保障等问题，龙游县积极引入社会力量参与公共文化服务，通过采购音乐、舞蹈、戏剧、曲艺、文学、摄影、书法、美术、非遗、文创等十大类别公益培训课 1000 课时进行"点单式"配送，对"三团三社"乡村文艺带头人、文化公司、基层群众实施"百师千场"大培训，丰富基层文化供给。三是志愿引领，激发文化内生动力。积极鼓励社会文艺专业人才机构开展文化志愿服务，根据志愿服务时长效能等，推荐参评省、市、县协会会员、文化能人、文化示范户等。引导校外非学科类培训机构组建行业协会并开展公益培训，对校外非学科类培训机构每年面向社会公众个人开设 3 次以上免费试课，每年到文化站、文化礼堂开展公益培训 30 课时以上的机构，可参评年度志愿服务星级单位，并给予一定奖励表彰。

（四）以数字化为抓手，"平台智慧化管理"实现数字文化赋能大提升

为解决基层文化资源分散、效能低下的短板，龙游县打出"建管用育融"组合拳，运用数字化技术、思维和手段，对基层文化工作从硬件到软

件、从内容到功能、从管理到运行开展全方位的体系重塑，让文化管理"顺"起来。一是在内容上，依托智慧文化礼堂数字化平台，深化点单派单机制，强化数据分析研判功能，实现优质文化服务精准供给。二是在管理上，建立"覆盖城乡、纵向到村、横向到人"的运行机制，搭建从建设、使用、培育、传播到评价的全生命周期管理体系，实现文化服务可量化、可评价。三是在效能上，深入贯通承接省市"礼堂+""智慧文化云"等应用的基础上，结合龙游基层文化阵地"社会化服务"模式特征，运用系统观念和数字化手段，实现"文化礼堂数字大脑"服务主体、应用范围的系统重塑，推动龙游县基层文化建设工作数字化、全域化、品牌化、长效化。

三、经验总结

（一）锚定问题实现"有的放矢"

坚持问题导向，聚焦实际工作中农村文化礼堂服务效能不高的难题、文化赋能活动抓手不足的问题、基层文化人才队伍薄弱等共性难题，通过创新工作机制，优化顶层设计，提出切实可行的解决措施，实现基层文化设施大门常开、活动常态、人员常在，从而形成具有一定示范价值的体制机制成果。

（二）社会化运作实现"四两拨千斤"

进一步拓展社会化服务范围，达到"花钱少、方法巧、效能高"的成效。通过"站堂联盟"购买服务方式，破解基层文化员人员精力不足难题，以较少资金搭建一支基层文化服务队伍，切实提升农村文化礼堂服务效能。通过"百师千场"调动校外艺术培训机构师资力量，依托社会化服务补足基层公益培训短板，实现优质文化资源在基层流动，提升基层文艺队伍专业化素养，满足群众日益增长的精神文化需求，达到"四两拨千斤"的服务成效。

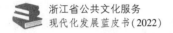
(三)精准化服务实现"品质提升"

当前全省数字化改革背景下,通过切实开展以"智慧+"为核心的"订单式""菜单式"服务,依托"智慧文化云"服务平台和"15分钟品质文化生活圈"等服务端,开展"百师千场"文化公益培训"点单式"配送,推动基层公共文化服务供给、服务、品质获得大提升。

(四)品牌化引领掀起"文化热潮"

以"百村社赛事"为载体打造"一乡一节 一村一品"活动赛事品牌,如横山"天池荷花文化节"、湖镇"婺剧演唱演奏大赛"、溪口"状元文化节"、沐尘畲族"三月三畲族风情文化节"、社阳"清明祭祖灯会"、大街贺田村的"村晚"等"赛事联盟"全年比拼,掀起了一股内生性多元化的文化热潮,并通过文化的力量带动乡村文旅产业蓬勃发展。

(来源:中央宣传部、国家发展改革委、文化和旅游部"基层公共文化服务高质量发展典型案例")

浙江省公共文化服务高质量发展典型案例

浙江实现乡镇文化员定向培养

一、基本情况

为解决乡镇文化队伍"不足、不专、不稳"问题，加强基层公共文化服务队伍建设，加快构建现代公共文化服务体系，从 2017 年开始，浙江在全国率先开展乡镇文化员定向培养工作。定向培养工作由浙江省委宣传部、省教育厅、省财政厅、省人力资源和社会保障厅、省文化和旅游厅等 5 家单位共同开展，具体培养工作由全国基层文化队伍培训基地浙江艺术职业学院承担。五年来，通过招生与招聘并轨、专业与专长并重、动脑与动手并进等做法，学生入学即入编、毕业即就业，实现学生、政府、学校、社会"四方共赢"。目前已连续招生五届共 243 人（2022 年第六届计划招生 56 名），其中第一、二届 98 名学生已经毕业，正式成为乡镇文化员，走上了服务基层公共文化、助力乡村振兴之路。

二、主要做法

（一）招生与招聘并轨，"三大关口"引导精准定向

一是把好人才需求关。根据考生户籍以县（市、区）为单位实施定向招生，各地结合基层文化队伍建设需要，制定人才需求计划，经省级汇总统

筹形成全省招生计划，确保人才需求对口、生源素质优异。定向文化员班招生形势持续向好，5年录取的243名学生中，有44.4%的考生高考成绩超出当年本科线，2019年录取的一位考生高考成绩613分，超出重点分数线18分。二是把好考试入口关。按照"先填志愿、择优选拔"的原则，在高考前由浙江艺术职业学院统一组织专业素质加试，综合考察评判合格的考生，颁发合格证书。考生专业素质合格且高考文化成绩达到三段线以上考生的具备报考资格，最后按高考文化成绩从高到低录取，较好地兼顾了专业素质和高考公平的要求。三是把好委托培养关。考生录取后，与当地人事部门、文化和旅游部门签订三方协议，培养专业为"公共文化服务与管理"，学制三年，毕业时取得大学专科(高职)学历。学校专门出台了乡镇文化员定向培养专项资助管理办法，实行专项学费减免和设立专项奖学金。定向培养生按期毕业后，签订事业单位聘用合同，到委托培养地的乡镇文化站工作，服务期限不少于5年。

(二)专业与专长并重，"三大保障"强化综合培养

一是建立双重管理制。省委编办批复学校增设"浙江公共文化管理学院"，实行跨专业系管理，学校文化管理系负责日常教学管理和学生管理工作，修订和执行人才培养方案，制定专业教学工作计划、教研室活动计划，开发公共文化理论必修课课程。戏剧系、音乐系、舞蹈系等负责艺术专业技能培养，专业限定选修课课程开发、教学师资、排课、教学场地、教材、教学研讨、专业综合展演等工作。每月定期召开会议，协调教学工作过程中的问题。二是建优三维课程群。根据乡镇文化员的工作特性和服务特点，按照课程标准与岗位职业能力标准对接要求，采用"1+1+X"人才培养模式，着力培养"多能一专"复合型应用人才。第一个"1"是专业必修课，主要涉及公共文化服务基础理论与实践知识；第二个"1"是限定选修课，主要培养学生的艺术技能；"X"是专业任选课，包括视觉艺术系列课程群、传统手工技艺系列课程群、非遗保护系列课程群等，提升定向文化员能力素养。

2020 年 1 月，经教育部批准，全国文化艺术职业教育教学指导委员会以学校为牵头单位，开展公共文化服务与管理专业国家教学标准制定工作。三是建强一线师资库。坚持专业培养与行业一线接轨，聘请国家公共文化服务体系专家委员会专家担任公共文化专业特聘教授，引进公共文化服务与管理专业带头人，"双师型"教师占比 66.7%，配齐建强一线师资，引领专业发展。坚持专业培养与学历提升衔接，开展中央音乐学院远程教育，开设艺术管理、音乐教育等在职本科学习，努力将公共文化服务与管理专业申报职业教育本科层次试点，提升定向文化员的学历层次，更好地适应基层公共文旅服务的需求。

（三）动脑与动手并进，"三大舞台"推动深度实践

一是搭建顶岗实践舞台。在每个学期结束后，学校统一向定向培养单位发函，学生进入县文化馆、乡镇文化站、农村文化礼堂实习实训，每年不少于 2 个月。实训结束后，学生上交顶岗实践实习总结和心得，学校根据实践情况，不断修订人才培养方案，深化教学改革和课程改革。二是拓展服务实践舞台。每年组织定向文化员小分队赴基层农村文化礼堂，开展综合汇报演出、舞蹈专场、送电影等服务，直接服务群众 2000 多人次。定期召开乡镇文化员定向培养座谈会，邀请各地文化和旅游部门、乡镇文化站长等参加，现身说法传授经验，让定向文化员了解基层工作、走入基层群众。三是用好赛事实践舞台。积极引导、指导定向文化员参加各类赛事活动，文化员班学生先后在浙江省第八届大学生中华经典诵读竞赛、省大学生艺术节、省级文化和旅游系统"我最爱的习总书记的一句话"微宣讲比赛、省大学生职业生涯规划大赛、暑期社会实践风采大赛、浙江省大学生卡尔·马克思知识竞赛中获省级奖项共 15 项，凸显较高人才培养质量。

三、取得了"四方共赢"成效

（一）学生方：规划了职业方向，落实了就业渠道

乡镇文化员模式自 2017 年实施定向培养以来，引起了社会上广泛的关注，受到了家长考生的欢迎，每年都有大批优秀高中毕业生报考，显著地提高了定向培养乡镇文化员的生源质量。2018 年录取 59 名考生，其中 29 人达到普通类二段线（本科线）；2019 年录取 65 名考生，最高分为 613 分，高出普通类一段线（重点线）18 分，25 人达到普通类二段线（本科线）；2020 年录取 48 名考生，其中有 22 人达到普通类二段线（本科线）；2021 年录取的 32 名考生中，有 14 人达到普通类新一段线（本科线）。这批学生不仅文化课成绩突出，还通过提前的专业能力测试，具备一定的艺术特长，为定向培养打下了坚实的基础。

（二）政府方：引进了定向人才，保证了岗位匹配

第一、二届共计 98 名定向文化员已奔赴各地乡镇就业。根据就业回访，91% 的毕业生能够胜任乡镇文化员一职，90% 的毕业生表示领导对其工作比较认可，88% 的学生比较适应乡镇的工作环境。通过走访相关委培地，相关县（市、区）文旅局、乡镇领导均对定向毕业生基层就业表示欢迎和支持，尤其对第二届公共文化服务与管理专业毕业生认可度较高（第一届因招生时间限制，以表演艺术和歌舞表演专业招生），对已经毕业的文化员在工作中的表现比较认可。他们认为定向培养乡镇文化员可以有效提升基层文化干部队伍的素质和专业水平。如首届的泰顺县文化员胡璐璐，由于良好的工作表现，被选举为泰顺县第十七届人民代表大会代表；临海市古城街道文化员李彬琳，荣获临海市 2020 年度新时代文明实践"时代新人"荣誉称号；天台县文化员陈煜被评为 2021 年台州市优

秀青年理论宣讲员等；兰溪市文化员章蜜被评为浙江省省级文化和旅游系统青年宣讲团成员。

(三)学校方：积累了教学经验，创新了育人模式

浙江艺术职业学院作为承担具体培养工作的学校，多次召开专题会议，研究定向培养模式。学校还承担了教育部行指委关于国家高等职业教育《公共文化服务与管理》专业简介牵头研制任务，学校整合学校资源力量，会同地方委培单位，广泛邀请行业领域内专家，深入调查研究，反复论证，共同制定人才培养方案。定期组织各地文化和广电旅游体育局定向培养负责人座谈会，听取其在招生录取、人才培养、就业工作等方面的建议。为有效保障人才培养质量，学校组建文化管理与教育学院，整合校内师资和校外专家，组建专业教学团队和专业建设指导委员会，为专业发展提供智力支持。

(四)社会方：提升了公共服务，提供了示范借鉴

复合型、应用型基层公共文化服务与管理人才的缺乏是行业内的共识，把乡村文化管理人才纳入各级人才培养计划予以重点支持也是各地政府的重点工作。浙江省实施定向培养乡镇文化员模式对于促进城乡公共文化服务一体化建设具有重大意义，为培养基层公共文化服务人才提供了一种新思路和新模式。随着乡镇文化员定向培养工作的持续推进，成效不断显现，影响不断扩大，未纳入招生范围的部分地区多次提出定向培养需求。乡镇文化员定向培养的做法被省委办公厅简报《浙江信息(每日简报)》2021 第 1 期刊发，并作为优秀案例入选教育部《中国高等职业院校精准扶贫发展报告(2015—2019)》。该模式不仅受到浙江当地各级政府的肯定，也引起了国内社会各界的关注，其他省市院校纷纷前来考察，交流办学经验，以期在当地试用。

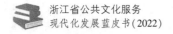
四、经验和启示

（一）取得多方支持是定向培养工作的根本保证

定向培养工作是解决特殊岗位的重要渠道。浙江乡镇文化员定向培养工作涉及多个省级部门、关系市县基地，由 5 家省级部门共同实施是根本保证。浙江省委宣传部牵头抓总，做好协调；省人社厅审核评估是否开展定向培养，并协调县级人社部门下达岗位聘用指标，解决事业单位人员聘用事宜；省教育厅负责下达招生指标和做好专业指导；省财政厅负责设立定向培养工作专项资金，给予财力扶持；省文化和旅游厅承担日常工作。

（二）完善招生方式定向培养工作的重要环节

合适的招生方式是保证获取定向培养合格生源的重要环节。在实施的第一年（2017 年），招生对象面向当年的艺术类的考生，发布定向培养招生（招聘）公告，要求具有音乐、舞蹈、演艺、美术等特长。但在实施中发现，部分地区的艺考生数量少，可选余地少。另外，从艺考生的就业意向看，乡镇文化员岗位吸引力不够。因此，从 2018 年开始，把招生对象调整为有报考意向的普高应届毕业生，并由浙江艺术职业学院提前进行专业素质加试，加试成绩合格后取得定向文化员报考资格。

（三）优化培养模式是定向培养工作的核心关键

定向文化员的核心关键在培养，培养岗职匹配的精准定向人才。学校创新"1+1+X"模式，构建"专业必修课+限定选修课+专业任选课"课程体系，对应培养具有现代公共文化服务管理能力，兼备艺术技能专长，融通多元管理服务技能的"多能一专"人才。在实践体系构建方面，设计"一核心六平台"立体化定向班实习实训体系，即以匹配岗位能力需求为核心，以课堂实训、校外实践、综合展演季、委培地假期实习、毕业设计、毕业实习为能力提升平台，契合乡镇文化员成长要求。通过点对点精准选育"种子"，植入人才需求最迫切的乡镇，为扶持乡村文化发展提供人才支撑。

（四）加强宣传推广是定向培养工作的重要保障

加强宣传推广，特别是面向考生及家长的宣传，鼓励更多的考生报考，是定向培养工作取得成效的重要保障。通过五年多时间的实施，定向文化员的做法已得到社会各方的认识，2022年计划招收定向文化员56名，报考人数640，报名人数最多的仙居县有68位考生报名。目前，定向文化员的做法仅在浙江实施，未能形成全国范围的推广。下一步，要争取文化和旅游部的指导，加强宣传推广和经验总结，向有条件的省份铺开。一种办法是各省复制浙江的模式，由各省自行组织开展招生、培养、就业；另一种办法是在文化和旅游部的协调下，各省与浙江开展合作，各省负责招生环节，浙江负责人才培养环节，毕业后学业回各省就业。

（来源：浙江省公共文化服务高质量发展典型案例集）

杭州市萧山区文化管家社会化服务助力公共文化服务高质量发展

一、基本情况

萧山区位于浙江省北部、钱塘江南岸，区域面积 931 平方公里，人口 201.17 万，区辖 22 个镇（街道）、1 个国有农场，559 个村（社区）。2018 年以来，萧山区主动聚焦基层公共文化服务缺乏专业人才、服务效能不高、群众需求难以满足等痛点难点，结合国家级公共文化服务体系示范项目创建，以供给侧为切入点，创新推出"文化管家"社会化服务模式。按照"政府出资购买服务，社会文化机构按照服务清单、以基层文化场馆为阵地"的方式，向群众提供贴身式公共文化服务，以社会化的形式搞活基层公共文化服务，推动公共文化服务提质增效，满足人民群众日益增长的精神文化需求。该项目从 2018 年年底起，先后在萧山区戴村镇、河上镇、闻堰街道三个镇街开展试点；2019 年在试点成效基础上，区政府同意每年投入 500 万元采购"文化管家"区级服务，向 22 各镇街全面推广；2021 年，"文化管家"社会化服务向村社基层延伸；2022 年，萧山区在打造新时代共同富裕新标杆工作中，将"文化管家"全域推广列为精神富裕突破性抓手之一，目标是三年实现村级全覆盖。

二、主要做法及经验

"文化管家"项目是社会力量参与公共文化服务的萧山样本,该项目从试点经验到全区推广再到向镇村延伸服务,一路走来,"文化管家"都有很强的靶向性,经过几年的基层实践,对基层公共文化服务提质增效的作用非常明显,推动公共文化服务在标准化、均衡化的基础上实现品质化,迈进公共文化服务高质量发展序列。

(一)坚持政府主导,凸显人民主体地位

"文化管家"项目是政府为丰富基层公共文化供给、提升服务效能而实施的,社会力量参与公共文化服务的一种创新模式。即政府出资购买,专业机构按照购买清单和基层需求提供精准服务。在这个过程中,政府部门既是目标任务的确立者,也是服务过程的监督者和服务成效的验收者。社会力量接受任务,按政府意图和群众需求开展高质量、多样化服务,进一步凸显公共文化服务中政府的主体地位和以人民为中心的主导思想。

(二)出台政策文件,保障项目畅通运行

"文化管家"项目在实施过程中,得到了萧山区政府和各镇街的高度重视,为其提供了体系保障和财政支持。2019 年 8 月萧山区政府出台了《萧山区文化馆总分馆制建设实施方案》,明确规定:总馆向各分馆配备文化下派员一名。在实际运行中,文化管家就是文化下派员,这一做法很好地解决了基层专业文化人员缺乏的困局。区财政每年配套专项资金 100 万元,用于全区文化馆分馆体系化、规范化、标准化、数字化建设。在"文化管家"项目的示范效益带动下,2021 年,萧山区政府先后出台了《杭州市萧山区关于引导和鼓励社会力量参与公共文化服务实施办法》、《杭州市萧山区关于引导和鼓励社会力量参与公共文化服务实施办法》细则,从场馆投入补

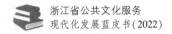
助、场馆设施开放运行补助、公益文体项目活动补助、对群众文化、体育团队的补助、社会力量运营大型公共文化场馆设施的补助等 5 个方面，为社会力量参与公共文化服务提供入口。实施第一年度，对全区 19 个项目、26 个团体活动进行了补助，金额达 700 余万元，激发了全区社会力量参与公共文化服务的热情。

（三）注重规范引领，提供精准专业服务

"文化管家"的发展过程是一个"实践到创新"的反复过程。2020 年，在实践基础上制定的《文化管家服务规范》以杭州市地方标准发布，对服务主体、服务对象、服务内容、组织实施、服务评估等内容进行系统规范界定，强化高质量、专业化服务要求，为文化管家服务模式推广提供标准化指导。2021 年，《文化管家案例集》被国家图书馆出版社作为公共文化服务系列丛书发行，为各地"文化管家"社会化服务提供可复制、可操作的主体样本。

（四）培育市场主体，确保项目可持续

在项目实施过程中，一方面管家队伍通过"1+4"工作机制（即 1 天集中在总馆进行任务领受、业务能力提升培训、问题交流与梳理，4 天驻点各镇村，了解基层百姓文化需求，提供专业文化服务），培育和引导管家服务人员把握服务方向，提升服务能力，增强服务自信，成为基层公共文化服务的强大力量。另一方面，通过扩大各级采购，推动服务扩面，招引更多符合条件的市场主体进入"文化管家"服务序列，并通过任务化、清单式的量化要求提供差异化、精准性服务。

三、主要成效

"文化管家"项目运行以来，全区已实现 23 个镇街（场）文化管家全覆盖，助力镇、村组建文化团队 643 支，开展各类活动 470 余场，挖掘打造

特色文化品牌近 20 项，线上线下累计艺术培训超 12000 小时，服务群众 55 万人次。该项目先后被市委宣传部、省文化和旅游厅现场推广，制定的《文化管家服务规范》已作为杭州市地方标准发布，《文化管家案例集》被国家图书馆出版社作为公共文化服务系列丛书发行。

（一）按需定制，激发文化内生需求

文化管家提供"菜单式"服务，适应群众个性需要。在文化管家提供专业指导下，基层群众的文化意识和文化需求被极大唤醒，让村民从家中"灶台"走向公益"舞台"，从"素人"变身"达人"。如靖江街道和新街街道的文化管家在调研后发现有许多妇女不满足于排舞、瑜伽，相继策划办起旗袍队，得到了一致好评。自 2020 年 5 月以来，在文化管家的指导下，全区村民独立演出近 20 场，参与演出近 100 场超 8000 人次。

（二）盘活场馆，提高设施利用效率

文化管家服务的主阵地就是镇街综合文体中心和农村文化礼堂等文化场馆。管家们秉持着"进得来，留得住，坐得下，回得来"的运营理念，推出了文化礼堂服务采购菜单，供镇、村、村民采购。如今许多村民形成了"要搞文化活动就去文化礼堂"的习惯，文化礼堂真正成了村民的"精神家园"。"文化管家"项目实施以来，全区有 15 个镇街进行了镇级采购，60 个村进行了村级采购，累计购买课程 1400 余课时，用于礼堂活动等延伸服务。

（三）双线联动，促进城乡均衡发展

文化管家担当了文化特派员的角色，把原来只在总馆开展的公共文化培训和服务，通过分馆匹配到基层，使乡村百姓也能就近享受和城区同等品质的文化服务和文化产品。同时，数字文化馆通过建立线上总分馆系统，上传艺术普及数字资源课程，进一步统筹文化资源，促进城乡一体化发展。

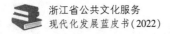
当下，"文化管家"社会化服务仍在不断探索前行。一方面通过全域文化管家，发展更多的服务主体和服务人员，实现"文化有需求，身边找管家"，不断壮大基层文化队伍。另一方面，通过打造"文化管家"数字化平台，通过数智化服务管理，提升文化服务满意度、管家服务效能与政府管理效能，使广大人民群众真正成为文化建设的参与者、展示者、分享者。

（来源：浙江省公共文化服务高质量发展典型案例集）

"艺术大咖工作室"助推乡村新型文化空间打造的宁海实践

一、背景介绍

乡村振兴战略是党的十九大作出的重大决策部署，是决胜全面建设社会主义现代化国家、全面建设社会主义现代化国家的重大历史任务。2018年和2021年中央先后以一号文件形式部署和推进了乡村振兴战略和任务。乡村振兴，是新时代"三农"工作的总抓手，是农村的全面发展和繁荣，不仅包括经济、社会的进步，也包含文化、文明的振兴。乡村是文化最基层的地方，也是最需要文化滋润的地方。如何"把农村建设得像农村"，"让小鸟回来、让年轻人回来、让民俗回来"，恢复乡村的活力和生机，宁海积极探索了有效载体，就地就近取材、培养本土"乡建艺人"、挖掘乡愁元素、壮大农旅产业经济，探索出了一条既"富脑袋"又"富口袋"的艺术振兴乡村高质量发展之路，助推乡村的全面振兴。

在文化文明助推乡村振兴高质量发展过程中，宁海于2019年启动"艺术家驻村"行动，促成一批国内外艺术家与宁海当地村庄结对共建，建立"艺术大咖工作室"。三年来，筹建了书法、美术、曲艺、文学等涵盖多个艺术门类的工作室。通过"种子工程"，由点到面拓展，让艺术家沉淀到村里，让艺术大咖工作室扎根到村里，以艺术的创新思维、创意特征、创造方式，推动群众精神自信自觉，以艺术创造力提升乡村发展力，形成了新

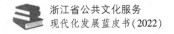

时代乡村振兴的"宁海路径"。

二、主要做法

（一）加强资源建设，探索艺术乡村振兴新模式

在我国大力实施乡村振兴战略的时代背景下，工作室作为培养优秀专业人才、技能人才的阵地，为乡村振兴战略取得更大的成效，发挥着自身的积极作用，特别是工作室自身的方向和目标，能够使其更具有针对性和特色化。

1. 加强战略谋划，绘就布局蓝图

乡村振兴离不开政府部门的统一、长远规划和指导。宁海在科学调查和理性评估的基础上，完善农村建设总体规划，建立了相关配套资源，进行合理利用。统筹本地的文化底蕴和发展基础，依照"以点带面、循序渐进"的原则，在原有建成的工作室基础上，继续引进一批书法、绘画、摄影、音乐、影视等艺术领域的专业特色团队，建立艺术工作室。如在胡陈乡引进光点聚落等团队，谋划开发文创产业；在前童古镇、桑洲南岭村、茶院许家山、胡陈中堡溪村建立写生、摄影等基地。

2. 加大扶持力度，助力纵深发展

一是政策支持。宁海县委宣传部下发了关于做好"艺术家驻村行动"结对共建的通知，积极加强艺术家准入制度的管理，鼓励国内外各个艺术门类的艺术家来宁海入驻建立艺术工作室。二是资金扶持。通过开展优秀"驻村艺术家"评选、优秀工作室评选等活动，并给予一定以奖代补资金。让"艺术大咖工作室"成为艺术振兴乡村的一支重要力量。

3. 注重差异发展， 促进资源配置

在努力实现"一村一品、一村一工作室"的目标前提下，主动解决差异性发展问题。以西店镇"王苍龙书法工作室""雪野童诗工作室"为例，工作室的负责人为当地乡贤，他们能够主动融入村里，了解村民的所想所需，并在充分了解村民的文化需求的基础上，将文化艺术传达给村民。如"王苍龙书法工作室"经常在节日期间带领村里的书法爱好者开展书法创作工作，并通过示范创作、作品讲评等方式，提高村民的艺术鉴赏与创作水平。而在没有本地艺术乡贤的村落，则安排国内知名艺术家入驻，如前童镇大郑村，安排了人民大学陈炯教授工作室入驻。深入考察后，工作室结合大郑村的红色人文、绿色休闲两条主线，打造了一个以党建为引领、艺术为切入、产业为核心的艺术振兴乡村大郑模式。按照"悦目赏心、化古开今"理念，改造了 20 个节点景观，真正使大郑村从洁化、美化向艺术化村庄发展。此外，还积极探索以强带弱、强强联动的入驻方式，让基础较好的村庄带动基础薄弱的村庄发展。

4. 侧重品牌营销， 提升纵深影响

推进"互联网+"发展模式，利用网络平台和资源优势，建立和打造宁海农村文化品牌。东华大学服装与艺术设计学院教授陈庆军团队入驻大佳何镇涨坑村。工作室在入驻后对涨坑村展开调研，经过对地区情况了解、历史文化梳理，以及前期的准备，其对涨坑村 500 年的武术历史文化有了深刻的了解，最终凝练出"功夫涨坑 IP"。该 IP 项目在网络上一经推出，火爆全网。功夫奶奶张荷仙更是受到了外交部发言人赵立坚的转发点赞。成功打响了该村的知名度。

(二)完善服务机制，充实乡村艺术发展新内容

艺术大咖工作室在服务乡村振兴战略的过程中，把健全和完善服务体

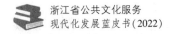

系作为重中之重，不断优化和完善服务机制，努力在服务乡村振兴战略的过程中提升自身的发展能力，形成了乡村振兴战略与工作室可持续发展的互动机制。

1. 对接高校企业，扩大实践载体

宁海积极与国内各大高校建立结对合作关系，为艺术振兴乡村提供知识和技术的保障。近年来陆续结对了中国人民大学、中国美术学院、中国台湾千叶大学、浙江农林大学、宁波大学、浙江科技大学、浙江万里学院、东华大学等 30 多所高校，通过以建筑—景观—整村营造为建设策略的乡村建设和文创项目落地乡村，开发乡村特色。结合文创类的项目，以硬建设结合软文化创新传播，硬建设即公共艺术形式介入乡村建设，带动乡村的旅游经济发展和软文化创新，即根据乡村特色开发的各类艺术展馆、文创品牌开发、大地艺术季等公共艺术活动的开展等，助推农村社会经济发展。

2. 加强基层建设，完善研修机制

任何乡村发展，都离不开基层组织的领导，选好配强党组织带头人、发挥好基层党组织战斗堡垒作用，为乡村振兴提供组织保障。注重对了解当地情况的人才的培养，加强对村"两委"和工作人员的业务素质、创新能力与艺术鉴赏能力等全方位的培训。人民大学大咖工作室入驻大佳何葛家村后培养了村干部葛品高、葛海峰等村民乡建艺术家，带领村民建设家乡。2020 年，葛家村 13 位"乡建艺术家"作为第一批"葛家军"成员，远赴晴隆开展结对帮扶 15 天，以村民帮村民、村民教村民的形式，将自己在开展艺术振兴乡村工作过程中学到的技艺传授给定汪村村民，自打造文艺赋能定汪村以来，全村旅游人数已突破 2 万人次，创收 158 万余元。

3. 吸引专业人才，丰富培养模式

鼓励外出能人返乡创业，鼓励大学生扎根基层，为乡村振兴提供人才

保障。随着众多"大咖艺术工作室"在乡村落户，吸引了一大批具有才情的能人。深圳温泉艺术村的负责人王琛看好艺术振兴乡村的广阔发展前景，投资建造了集艺术创作、交流培训、文化体验于一体的艺术村，为温泉小镇提供了一处高档的文化配套设施。艺术村将通过集聚艺术家、汇聚艺术品展览、营造浓厚的艺术氛围，打造成一个集艺术家工作室、艺术培训、艺术衍生品销售及艺术品鉴赏收藏等系列于一体的综合艺术平台。

三、具体成效

（一）增强产业多元化融合，打造产业振兴新高地

乡村振兴战略，至关重要的就是要在服务理念创新方面加大工作力度，只有这样，才能在服务乡村振兴战略方面实现更大的突破。在具体的实施过程中，工作室对乡村振兴战略进行了深入的学习、研究和落实，如对各项目标进行细化和分析，找准教育教学、科研工作的结合点，努力使其更具有针对性。

1. 农旅融合

大佳何茅洋村是火龙果种植、采摘基地。此前因为采摘模式低端、关注度不足，生意冷淡。但自从在茅洋村设立"大咖艺术工作室"，艺术家们在破败的四合院打造泥金彩漆、雕刻、灰堆等非遗传承手艺后，吸引了众多省市慕名前来参观打卡的游客。游客在观赏崭新村容村貌的同时，还带动了火龙果观赏和自助采摘，并开展相关的节庆活动，打开农产品知名度、拓展产业链条。

2. 商旅融合

以宁海前童古镇景区为例，设立了"甬台艺术交流基地"，聘请 10 名台

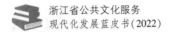

湾艺术家驻村。艺术家实地考察后，认真分析了前童当地的产业结构，消费结构、地方特色和文化传统等特点，将商业配套设施与旅游景点进行融合打造，挖掘地方文化与旅游产品的融合应用，重点开发民宿，积极拓展农村民宿的功能，放大民宿经营效应，有效地促进了全域商旅融合。

3. 养旅融合

岔路镇湖头村是全国葛洪后裔最大聚居地，因为养生福地而知名。国内著名导演和制片人鲁岐工作室入驻后，他入村挖掘、钻研葛洪与中医药文化，创作了100多万字的文学剧本《神医大道》，制作葛洪音频故事等文创产品，一经推出，让这个葛洪养生小镇声名鹊起。随着"葛洪与中国文化国际学术研讨会""葛洪文化节""重走葛洪养生古道"等活动在湖头村陆续举办，鲁岐本人还被聘为葛洪养生小镇的"形象大使"。"大咖艺术工作室"使岔路湖头村和葛洪的名号呈几何级扩大，进一步打响了湖头村体验养生之道名声，让湖头村成功找寻到了一条集游客接待、养生文化培训、中医养生体验等项目于一体之路。同时打造"艾草小街""百草园"等，深加工"艾"制品，向村民游客传播中华神草"艾"文化，同时为村民增收开辟一条新路。

(二)推进文化空间建设，提升乡村艺术新品质

坚持"艺术振兴乡村、设计激发动力"的核心诉求，通过艺术大咖工作室，把乡村"艺术谷"建设成为中国乡村振兴策源地，"乡村文化客厅、国际文化地标、艺术交流平台、农文旅产业基地"，充分体现"综合性、互动性、效益性、可持续性"的四项要求，全面提升了宁海的区域魅力和文化竞争力。目前，宁海已建成3条乡村艺术风景线，打造成世外石门、桂语葛家、四喜团联、爱在毛洋、功夫涨坑、正学故里、庭美东吕、花样岙马、艺宿双林等50个特色艺术村。

1. 墙绘艺术

以强蛟镇上渔村为例，大咖工作室的乡建艺术家们联动村民遵循"就地取材、保持原貌、乡愁乡情"的理念，在艺术村打造过程中，突出自然人文景观，动手进行富有海洋元素的墙绘文艺创作，用艺术金钥匙打开美丽渔村的振兴之门，帮助其实现了特色文化与旅游经济双提升。

2. 村庄改造

强蛟镇骆家坑村通过"巧思+巧匠"方式，精心设计、改造村里的原有公共空间，打造了观海平台、四季花海、泡泡屋、农耕体验园等景观点，推动农村从洁化、美化向艺术化转变，提升了村庄品位，提升人们的精神境界。

3. 艺术课堂

玩泥巴、垒石块、染布……葛家村驻村艺术家们充分利用当地资源，引导村民关注周边环境和生活，帮助他们发现美、表现美，通过实操与网络课堂，让村民在学习中积累审美经验，大佳何葛家村从众多网红村中成功出圈。

四、经验启示

（一）创新打造了乡村振兴的宁海模式

宁海"艺术大咖工作室"不仅仅是做艺术工作，而是在更高站位和格局上，以艺术为切入，以设计为引领，促进乡村的全面振兴，实现共同富裕。比如，通过大咖工作室的创意设计，实现农创、文创、文旅的融合发展，以艺术创造力提升乡村发展力，促进了乡村的产业振兴；通过驻村艺术家

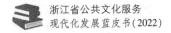
的招引和本地乡建艺术人才的培育，促进了乡村的人才振兴；通过大咖工作室的工作，活跃了群众文化，提升了文明素质，促进了乡村的文化振兴；通过驻村艺术家对村庄的改造，实现村庄从美化、洁化到艺术化、生态化的提升，促进了乡村的生态振兴；同时，艺术振兴乡村激发了群众的积极性，提升了村班子的凝聚力和战斗力，促进了乡村的组织振兴。

（二）激发了乡村振兴的艺术内生动力

大咖工作室在促进艺术家与当地村民的专业成长方面发挥着重要功能。工作室能够充分体现大咖们的艺术专业能力，但艺术专业发展的本质是人的发展，大咖工作室不能简单地被定义为艺术振兴乡村"工具人"打造基地，更要关注社会各界艺术家们与村民的"生活世界"，唤醒他们的艺术生命活力，变"送艺术"为"种艺术"，促使村民由"旁观者"向"参与者"再向"参与者"转变，从而更好地激发艺术振兴乡村的内生动力，实现传帮带的真正意义。如葛家村一期项目时，村民由高校团队带着干，到二期项目时，已有78名村民自发成立了7个设计小组，项目完工后，多名村民还被其他乡镇聘为艺术顾问指导别村艺术设计活动。

（三）走出了艺术创作提升的新路径

艺术大咖工作室为艺术家提供了贴近实际、贴近生活、贴近群众的"三贴近"创作平台。大咖工作室把乡村作为他们的实践课堂，以"学习培养平台、研究实践平台、资源共享平台、成果展示平台、学术示范平台"为建设定位，既帮助乡村守住文化之"根"，又提高自身艺术修为，实现双赢、多赢。通过不断的创造设计，彰显自身的成功历程、宝贵经验以及自身的"实践性知识"，再进行重新加工，实现大咖工作室的再造。在不断的创作实践中，还增强了艺术家的脚力、眼力、脑力和笔力，提升了他们艺术创作的深度和厚度。2020年，宁海共有电影《春天的马拉松》等4部作品获得省"五个一工程"奖，实现了从无到有到优的蝶变，提升了宁海文艺精品创作的整体水平。

(四)打破了"千村一面"的传统建设模式

以前的乡村建设，以道路硬化、村庄洁化、环境美化为主要内容。一些地方简单地按照统一规划、整齐划一的目标，缺乏因地制宜、因村施策的思路和对策，缺乏对村庄发展的"个性化"定制，导致村庄失去原貌、原味、原生态。通过"艺术大咖工作室"的进驻，结合村庄文化传统、地域特色、资源禀赋，植入艺术语言，彰显村庄文化特质，提升乡村建设的档次和水平，盘活乡村闲置资源，解决了原来乡村建设过程中普遍存在的"千村一面"的问题。如坚持就地取材，以农村到处可见的竹子、石子、稻草为原材料，整合利用农村废弃的猪食槽、缝纫机、旧轮胎、破缸碗、老瓦片、衣料边角等物件，进行艺术装点，开发适合当地发展的产业模块，形成低成本、可学习、可推广的新模式等。

(来源：浙江省公共文化服务高质量发展典型案例集)

以"乐读"书苑建设为突破口
打造公共文化高质量发展典型案例

在争创社会主义现代化先行市，高质量发展建设共同富裕示范区的新赛道上，乐清市围绕"书香乐清 全民阅读"目标，启动了"1+30+N"特色化城市书苑群建设，高标构建全省领先的公共文化服务体系，充分调动社会力量积极性，形成工作和政策合力，协调推进文旅融合场景下新型公共文化空间创意营造工作，以先行姿态、领跑担当，加快走出一条具有时代特征、乐清特色、省域范例的公共文化高质量发展共富路径。

一、主要做法及成效

根据《文化和旅游部公共服务司关于开展文化和旅游公共服务机构功能融合试点工作的通知》《浙江省公共图书馆服务大提升》等文件精神要求，结合发达地区公共图书馆建设、乐清地域特色和专家顶层设计，围绕"1+30+N"的体系构建，充分调动社会力量积极性，全力推进新型公共文化空间打造工作，构建"乐读"服务新体系。

（一）创新理念，强化顶层设计

"乐读"书苑是乐清市重点打造的高品质公共阅读空间，散布在乐清各地，现已成为书香乐清的文化新地标。为保障"乐读"新空间具有创新性、引领性、示范性，邀请了国家公共文化服务体系建设专家、省级公共文化服务专家和温州公共文化服务专家共同谋划设计指导，并组织考察组赴珠三角、长三角先进发达地区考察图书馆公共服务情况和文旅融合发展情况。围绕"基本普惠+特色提升"的目标理念，结合发达地区文化场馆建设服务经验、乐清地域特色和专家顶层设计科学布局，从公共阅读入手，构建由乐清市图书馆主阵地引导，延伸城区、乡镇街道、村社文化空间的"1+30+N"新型公共文化服务网络体系。

（二）总馆引领，坚持统筹建设

近年来，乐清市公共文化服务体系不断完善，覆盖城乡的公共文化服务网络越织越密，基本实现了公共文化设施网络全覆盖。乐清市高标准建成了市图书馆、文化馆、博物馆、周昌谷艺术馆、影城、大剧院、体育中心、市民活动中心等市级大型公共文化设施，全市建有图书分馆67个(包括城市书房4个、百姓书屋13个、城乡城市书苑14个、农家书屋分馆11个、校企分馆5个、其他分馆20个)，图书流通点65个，已构建"15分钟品质文化生活圈"。

在不断夯实文化阵地基础之上，继续提升乐清市图书馆主阵地建设，围绕"图书馆是公共阅读服务空间、地方文化传播空间、品质旅行支撑空间"的功能定位，持续优化图书馆功能和空间布局，全面提升图书馆文旅特色服务水平。立足特殊人群打造阳光书房，配备盲文书籍，增设汽车流动图书馆；结合数字化阅读、现代科技和文旅元素，在乐清市图书馆的二楼打造集"文旅主题图书阅览、扫码听书看书、VR体验、旅游资讯和阅读旅行交流分享"相结合的文旅融合有声化体验场景。

（三）样板示范，大力有序推进

2021年，乐清公共文化服务体系再升级。根据阵地文化设施建设和转

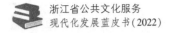

型升级规划战略，精心统筹、高位推动，我们聚焦"样板引领 特色多元"，扎实推进阅读新空间体系的稳步打造和"乐读"公共文化体系的创新构建。

打造新型文化"样板间"——清和书苑。2021 年，按照"基本普惠型+特色提升型"配置构想和"15 分钟公共服务圈"的建设理念，乐清市深度融合文化和旅游建设，打造了新型文化"样板间"清和书苑，2021 年 6 月 2 日正式投用。清和书苑位于省级湿地公园清和公园湖心小岛上，建筑面积 1800 平方米，藏书 6 万册，书苑以"离大自然最近的书房"为设计理念，以景观轴为特色，为广大市民提供一个文化展示窗口和融阅读、生活、美学等多元化功能的文化公共服务空间。

构建"1+30+N"新型公共文化空间。清和书苑成功投放，引爆市民阅读热潮后，以此为契机，进一步盘活城市公共空间，拉开了"1+30+N""乐读"新空间打造的序幕：以乐清市图书馆为主引擎，以城区十家城市书苑为样板，布局打造 30 个高品质城区、乡镇（街道）阅读空间，在村社区设置 N 个"乐读点"，并绘制一张遍及全市的"乐读"地图。2021 年 10 月 15 日，通过"百日攻坚"建成了玉箫书苑、望港书苑等 8 家城区书苑和万桥书苑、柳川书苑等 12 家乡镇书苑。这些书苑地点设置巧妙，有些位于市民活动密集区，有些掩于公园绿林处，有些临于碧湖秘境所……"凉亭""水榭"巧妙相连，"庭院""书廊"傍水而栖，依景而建、融景而立，推窗见绿、开门见园，与自然融为一体，打造集休闲阅读、数字阅读、共享阅读、亲子阅读等功能为一体的新型公共文化空间、城市文化地标，配有藏书 23 万册，新增城市公共文化空间约 1.1 万平方米。据统计，城区九家书苑开馆 5 个月到馆人流量合计达 539803 人次。在最美的风景中进行最美的阅读，截至目前已打造"乐读点"126 个、在建 160 余个，覆盖全市 150 余万人，构建了"15 分钟品质文化生活圈"，加快了全民共建、共享、共富阅读服务体系的构建。

（四）巩固成果，探索"乐读"模式

1. 坚持数字赋能，拓展智享"乐读"空间

从鼓励全民阅读出发，结合"读万卷书·行万里路"国家文旅融合试点项目，开发并推广"读行乐清"数智文旅平台。平台以阅读积分为枢纽，具备了阅读、旅行、分享、活动、积分商城五大板块功能，通过整合公共文旅信息，连接图书馆业务数据、社会化旅行以及喜马拉雅、三联中读等社会合作方，为市民搭建文化和旅游融合的一站式"指尖"服务平台。平台自2021年6月上线以来，用户关注量近24000，积分消耗57600分，兑换奖品千余份，电子图书8380册。同时，平台于2022年2月15日上架"浙里办"，并荣获"浙江省文化和旅游数字化改革最佳应用"称号。

2. 引进智慧服务，提升空间服务效能

充分利用图书馆及城市书苑朗读亭、直播间、智能触摸屏、VR虚拟现实技术、"瀑布流"数字阅读等数字化设备终端，加强数字艺术、沉浸式体验等新型文化业态在公共文化空间的应用，打造数字文化大众化实体体验空间。培育线上公共文化服务品牌，推出云阅读、云展览、云课堂等线上活动，为群众提供高品质、触手可及的公共文化服务。

3. 注重多方参与，打造"书苑+"场景

重构阅读服务场景，从"用户体验"出发，探索"书苑+活动""书苑+展演""书苑+课堂""书苑+培训""书苑+生活"等模式，让市民在家门口分享多元文化体验。如根据清和书苑位置环境，开展"野外定向寻方位""巧手共造过河桥"等探索自然科学的活动；西岑书苑位于老城区，开展"玩转智能手机"等适合中老人阅读活动；望港书苑和曲水书苑的建筑特色，开启"层楼叠榭 览苑舍"等走读书苑之旅。同时通过"驻苑"特邀嘉宾的独特视

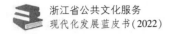
角，带领市民读者全面、深度走读"乐读"新空间，感受文化乐清之美。

4. 做好标杆引领，培育"乐读"新品牌

依托城市书苑集群和"读行乐清"数智平台，培育一批广受欢迎的群众性文化活动品牌，以标杆引领"乐读"品牌。设计、统一"乐读"品牌 Logo，以"世界读书日"、全民阅读月启幕、"悦读乐清·文化周"、"金秋读书节"等系列活动为契机，高水平谋划推广实施"悦读乐清"品牌。通过网络互动传播、名家分享会、名家采风等高端文化活动线上线下同频共振，全面拉高了城市文化标杆，掀起全民读书的热潮。去年 10 月"悦读乐清"文化周活动引来了央视中文国际、人民日报客户端、新华网客户端等数十家主流媒体关注。

5. 优化空间阵地，形成"乐读"机制

为深化提升"乐读"公共文化服务体系，构建全民共建共享阅读服务机制，通过"店长制""志愿服务""乐读活动"等机制，探索建立"乐读书苑"乐清公共文化服务体系。同时，聚焦已投放的城市书苑，通过宣传推广、惠民引民、助力共富等措施，继续打造提升书苑，实现惠民工程的长期可持续发展，发挥其极致作用。以实际行动巩固建设成果，做成全省乃至全国的标杆，为乐清城市建设提供精神和文化动力，满足人民群众的文化需求和对美好生活的新期待。

二、经验总结

（一）形成"乐读"公共文化服务的运行机制

根据"乐读"体系前期的建设经验，拟定了"乐读"公共服务体系实施方案及行动计划，设计、统一"乐读"品牌 Logo，高效培育打造集"1+30+N"

新空间、"乐读"和"读行乐清"品牌、读书之城工作机制于一体的"乐读"公共文化服务体系，形成较规范的管理运营工作机制。

（二）打造差异化、主题化书苑

结合书苑位置和风格，营造全新服务格局，对书苑内软装、硬件、图书科学排布，细化内部功能分区，优化读者文化体验，量身打造"书苑+国际""书苑+艺术""书苑+生活""书苑+非遗传承"等主题馆，将清和书苑打造成公共文化国际交流基地，提升基础设施，配置多语种导览标识，满足开展公共文化国际交流活动图条件；将晨沐书苑打造成艺术馆，结合音乐弹唱会、露天电影院、艺术拓展主题等，将望港书苑打造成生活休闲馆，充满文化调性和审美志趣的沉浸式文化主题体验空间。

（三）建立城市书苑活动机制

培育了一批广受欢迎的群众性文化活动品牌，高质量推出"乐读"全民阅读计划、艺术普及工程、非遗百工传承、未成年人精神富有文旅系列活动等聚焦乐清人文特色、融合数字科技、引领艺术风尚、彰显公益属性的系列文化活动。分时段、分批次在城市书苑常态化开展朗诵会、艺术慕课、视觉艺术展览、流动音乐会、亲子阅读等主题文化沙龙，不定期举办名家分享、学术研讨等高端文化活动，构建"城市文化客厅"群文品牌矩阵，最大限度发挥新型城市文化空间给市民带来生活品质的提升。

（四）强化社会力量构建共建共享服务

将文化部门的"独唱"升级为社会力量的"大合唱"，构建"乐读联盟"。积极推动文化团体、行业协会、文化机构、文化经营单位参与文化产业发展，丰富文化产业业态、提供优质文化服务和活动点单服务。吸引具有文化特长的志愿者或具有文化情怀的乡贤、企业家等群体志愿参与公共文化服务，形成有特色、惠民生的文化志愿服务品牌。

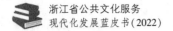

(五)数字赋能拓展智享新空间

顺应信息化、数字化时代发展潮流,推进文旅数字化改革,依托"读行乐清"文旅融合数智平台,提供更多动态、便捷的公共文化数字化服务,上线一批文旅融合应用场景,使阵地服务与网络服务相整合、纸本阅读与数字阅读相融合,搭建起多领域相互渗透、融通共享的"乐读"矩阵。

(来源:浙江省公共文化服务高质量发展典型案例集)

秀洲"四馆"深度社会化运营助力公共文化服务高质量发展

一、案例摘要

秀洲区公共文化场馆在文旅融合发展方面，有着基于自身历史文化积淀而形成的人文资源与旅游资源，有着近年来文化和旅游融合的阶段性经验，有着嘉兴市文化艺术中心这一城市文化地标的场馆优势，这些都是文化和旅游融合的有利条件。但也不乏困难与挑战，主要表现在公共文化场馆的职能定位与旅游产业发展有着显著的差异；文旅融合对多样化专业化人才的需求与目前"四馆"人员编制有限、专业化水平偏低的现状之间的矛盾突出；文化旅游融合近年来刚刚起步，从横向角度来说国内公共文化场馆文旅融合运营缺少经验借鉴；秀洲区整体文旅资源的密集度低而中心新近开始运行，人民群众有很高的精神文化期待也给四馆文旅融合运营提出了挑战。

为有效应对这些困难和挑战，以国家鼓励社会力量积极参与公共文化服务为基础，在充分考察与调研后，确定了引入第三方社会机构参与"四馆"文旅融合运营的基本思路，确保建成后的秀洲区图书馆、秀洲区文化馆、秀洲农民画艺术馆、秀洲区非遗馆能"四馆"融合运作，实现省文旅厅提出的文旅融合和景区建设要求，将文旅融合理念贯穿"四馆"建设及管理运行全过程。在建设中，对场馆和产品的打造，实现古今融合、传统与时尚融合、文化与商业融合，达到"馆即是景、景在馆中""你中有我，我中有你"的效果；在运行中，运用旅游服务的理念做好公共文化，将市场机制融入文化事业管理运行，以文化元素带动休闲消费，把文化故事融入到文化传播和旅游营销中；在服务上，创新优化服务方式，提升服务效能，提供多元化人性化服务，实现图书馆智慧化；以文化为核心要素、通过文化体验、文化休闲等多元化形态，推动文旅融合走向特色化、品质化。逐步打造集阅读学习、旅游休闲、文化交流、传承保护、展示收藏等功能于一身的高度生活化的文旅融合综合体；打造多元化文化服务中心、艺术交流中心和学习创新中心；打造全国农民画交流展示中心；打造市民的公共书房、城市的文化客厅、游客的打卡胜地，最终打造文旅复合式公共文化服务样本。

基于这些目标，在全面细致的大范围考察与调研后，通过公开招标方式引进了公共文化运营商——杭州泰尔文化传媒有限公司作为社会化运营单位。从建设之初就深度参与，充分利用其资源优势、专业优势、运营管理优势，从场馆建设融合、运营管理融合、共享资源融合、推广活动融合及文创开发融合几个方面进行了有益的探索。

二、典型做法和经验

（一）以场馆建设融合奠定文旅融合基础

秀洲区在建设阶段提前将文旅融合理念、秀洲元素植入"四馆"场馆设计建设中，在建设理念上将图书馆、文化馆、非遗馆、农民画艺术馆等文化场馆有机融合、贯连畅通，并按照旅游景区的标准建设标识标牌系统及其他相关配套设施，打造一站式文旅综合体。设计上以"长虹桥""农民画""网船会"为灵感，充分汲取秀洲特色元素。将非遗的"过去"、图书馆的"现在"和农民画的"未来"，在建筑布局、展陈布置和游览流程上进行了文旅融合的全新探索。

秀洲区图书馆场馆设计上以世界文化遗产点"长虹桥"为创作灵感，汲取秀洲水乡千桥元素，呈现书山、书海、书桥景象，结合多媒体影像技术，呈现"书海架长虹"的视觉盛宴，全新开放式服务空间，配合"日出长虹"开馆仪式，让阅读从此有了秀洲的姿态。秀洲农民画艺术馆打破传统静态展示方式，结合"秀洲八景"，通过新技术互动体验等新颖的艺术呈现方式，动态、活态和多维地呈现秀洲农民画，将公共文化场馆打造成"人在画中游"的新景点。秀洲区非物质文化遗产馆首创了"以演代展"的展陈方式，参观者可通过沉浸式体验非遗剧《嘉禾万事兴》，认知、了解、感受秀洲非遗并产生共鸣和探究意愿。

（二）以运营管理融合提供文旅融合保障

基于公共文化场馆文旅融合的现实需求和人员编制不足的客观困境，秀洲区开辟融合改革创新的路径，"四馆"不再作为四个完全独立的场馆管理，而是构建一个互相融合、互相协作、互相提升，集阅读学习、文化交流、旅游休闲、文创购物等功能于一体的高度生活化的文旅综合体。充分利用社会化运营的资源优势和管理体制优势，组建专业运营团队，创新建立"一办三中心"组织架构，配合完善的培训考核机制与灵活的岗位聘用制度，为实现"四馆"文旅融合运营提供了组织保障和人力资源保障。

（三）以共享资源融合推动文旅融合发展

单纯的公共文化场馆，群众可看、可感、可玩的内容有限。"四馆"则通过多样化的功能，在场馆、设施、馆藏、人流等方面实现资源共享，让群众的体验感大大增强。此外，"四馆"以文化为核心要素、通过文化体验、文化休闲、文化商业等多元化形态，推动文旅融合走向特色化、品质化，为秀洲旅游发展插上文化的翅膀。通过引进杭州特色网红文化

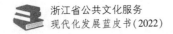
餐饮品牌——李白图书馆餐厅，合作建立李白图书馆餐厅竹垞书房，拓展公共文化场馆服务边界，为旅游注入文化元素，推动文化与旅游融合发展。

（四）以推广活动融合提升文旅融合效能

秀洲区整合"四馆"资源针对不同的受众群体提供多样化的高品质活动，形成常态化的阅读推广活动、文化沙龙、文化展演等各类文化服务和消费活动，将"四馆"打造成青少年儿童阅读体验中心、全民学习创新中心、多元化文化艺术服务中心和交流中心、非遗展示和体验传承中心，推动秀洲地方文旅融合走向特色化、品质化、国际化。"四馆"逐渐成为集阅读学习、旅游休闲、文创购物、文化艺术交流等功能于一体的高度生活化的文旅复合式公共文化服务样本，成为市民游客的打卡胜地。

（五）以文创开发融合促进文旅融合创新

"四馆"以文创产品为切入点，以秀洲非遗、秀洲农民画、图书馆文创、艺术培训等实现开发融合，以自身馆藏资源甚至行业资源为落脚点，通过探索、整理、挖掘，以文化创新为依托，推动更多资源转化为文化创意产品，使文创产品不仅具有图书馆功能与内涵，同时兼具旅游属性。同时，引进国家图书馆文创产品，融合"四馆"文创服务，充分整合了资源，又扩大了文创产品开发矩阵。通过"秀洲礼遇"文创中心，实现了文创产品的展示与流通，丰富艺术中心的文化创意产品，为社会和读者提供了便利的文化服务。

三、实施成效

秀洲区图书馆、秀洲区文化馆、秀洲农民画艺术馆与秀洲区非物质文化遗产馆通过社会化运营促进文旅融合发展，自开放以来，取得了明显成效。在短短数月时间内荣获浙江省第二批"满意图书馆"称号、入选首批浙江省公共文化服务现代化领航项目创建名单、获得 2021 年长三角及全国部分城市最美公共文化空间大赛最美公共文化空间奖与百佳公共文化空间奖、荣获嘉兴市公共文化服务创新奖，成为公共文化场馆文旅融合发展的"秀洲样本"。

（一）建立了一支文旅融合专业化人才队伍

社会化运营单位面向全国吸纳优秀人才打造专家团队和高素质管理团队，强化组织机构的专业性，突破人员配置的局限性，增强用人机制的灵活性。多形式聘用工作人员，通过系统专业的培训实践进行标准化工作流程的输出，结合科学合理的绩效考核方式，评定员工的工作任务完成情况，确立了馆长办公室+保障中心、运营中心、服务中心的"一办三中心"组织架构，实现人力资源最优化配置：

运营单位聘请省级公共图书馆原副馆长、文化和旅游部公共文化服务体系建设专家委员会委员担任总馆长；聘请大学教授、文旅融合专家、公共文化艺术专家组建专家队伍，提供"四馆"融合运营的顶层设计及专业指导。馆长办公室在实践运营的同时，进行专业化研究，积淀社会化运营的经验和成果；面向全省（以杭州、嘉兴两地为主）招纳文旅融合运营人才组建管理团队，利用公司市场化的绩效考核制度，突破公共文化场馆传统的用人机制，优胜劣汰，建设秀洲"四馆"文旅融合运营的地方性人才梯队。通过常态化、系统化的培训，制定标准化工作流程，确保基础业务工作的有序开展。

（二）秀洲"四馆"成为网红旅游景点

自开馆以来，秀洲"四馆"吸引了大量的市民朋友前来打卡和享受公共文化服务。开放七个月，秀洲区图书馆接待读者 22 万人次，读者证办理近

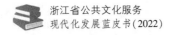

3万张，文献借阅量16万册次；秀洲农民画艺术馆接待观众2万余次；秀洲区非物质文化遗产馆接待观影观展市民2.3万人次。在新开放公共文化场馆里，提交了一份漂亮的运营数据，也充分体现了文旅融合在公共文化场馆服务效益中的巨大叠加效应。

（三）以活动促融合，重力打造三大品牌活动

"四馆"融合运营以文旅融合手段打造四馆跨界悠游线路，以四馆融媒体互动"最美的一天——时间脸书"记录用户四馆轨迹，留存用户四馆体验记忆，提供多元化人性化服务，运用旅游服务的理念做好公共文化服务。着力打造竹垞有约、秀图课堂和大运通衢三大品牌公益活动。通过引进优质文化资源，结合多样化的活动理念，针对不同人群组织开展多种主题活动，在充分注重公众的参与性与体验性的同时，满足各类人群多元化、个性化的精神文化需求，在将图书、农民画、非遗作为活动主题及元素串联的同时将"四馆"活动与文旅融合进行有机结合。

开放以来，共举办线上线下融合活动200余场，参加活动人次达40余万人次，其中，"秀洲寻踪"就是文旅融合活动的有效尝试——从公共文化场馆出发，结合秀洲旅游景点打卡，既能增加文化传播与文化活动的创造性和趣味性，塑造区域文化认同，激励群体文化自信，也有利于深化文化产业和旅游产业的融合发展和创新探索。

（四）建设数字化平台，提升融合管理智慧化水平

"四馆"建立跨部门的信息化融合服务管理平台，并结合数字化改革的要求，进一步实现跨行业、多级协同的数字化平台，采用创新型的整体信息化架构，基于智慧大脑统一管理多馆资源、用户等数据，搭建数据中台，统一开放接口、数据交互共享，实现多馆的统一融合协同服务。基于多馆融合为基础的信息化架构体系，不仅仅对各场馆进行统一管理，更可以将

各场馆的内容统一服务于广大市民群众，提升公共文化服务效能。在提升公共文化服务效能的基础上，通过整体信息化架构设计，保障了服务的扩展性、安全性、稳定性。

（来源：浙江省公共文化服务高质量发展典型案例集）

南浔区公共文化服务高质量发展典型案例
——猪圈逆袭下的幸福窑里

一、基本情况

窑里村位于善琏镇最南端，曾经是远近闻名的养猪专业村。村域面积2.5平方千米，地处典型的水网平原区域，地势低平，临水而居，自然景观优越，具有江南水乡"小桥、流水、人家"的村韵。近年来，窑里村在建设美丽乡村精品村的基础上，依托独具特色的千年古窑文化，用"绣花"功夫实施"微改造、精提升"行动，加大基础设施建设，大力进行环境整治，深入挖掘文化旅游资源，以"水漾生活、欢乐窑里"为主题，疏通河道，改善水环境，整合利用旧猪棚、旧制窑作坊、旧农房等闲置资源空间打造微景观，实现文旅融合新经济发展。做足"窑"文章，复兴"窑"产业，激活"窑"旅游，发展"窑"经济，走出了一条文化引领、生态优先、利民富民的乡村振兴新路径。

二、主要做法及成效

（一）坚持文化赋能路径，彰显窑里文化底蕴

一是挖掘文化底蕴，塑造"窑品牌"。窑里村依托湖州世界窑文化千年

历史传承地的文化底蕴，以景区化、现代化、多元化理念引导乡村发展，聚焦打造生态文化旅游品牌，让文化艺术全面融入乡村旅游，努力塑造"处处是景、家家是景"的乡村画卷，形成独特的"乡村文旅新生活"体验氛围。二是活化文化基因，散发"窑韵味"。窑里村深入挖掘、有效提升文物遗迹、非遗项目、传统手工技艺等文化基因，建设窑文化馆、窑文化长廊、窑文化广场等，全面保护传承"窑文化"，促进市级非物质文化遗产"窑里吹打"传播，同时打造"熏茶听坝""窑火传情""南风观鹭"等"窑里十景"，大力发展乡村文化旅游产业，年接待游客10万余人次。三是弘扬传统文化，激发"窑活力"。善琏村深入挖掘隐藏在善琏的"笔匠、禅、窑"等文化宝藏，把文化融入"水、村、景"中，强化村庄文化精神内核。改造农户农田，用父亲的故事串起13个特色菜园，打造"父亲的菜园——母亲的家"。依托"窑文化""菜园文化"开展陶泥制作、菜园蔬菜耕种等文化体验活动，激发文化动力。

（二）开展校地合作项目，推动窑里艺术升级

一是校地合作，同筑共富梦。窑里村以校地合作方式，开展乡村艺术设计，充分发挥高等院校集聚艺术专业、艺术人才的优势，以乡村文化资源为基础，以深化文旅融合为抓手，以特色文化艺术为核心，采取"艺术+""+艺术"的方式，坚持抓统筹、促融合、创品牌、树样板，借力高校，以艺术绘美乡村、唤醒乡村旅游，推动农业增效、农村增美、农民增收。二是创新设计，打造特色IP。坚持文化融入、创意打造，围绕窑文化、菜园文化、吹打文化等，塑造本土乡村文化主题，形成乡村独特文旅IP。同步推动系列文创产品开发、主题休闲景观开发等，实现主题乡村变现。三是拓展功能，繁荣新文艺。常态化开展"乡村书画展""乡村音乐会""文创产品展"等系列文艺活动，进一步提升群众文艺获得感和幸福感。培养更多"描绘绿水青山、助力乡村振兴"的优秀艺术人才，为繁荣文化艺术、提升旅游实效、推动乡村发展作出贡献。搭建互动、研究平台，深度挖掘乡村

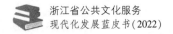

建筑、文化、民俗等，全方位宣传推介千年古村落。

（三）打造新型共享空间，推动文旅融合发展

一是提升公共设施，底色更鲜明。提升窑里村文化礼堂硬件设施，增加村情村史、乡风民俗、崇贤尚德、家风家训、善行义举、美好家园、笑脸墙等板块。打造"猪栏书吧""浣纱房""蚕房咖啡屋"等公共文化设施，完成从生猪养殖大村到精品美丽乡村的蜕变。二是打造新型空间，体验更丰富。盘活村集体闲置资产，建设集研学交流、亲子体验、农耕体验等功能于一体的农旅综合项目"窑文化馆"，可容纳150人体验制陶，不仅全面展示了窑里村的制窑历史以及全国制窑历程，还开设了陶艺体验馆，让村民和游客能够更直观地感受陶艺制作的乐趣，其中馆内由800个色彩各异的陶罐陈列成的"千窑墙"以及1800块红砖制成的"古窑历史遗址"极具视觉冲击，成了网红打卡点。三是拓展文旅业态，风貌更亮丽。窑里村在强化经营乡愁的理念上，延伸乡村旅游产业链，周边建成"父亲的菜园""母亲的厨房"等主题农家乐、休闲农场，配套素质拓展等文旅业态8个，建立"美食""美宿"旅游品牌，开辟了一条独具乡土元素的旅游路线，成功获评浙江省3A级景区村庄，吸引外地游客来窑里村享受乡野时光，丰富乡村休闲旅游的内涵和人文体验，为善琏文化旅游融合发展添砖加瓦。

（四）绘就窑里生态画卷，壮大窑里集体经济

一是开展全域整治，提升生态环境，窑里村努力践行"绿水青山就是金山银山"的发展理念，注重生态本色的保护与发展。依托艺术美乡村建设，着力提升村庄生态环境；以"水漾生活、欢乐窑里"为主题，加快道路扩建、小微水体治理、村庄环境提升等工程。因地制宜赋能"休闲农业+"，推动乡村旅游与农业产业交叉融合、互促互融。二是借力传统文化，促进产业升级。桑葚被称为"民间圣果"，早在两千多年前就是皇帝的御用补品。窑里村在发展传统蚕桑业的基础上，成功引进"台湾彩桑"种植项目，着力培

育新型经营主体，鼓励开展桑园流转，推动蚕桑生产集约化发展。不断加大科技研发和艺术创新，使一片桑叶衍生出蚕丝织品、桑叶茶、桑葚酒、桑葚干、蚕沙枕等数十种文创产品，形成了一条绿色循环文化产业链。三是推动农旅融合，发展集体经济。窑里村瞄准"家庭农场"培育，淘汰生猪养殖业，引进黄桃种植项目，将农业培育成村里的支柱产业、富民产业。作为善琏镇乡村农业休闲旅游片区的主要区域，形成了"休闲农业+乡村旅游"的基本格局，开展果蔬采摘、特色文化体验、农产品采购等农文旅活动，促进共同富裕。

（五）培育农村创业主体，建设窑里人才队伍

一是建强留住人才基础，充分利用艺术美乡村建设带来的优势，提高硬件质量，提升人才吸附能力，窑里村通过改造猪棚、扩建进村道路、治理小微水体、整治村庄环境等工程，为青年人才回乡就业创业提供更优更好的外部环境。二是加强典型案例宣传，弘扬优秀回引人才成功的典型案例与宝贵精神，努力打造乡村文化名片，培养结构合理、素质优良的农村文化队伍，鼓励城市里有理想、有情怀、有担当的文艺人才到乡村进行文化发掘，形成外在输血、内在造血的联动机制。目前，窑里村已成立 3 支文艺团队共 80 余名文艺骨干，定期开展文化走亲、送戏下乡等文化惠民活动，丰富群众的业余文化生活，繁荣农村文化发展。三是健全就业帮扶机制，积极引进制笔相关企业、文化用品企业、电商物流企业和文创企业，摸清本土就业人员底数，以"抓培训促就业，抓就业促增收"为目标，通过加强技能培训，提高就业能力，为留守村民提供更多的就业岗位，以进一步实现共同富裕。

（六）坚定创新释能路径，打造窑里共享花园

一是创新共享服务，善琏镇全力打造主客共享、线上线下一体的乡村文旅公共服务空间——湖笔文化旅游公共服务生态圈，提升图、文、博、

美和乡镇文化站等旅游宣传和服务功能，推动文旅资源主客共享，为村民和游客提供更有体验感的"一键智游"服务。二是创新共享治理，在集聚区、景区村庄采取"一办多职"工作模式，抽调镇（乡）村两级干部和公安、交通、市场监管、综合执法人员等组建长效管理工作小组，实施日常管理、动态监管与服务，基本实现"管理无缝隙、服务全覆盖"。成立民宿服务中心和乡村旅游协会等民间志愿服务组织，常年开展志愿服务活动，协助开展乡村景区管理和矛盾纠纷处理。三是创新共享营销，坚持线上、线下一体推动营销共享，助推"生态＋文化""洋式＋中式""景区＋农家""农庄＋游购"为代表的乡村旅游"四大模式"，助力"诗和远方"。窑里村借助善琏旅游抖音号、微博等宣传媒体，积极做好乡村旅游的宣传和推广，加大与美团、去哪儿网等行业巨头合作力度，开通民宿网上预订、农家乐优惠团购等渠道，进一步开拓客源市场，推动乡村旅游一体化、高质量发展。

三、经验总结

自艺术美乡村建设项目开展以来，窑里村始终坚持立足于乡村的生态、文化、产业等资源，通过视觉化的语言、艺术化的方式挖掘地域特色，充分发挥乡村的主动性，激发乡村的发展活力，建立可持续的内生增长机制，全力实现四大提升，包括窑里村建设品位提升、群众艺术修养提升、产业质效提升和村民收入水平提升，积极打造艺术美乡村建设项目示范样板，从而推动全区文旅融合高质量发展，最终实现共同富裕。

（一）以人为本，提升改造公共文化服务环境

进一步提高公共文化服务水平，不断提升改造乡村场馆各类公共文化服务设施。增设 LED 电子宣传屏、电子阅览器等设施设备，升级各场馆WI-FI 系统、展厅灯光设备，改建"父亲的菜园·母亲的厨房"庭院景观、增设窑文化馆、猪栏书吧、蚕房咖啡，改造"熏茶听埸""砖瓦文化长廊"

"陶胚乐园"、素质拓展基地等一批休闲娱乐体验设施，成为亲子游、团建的好去处。在硬件提升改造的同时，兼顾公共服务功能，增加无障碍通道、志愿服务、阅读区域等多项惠民设施。通过"窑里村半斤泥""善琏湖笔小镇景区"等微信公众号平台，增设预约参观功能，提升公众服务便捷度。

（二）因地制宜，拓展公共文化服务空间

立足乡村本土文化，体现乡土特色，突出艺术普及教育。窑里村的窑文化馆以陶艺体验、民间文物艺术品和陶艺作品展览展示为主，分基本陈列、专题陈列和临时展览三部分。以陶器、瓷画、石刻、砖刻、湖笔文创美术作品等为基本陈列内容。特别是由 800 个色彩各异的陶罐陈列成"千窑墙"，3 万余块红砖制成的"古窑历史遗址"，极具特色，成为村里的网红打卡点。漫步村中，老物件装饰的景观小品、独具创意的墙面设计，还有猪栏书吧、蚕房咖啡厅等一批网红公共空间，让乡村风貌变得古朴清新又文艺。

（三）多元发展，丰富公共文化活动内容

充分发挥基层综合性文化服务中心的终端平台优势，以倡导公益文化为亮点，充分运用窑文化馆、文化礼堂、文化广场等场室，组织开展群众喜闻乐见的活动，营造百花齐放的氛围，有机地实现了"文化+公益+便民"三项公共服务的融合。在此基础上，窑里村搭建起"社会资源共享、功能设施集中、服务对象互容、信息交流相通"的综合平台于一体的服务阵地，实现以党建为核心，公益为导向，文化为载体，全民参与公共服务的"党建+公益+文化"全民公益新生态。通过开展主题党建活动，形成了辐射全村乃至全镇的"党员志愿者+专业社工"的服务模式。每一个项目的开展都强调文化服务引领功能，努力围绕提升基层文化服务中心的服务功能，充分整合乡村公共文化资源，定期组织开展群众喜闻乐见的文化民俗活动，并通过购买服务、文化创投等形式，为群众提供专业文化服务。仅 2021 年短短

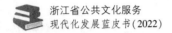
一年内，村里先后开起了 2 家民宿、3 家农家乐，还有家庭农场、乡村特色工坊等，村民切身感受到村庄环境转变带来的实惠。2021 年，窑里文化游已吸引周边游客 10 万人次，乡村旅游经营收入达 200 万元，助力村级集体增收 25 万元，农民人均可支配收入 41941 元，真正实现了从经济落后村到"网红村"的美丽蜕变。

（来源：浙江省公共文化服务高质量发展典型案例集）

文艺撒播象征性推动公共文化服务高质量发展

绍兴素称"文物之邦，鱼米之乡"，是浙江省地级市，至今已有2500多年建城史，是首批国家历史文化名城。绍兴独特的人文荟萃，形成了独特的魅力风华，为绍兴从文化名市到文化强市打下了坚实的基础。绍兴市向来注重公共文化服务建设，近年来更是在相关政策指导下，扎根基层，着力深化公共文化服务，推动全民艺术普及。

其中，绍兴市文化馆基于绍兴特色，拓展思路、创新方式，积极对接基层文化需求，提供专业技术指导和优秀节目配送，不断提升公共文化服务新水平。绍兴市文化馆于2018年开展了文艺播撒乡镇行系列活动，将优秀文化资源延伸到农村、社区，扩大了公共文化配送服务实效，使得基层群众也能够享受到优质的公共文化服务。

一、基本情况

绍兴市自2018年开始实施全市文化馆(站)联动的文艺播撒乡镇行，每年从全市6~7个区、县(市)选择一个具有代表性的乡镇(街道)，由市馆牵头形成文化帮扶结对，结合其所在地文化团队的建设情况，由市馆业务干部牵头，与所在区、县(市)馆业务干部形成辅导团队，进行点对点的文艺指导和帮扶，并在年底组织一场文艺展演(展览)，集中展示年度帮扶成果。四年来，文艺播撒乡镇行系列活动共结对帮扶了25个乡镇(街道)，惠及了

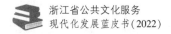

近20万人次。以组织开展文艺培训辅导、文化活动指导、文化交流推介、文化活动举办等为媒介，深入基层，精准配送，全面推动了公共文化服务高质量发展，使得广大市民享有更加充实、更为丰富、更高质量的精神文化生活。

二、主要做法

（一）四级联动，实现文化润乡

由绍兴市文化馆牵头，形成了"市—区、县（市）—乡镇（街道）—村（社区）"的四级联动模式，让各级业务干部队伍形成合力，让各类专业人员队伍真正流动起来。四级联动模式明确了各级文化馆（站）的职责：市馆主要负责统筹管理；区、县（市）馆主要负责日常的业务指导；乡镇（街道）文化站负责上下联动对接，收集当地文艺团队集中性的需求并及时反馈，真正实现供需对接；村（社区）的文艺团队在做好日常团队人员管理及排练的基础上，参加集中的业务培训，并经过选拔参加年底成果汇报演出。四级联动模式的实践，使得文艺播撒高效有序地深入基层，能够有针对性地对人民群众的精神文化需求进行精准配送，真正实现了高质高效的文化润乡。

（二）因地制宜，实现文旅融合

绍兴市文化馆根据当地文艺团队建设情况，因地制宜安排相应艺术门类的业务干部进行指导提升：如嵊州市黄泽镇，非遗小吃资源丰富，文艺播撒队伍就组织非遗干部进行上门指导，并将其作为带动当地乡村旅游的资源；新昌县梅渚镇的乡村文化旅游比较发达，文艺播撒队伍就指导当地文艺团队将表演融入旅游景观的日常打造，推动乡村文化旅游。绍兴市文化馆充分了解当地的历史沿革、经济建设、群众文化、文艺活动开展情况及传统文化保护情况，探讨多层次的发展思路，因地制宜，以文赋能，实现了文旅融合的双促进。

(三)精准播撒，推动公共文化服务高质量发展

绍兴市文化馆在充分了解当地的文化切实需求后，安排专业对口的老师前往实地"面对面"讲解、"手把手"辅导，为广大群众提供戏曲艺、舞蹈、音乐等多门类的文艺辅导，让受益面更广更大，真正将群众喜闻乐见的文化服务配送到家门口。文艺播撒队伍根据基层群众需求，将多种艺术展览配送到基层文化站、村文化礼堂，组织举办丰富多彩、形式多样的展览活动；建立多形式的传承基地，探索建立传播传授绍兴戏曲艺术长效机制，助推乡村校园文化建设。多种形式的文艺活动，让文艺的种子精准地播撒到千家万户。坚持四年的文艺播撒，为人民群众提供更高质量、更高效率、更加公平、更可持续的公共文化服务，使城乡居民更好参与文化活动，培育文艺技能，享受文化生活，激发文化热情，增强精神力量。

三、工作成效

(一)培育了乡镇(街道)文艺团队

经过四年的培育打造，绍兴市文化馆共帮扶了 25 个乡镇(街道)近 30 个文艺团队。同时，文艺播撒乡镇行系列活动也进一步规范了文化志愿者的招募。分类对文化志愿者进行培训辅导，形成了带动当地人民群众精神文化生活提升的稳定队伍。绍兴市文化馆以这种文艺轻骑兵形式，大力发展了城乡流动文化服务。通过每年组织全市文艺骨干专业培训等形式，不断提升各文艺团队负责人的专业技能，保证他们的长效发展，培养了大批高质量的乡镇文艺团队，推动了公共文化服务高质发展。

(二)促进了乡镇(街道)文旅融合发展

绍兴市文化馆结合结对乡镇的地方特色，因地制宜安排文艺帮扶或非遗指导，充分发掘促进当地旅游发展的文艺资源或非遗资源，探讨多层次的发展思路，在丰富人民群众的精神文化生活的同时，也全面推动乡村经济发展，做到文旅融合，用文化带动当地旅游发展，以文赋能，为当地人民增收创收。

(三)推动了公共文化服务的高质量发展

绍兴市文化馆通过文艺播撒乡镇行，四年来，共结对帮扶了 25 个乡镇(街道)，惠及了近 20 万人次，打通了文化润乡服务的最后一公里，极大地丰富了当地人民群众的精神文化生活，因地制宜的专业团队建设，真正实现了文化的落地生根，让乡镇(街道)人民居民更好地参与文化活动，培育文艺技能，享受文化生活，激发文化热情，增强精神力量。为推动我市公共文化服务高质量发展作出了有益探索。

四、经验总结

(一)五级联动，深入基层

绍兴市文化馆结合省馆相关服务，深入推进基层文化联络服务机制，实现省、市、县(市、区)、乡镇(街道)、村(社区)五级联动。根据省馆要求，市馆统筹管理，区、县(市)馆主要负责日常的业务指导，乡镇(街道)文化站负责上下联动对接，村(社区)的文艺团队在做好日常团队人员管理及排练，让各级业务干部队伍形成合力，让各类专业人员队伍真正流动起来。在五级联动的机制下，文艺播撒乡镇行根据基层文艺需求，深入偏远乡镇，打通文化的"最后一公里"，提升公共文化服务的配送效能，有针对性地满足基层群众的精神文化需求。同时将文艺播撒乡镇行工作与三团三社的建设结合起来，每个区、县（市）报相应的三团三社上来，经绍兴市文化馆评估后，集中制定辅导提升方案，助推基层优秀文艺团队的业务提升，形成基层文化服务的造血机能，从"送文化"到"种文化"。

（二）因地制宜，以文赋能

当前，绍兴市文化产业正在向区域支柱性产业转型。绍兴作为历史文化名城，资源丰富，底蕴深厚，以文赋能是现在的大势所趋。绍兴市文化馆通过文艺播撒乡镇行活动，结合当地文化和旅游资源特色，因地制宜，指导帮扶，以项目带动发展，如嵊州市黄泽镇，结合当地丰富的非遗小吃资源，组织非遗干部进行上门指导，并将其作为带动当地乡村旅游的资源；新昌县梅渚镇的乡村文化旅游比较发达，指导当地文艺团队将表演融入旅游景观的日常打造。以文化发展为旅游发展增加内容，打造了乡镇旅游特色标识。结合"文化基因解码工程"，筛选各地重点文化元素、文化形态打造清单，创作出一批符合地方特色的文艺作品。

（三）立足市内，优化品牌

文艺播撒乡镇行作为绍兴市文化馆实行了三年的惠民服务措施和群文品牌活动，旨在引领发展乡镇（街道）文化建设，切实推进全民艺术普及，推动乡村振兴，深入加强现代公共文化服务。绍兴市文化馆努力将服务工作向基层下沉、向农村延伸，将文艺的种子精准播撒到乡村，在推进全民艺术普及，满足广大基层群众的精神文化需求的同时，也有效助推"绍兴有戏"文旅服务品牌提质升级。绍兴市文化馆以绍兴市范围为单位，打造了具有独特区域影响力的文化志愿服务品牌。绍兴市文化馆在鼓励专业文艺工作者进行文化志愿服务的同时，也培育了一批有特色、有影响、惠民生的文化志愿服务项目，打造了具有独特区域影响力的文化志愿服务品牌。"文艺播撒乡镇行"就是其中翘楚，不仅指导和推动全市文化志愿者队伍的建设

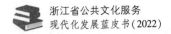

管理，满足人民群众日益增长的文化需求，提高公共文化服务能力，更是
打造了具有独特区域影响力的文化志愿服务品牌，促进全市公共文化服务
体系的建立和完善，推进全民艺术普及。

（来源：浙江省公共文化服务高质量发展典型案例集）

从"兰花花儿开"进校园看全民艺术普及的文化效应

"兰花花儿开"全民艺术普及进校园是将各种艺术门类及优秀传统文化更好地融入校园，通过文化馆让青少年通过多种渠道，有滋有味地学习文化艺术，成为重要的文化资源集散地和配给站。兰溪市通过实施"兰花花儿开"进校园，在"双减"背景下，广泛开展全民艺术普及活动，取得良好教育实效和社会反响，并在中国文化报刊登。兰溪探索出一条全民艺术普及"兰花花儿开"的有效路径，使其在全民艺术普及中更加具有引领意义和推广价值。

一、案例背景

"双减"工作是党中央作出的一项重大战略部署，是广大群众关心、社会关注的重大改革。金华作为浙江省试点地市，全面推行了"5+2"放学后托管服务模式，即每周5天（每天2小时）将学生自主课程（自主作业）和学生个性课程（体育艺术等）相结合，这一模式受到了家长和学生的普遍欢迎，对学生的身心健康发展起到了积极的促进作用。

经实际调研，目前兰溪市学校针对学生个性课程（体育艺术等）开展，内容和形式较为单一，缺乏吸引力。中小学教师缺编较多，音体美劳教师尤为稀缺，无法满足课后托管服务需求。为此，兰溪市积极探索公共文化服务新模式，向青少年群体提供融合创新文化服务，丰富"5+2"模式中个

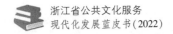

性课程的独特性和多样性，引导青少年学习、展示、传承、创造优秀文化，提升精神素养。

2021年9月，兰溪市文化馆依托"快乐星期三"拓展课堂及"双减"政策课后服务"第二课堂"，常态化开展"兰花花儿开"艺术普及进校园公益教学活动。

二、基本做法

（一）坚持统筹合力，让花儿普及师资"兴"起来

组建"兰花花儿开"艺术普及课程教学研创团队，集合兰溪文化专家库成员、优秀非遗传承人、兰溪市文化馆专业干部等师资力量，集中智慧和力量提升教学能力和成效，创新教学模式，增强课程吸引力。其次，联合市教育局，面向全市中小学甄选热心传承传统文化教师，由文化馆统一组织师资培训，开展地毯式教学推广活动。而后，依托社会优秀培训机构力量，成立兰溪市文化馆"艺家人"文化公益联盟开展学校课后托管服务。首批"艺家人"文化公益联盟经过层层选拔，选配专业能力过硬的授课老师，最终筛选出15家机构，涵盖书法、绘画、声乐、舞蹈、戏曲、器乐各个艺术门类，进行课程设置和教学活动。

（二）注重文化内涵，让花儿普及内容"实"起来

组建"兰花花儿开"艺术普及课程教材研创团队，立足本土特色，按音乐、舞蹈、曲艺、书画、摄影、朗诵、文学、非遗等艺术门类成立研创小队。各小队认真甄选教学内容，组织教案撰写、试课、评课、改课，经过反复打磨、汇编成册，形成系统性课程在全市推广。目前，充分挖掘兰溪美景、美食、非遗、名人等特色文化元素，创编完成兰溪摊簧少儿组歌系列乡土教材之《兰溪嬉嬉》新儿歌，已在全市中小学校推广。教材贴近青少

年心理和喜好，词曲朗朗上口、富有童趣，赢得了广大师生的认可和喜爱。兰溪童谣《诫子书》《兰江谣》《且停亭》等 15 首本土特色儿歌，兰之韵青少年校园韵律操，富含千年底蕴的孔明锁、朴实美观的草编、寓意丰实的剪纸、活灵活现的面塑等乡土教学课程，构建"一校一品"普及格局，让全民普及与青少年课余生活接轨，更好地助推艺术普及工作。

（三）强化创新机制，让花儿普及形式"活"起来

立足学校主阵地，依托"快乐星期三"拓展课堂及"双减"政策课后服务"第二课堂"，组织师资队伍，常态化开展"兰花花儿开"艺术普及进校园公益教学活动，不断提升艺术普及有机融入学校日常教学。一是打造联动式普及模式。建立青少年艺术展示平台，打造"小李渔文化传承奖"，举办小李渔杯校园摊簧演唱大赛、青少年手工技艺大赛、少年非遗说等活动，丰富青少年课余生活，不断提升青少年精神素养，全面展示青少年艺术教育成果。二是打造行走式普及模式。深化"美育+文旅研学"活动，让青少年走进非遗传承基地、红色研学基地、博物馆等饱含优秀文化的场馆，感受沉浸式、互动性研学体验，促进学生培育和践行社会主义核心价值观，激发学生对党、对国家、对家乡的热爱之情，促进书本知识和生活经验的深度融合，着力提高青少年的社会责任感、创新精神和实践能力。

（四）蓄力数字艺享，让花儿普及传播"热"起来

疫情的散点暴发对区域文旅发展影响仍然很大，兰溪市文化馆蓄力储智，推进线上、线下融合，研发"兰艺享"数字平台，为孵化青少年的艺术梦想做出努力。一方面，围绕公共文化服务诉求，打通横向部门，建立社会文化力量标准化的监管体系、准入、考评机制。利用云端美育平台，加速培育线上演播、数字美育课堂等新型美育形态，让课程得到 N 次方传播，产生强大的普及效应。另一方面，云上传播突破艺术普及时间和空间限制，任何人任何时间都可以通过回放功能再次收看课程，全面激发艺术普及的

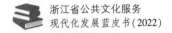

服务效能。

三、主要成效

"数字化+美育艺术普及+文旅融合"新体系已成为深化全民艺术普及进校园的加速器，兰溪市已初步构建起"课程支撑、文化引领、活动推动、环境熏陶"青少年美育工作机制，在有效增强师资力量、丰富课程内容、青少年美育发展方面发挥了积极功能。

（一）文化服务增加艺术普及全民热度

青少年的健康发展是全社会关注的焦点，"兰花花儿开"艺术普及进校园活动因为孩子参与不断扩大"粉丝圈"。家长团通过参与"美育+文旅研学"、校园美育大赛等活动，多种渠道，有滋有味地感受文化艺术，润物无声地接受艺术熏陶。活动开展以来，已有近万名家长参与"兰花花儿开"艺术普及进校园活动，不断扩大活动的覆盖人群。其次，"兰花花儿开"艺术普及进校园活动打通了不同部门、不同行业之间的壁垒，通过互联互动互通，实现智慧和力量加持，增强文化服务供给能力，构建了政府、社会、家庭、学校"四位一体"艺术普及网络，不断扩散艺术普及全民热度。

（二）文化服务延伸艺术普及美育空间

"兰花花儿开"艺术普及进校园活动扩展了文化馆的美育空间，通过艺术实践工作坊、非遗传习基地、红色研学基地体验学习和实践活动，唤醒文化自信，培养青少年保护和传承传统文化的责任感和使命感，延伸了文化馆美育空间。目前，已组织8万名青少年分批次走出校门，走进兰溪水亭畲乡风情园、浙西特委旧址、红色上新屋、博物馆等场馆，开展现场讲学教育、红色文化体验课、非遗体验活动等寓教于乐、丰富多样的学习课程，让学生们沐浴红色文化，感受传统文化的魅力。截至2022年6月，已有 60 多批次，近 12000 名学生参加"美育+文旅研学"活动，增强学生实践锻炼，让全民普及与美育空间、社会实践无缝接轨，有效提高艺术普及参与率、拓展新型文化馆美育空间。

（三）文化服务培育艺术普及社会力量

兰溪市文化馆立足公共文化服务阵地，招募首批具有良好办学资质及社会影响力的校外艺术培训机构 15 家，建立青少年美育的校外阵地。通过阵地建设和推广资源置换，协同社会力量形成紧密合作的关系。一方面，社会力量的加入激活了社会资源，大大提升了服务效能，有利于推出更多适宜青少年参与的文化服务。另一方面，社会力量的志愿服务也提升了其品牌价值，有利于推动青少年美育日常化、多样化、特色化发展，为后续文化价值的衍生打下了良好基础。

（四）文化服务提升艺术普及美育成效

"兰花花儿开"艺术普及进校园活动的开展，一方面，通过乡土文化的实践教学，增进了青少年的文化认同和文化理解，埋下文化种子，厚植家乡情结。目前，兰溪摊簧少儿组歌已在全市中小学推广教学，在校园形成了人人知晓兰溪摊簧、人人爱听兰溪摊簧、人人会唱兰溪摊簧的良好氛围。另一方面，大力推广惠及青少年群体的音乐鉴赏、舞蹈、戏曲、非遗传承等美育实践课程。目前，已覆盖全市 12 所中小学及职业中专学校，开展非遗及各类艺术培训教学 168 场次，惠及学生 3360 余人次；举办展演展览 8场，惠及学生 20000 余人次。

四、经验总结

兰溪市文化馆"兰花花儿开"艺术普及进校园工作仍在探索中前行，全民艺术普及还有很大的提升空间。

（一）优选优学，树立正确导向性

少年强则国强！当代中国青少年既是实现第一个百年奋斗目标的经历者、见证者，更是实现第二个百年奋斗目标、全面建成社会主义现代化强国的生力军。党的十八大以来，习近平总书记高度重视青少年成长，在学校思想政治理论课教师座谈会上强调："青少年阶段是人生的'拔节孕穗期'，这一时期心智逐渐健全，思维进入最活跃状态，最需要精心引导和栽培。"艺术普及进校园活动，必须紧紧围绕政治工作的时代主题，通过优秀传统文化和艺术经典作品的赏析、学习，有效地引导青少年养成刻苦学习知识，坚定理想信念，磨炼坚强意志，锻炼强健体魄，为实现中华民族伟大复兴的中国梦时刻准备着的理想信念。

（二）互联互动，增强资源融合性

《关于利用文化和旅游资源、文物资源提升青少年精神素养的通知》就推动优质服务进校园提出了更细化的要求。一方面，文化馆要做好职能转变，积极推动政府、社会、家庭、学校"四位一体"互联互动，引导、吸收，发挥集聚作用，形成资源、人才相互调配，提高文化场馆和研学基地利用率，进一步激活艺术普及进校园的文化活力。另一方面，"兰花花儿开"艺术普及需要媒体的融合。媒体融合可以将优质的课程与有影响力的平台嫁接，使传播内容信息共享，增强传播效果。再一方面，"兰花花儿开"艺术普及需要大量的人力、物力、财力的融合。争取政府支持，在体制机制上创新，优惠政策的落实、补助方法的细化上不断探索完善。

（三）提质提效，突显课程实效性

"兰花花儿开"艺术普及进校园活动必须注重实效性，要根据不同年龄阶段的青少年提供不同年龄层的美育课程和活动，提升孩子的文化认同感和精神素养。一方面，普及的内容要大众化、通用化。例如书画、音乐、舞蹈、朗诵等，这些课程内容的选择上要贴合青少年喜好，易于青少年接受、理解、喜爱和传播。另一方面，课程内容本土化、特色化。深挖兰溪本土文化，一一梳理、分类、研发教材，通过教学，唤起广大青少年对本土文化的认同和乡愁情结，从小培养爱党爱国爱家乡的美好情怀。

(四)培苗育林，推进普及全民性

教育一个孩子，可以带动一个家庭，进而影响整个社会。全民艺术普及可以通过孩子，引导每一位家庭成员主动关注、参与艺术普及，让文化服务增加全民热度。一方面，通过组织亲子研学活动，让父母更加全面地了解孩子，增进双方情感交流，共同感受人文历史，开阔文化视野。另一方面，围绕打造"小李渔文化传承奖"，积极为青少年搭建更为广阔的艺术展示平台，持续举办小李渔杯校园摊簧演唱大赛、青少年手工技艺大赛、少年非遗说等活动。通过活动，提升青少年学习艺术的积极性和持久性，引导家长主动融入，进而带动全社会关注、支持、参与全民艺术普及。

兰溪市以"兰花花儿开"全民艺术普及进校园的探索与实践，扩大了全民艺术普及的覆盖面，提升了全民艺术普及服务效能，坚持以人为核心，努力推动公共文化服务成为"精神富有"的最亮底色。

(来源：浙江省公共文化服务高质量发展典型案例集)

嵊泗县打造海洋文化"艺术岛"助力
乡村文化建设

一、基本情况

公共文化服务主要是满足全社会成员的基本文化需求，从社会发展的角度看，不仅要考虑成员的基本生存状况，同时也要满足大多数人的文化需求，保证其基本的文化权利。近年来，嵊泗县公共文化服务体系建设得到了长足发展，伴随着海岛居民生活水平的日益提高，对公共文化的需求也日渐呈现出高端化、差异化、多样化趋势，近年来，嵊泗正在不断对公共文化服务的供给提出了更高的要求和全新的期盼。如何创新公共文化服务，使公共文化服务体系适应"新常态"下加快经济发展的海岛嵊泗的群众需求，促进公共文化服务产品转型升级，是当前嵊泗文旅部门的重点思考方向。而实施艺术岛打造工程，是助力海岛公共文化服务建设的有效抓手。嵊泗县打造艺术岛，就是通过艺术的方式来展现海岛的风景，用艺术的手段来改造海岛的环境，用艺术的力量来改变海岛现有的生活方式，让海岛充满浓浓的艺术气息，进而产生经济和社会效益。

二、主要做法及成效

嵊泗县打造具有海洋文化特色的艺术岛，将"建造美好社区"作为打造艺术岛屿的目标，从"艺术+建筑""艺术+节庆""艺术+生活"入手，通过艺术的手段来打造整个嵊泗列岛，为原本传统的岛屿注入了艺术的生命，打造艺术景观，并举办各类艺术节，邀请艺术家、诗人来此采风创作，使嵊泗成为艺术创作集聚地、艺术成果的集中展示区，与此同时也吸引游客上岛旅游，带动岛上旅游产业的发展，为海岛克服旅游资源不足，加快文旅融合，增添发展后劲方面积累了有益的经验。

（一）艺术+岛屿，诗歌之岛重塑乡村文化

依托花鸟岛海瀚、礁美、水碧、滩佳、石奇、崖险的环境及显著的灯塔文化元素，着眼当地文化资源，将艺术结合全岛开发。一是输出"诗歌之岛"岛屿品牌。抓住中国作协"中国诗歌之岛"花鸟岛站正式授牌及浙江省作协《江南诗》诗刊工作室落户花鸟岛的契机，组织举办"中国海岛·浙江舟山花鸟诗会"，吸引来自北京、青海、浙江等地的 30 多位诗人、作家上岛采风创作，以此来扩大中国诗歌之岛花鸟岛站的影响力。同步策划"知名诗人诗写花鸟"创作采风系列活动。二是形成"艺术花鸟"能量闭环。以艺术为媒介，借助"引进艺术家—驻地创作—艺术节—艺术公共教育—艺术海岛空间"形成一个可持续的能量闭环，形成艺术家集聚区，打造"艺术花鸟"主题岛，形成偏远海岛特色文化创新高地。三是打造"花鸟基地"驻地研学。相继与西班牙巴塞罗那 EINA 设计与艺术学院、上海理工大学、墨尔本皇家理工学院等多所国内外院校联合建立驻地研学基地，将艺术文化和全岛旅游相结合，进而提升花鸟岛的品牌影响力。四是举办"艺术品台"主题活动。组织举办浪漫诗意的"声音流浪游记"互动式音乐演出、花鸟灯塔之光系列活动、舟山非遗传承"鱼拓"体验、蓝晒社区艺术工坊"一起来晒""全家福"系列摄影艺术活动、"让每一个上岛的人，都做一次艺术家"的数字艺术活动等。

（二）艺术+作者，驻留计划打造海岛形象

黄龙乡作为一个长期以来一直以渔业为主要产业的纯粹渔岛，其岛屿跟江浙一带的乡村、山村有很大的不同，由于交通受到各种条件的限制，岛上还保留着相对原始的自然风貌以及生活形态，这也成为吸引作家及艺术家的又一原动力。2021年黄龙乡对接上海"访地旅行"团队，开启一年邀请12位作家、艺术家的"黄龙岛文学艺术驻留计划"。每位驻留者在岛上生活半个月时间，进行观察和创作，深入岛屿、渔村文化，带来异地经验，促进区域文化的更新和多元发展，尝试重构黄龙岛的文化氛围。旨在创造一个良好的创作环境给艺术家，创作者注重与在地文化的交流碰撞，以时代记录者的身份参与这座岛的乡村振兴。2021年邀请的12位嘉宾覆盖了文学、美术、音乐、舞蹈、设计等领域，从不同角度来和岛屿产生关联影响，黄龙岛的丰富形象已然通过这些作品逐渐成形。

（三）艺术+校园，主题课程拓展文化服务

艺术需要传承与发展，最好的途径就是依托教育的平台。嵊山镇拥有百年渔场的文化底蕴，有浓厚的渔俗文化氛围，立足岛屿环境，对接东方证券心得益彰公益基金会艺术教师公益项目，在嵊山小学通过艺术教学改造和志愿者公益授课相结合的方式，通过打造艺术教室，开设诗歌课，让偏远小岛的孩子受到文学和艺术的熏陶。课程中20个孩子用五天时间创作了84首诗歌，用4360个文字来展现嵊山的艺术魅力。小诗人的诗作被印刷成诗集《我的小岛》，在单向空间的杭州店举办了线下诗歌展，观展大众的反响热烈。拍摄了《我的小岛》心得益彰诗歌课支教纪录片，在各大网络平台进行投放。

（四）艺术+节庆，一乡一品赋能海岛公园

在全省大花园建设的战略引领下，海洋板块开启新的发展篇章，2019

年省政府工作报告要求"要加快建设嵊泗、韭山、大陈、洞头等十大海岛公园"，基于此大背景下，要积极推进海岛公园建设，就要在一个大本营，三大主题岛的一岛一IP提炼中加深艺术元素比例，将艺术融入节庆活动，提炼每个岛屿的节庆关键词，如花鸟岛灯塔国际艺术节、五龙东海五渔节、洋山镇港口文化节等，举办了一系列的线上艺术活动，特质化嵊泗海岛公园及主题IP的分区发展空间结构，居民感受"一岛一品"的渔俗文化韵味，感受到嵊泗列岛不同的艺术氛围。

（五）艺术+场馆，本土文化提质设施布局

提取嵊泗各乡镇文化主题元素，结合建筑外观，将本土非遗文化转化为海洋文化艺术，如在田岙"东海渔村"一半以上房子的外墙上都描绘异彩纷呈的渔民画，提炼渔民画亮点，设立"中国美术学院·嵊泗东海渔村墙体壁画创作基地""舟山渔民画创作基地"、浙江国际海运职业技术学院暑期实践基地等。在县内7个乡镇建设8个乡村博物馆，分别为青沙渔俗风情馆、田岙渔民画创意体验馆、阿拉生活馆、黄龙渔俗馆、洋山告诉你展示馆、嵊山渔俗风情馆、枸杞贻贝产业体验馆、花鸟灯塔陈列馆。在乡村博物馆的外观与内设中充分考虑本土文化元素的融入，如田岙渔民画创意体验馆从馆外台阶、文化长廊到展示窗的衔接，甚至茶杯、咖啡杯、桌椅等内装细节部分无处不体现渔民画的元素。

三、经验总结

（一）要用创新的眼光看待海岛文化建设

嵊泗各乡镇探索"艺术主题岛"建设，要用创新思路指导举措，要深刻认识到，想要突破海岛文化事业发展的瓶颈，要跳出海岛看海岛，跳出文化来办文化，寻求新的文化转化形式和公共文化服务的发展亮点，即发挥

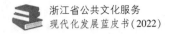
艺术在海岛文化事业发展中的重要作用，将更多美术元素、艺术元素应用到海岛乡村规划建设中，增强海岛审美韵味、文化品位，让艺术成果更好地服务于人民群众的高品质生活需求。

（二）要有人与自然和谐相处文化发展理念

人与自然是生命共同体，是共同富裕美好社会的社会新形态，也是乡村振兴战略中重要的理念，要将人与海岛、自然融入乡村文化建设发展的全局，在推进"艺术乡村"建设、乡村民俗节庆等活动开展、乡土文化传承、乡村文化设施建设、促进乡村文化和旅游融合等方面，打破固有思维，挖掘文化艺术的力量，形成海岛公共文化服务的县乡村三级联动体系，建成人民精神生活丰富、人与自然和谐共生、社会团结和睦的文明图景。

（三）要用本土文化元素转化优质公共服务供给

每个地区都有不同的地域特色，而嵊泗县作为海岛县区，有别于大陆地区，有浓厚的渔俗文化特色。所以在推进乡村文化振兴，建设文化乡村的进程中，要抓牢本地区的文化元素，凸显核心文化，打造一乡一品乃至一村一品公共文化服务设施。同时甄选本土文化元素，转换成公共服务优质共享产品，创新公共服务供给模式，进一步激发活力、挖掘潜力、补齐短板、提升能力，推动公共服务质效显著提升，实现供需对接，形成与共同富裕相适应的公共服务共享格局，形成群众看得见、摸得着、体会得到的幸福图景。

（来源：浙江省公共文化服务高质量发展典型案例集）

临海市"年轻态"群众文化活动打造共同富裕"小城文化样板"

一、基本情况

群众文化工作是推进文化强国建设的重要抓手，但基层参与主体年龄偏大、文化兴趣固化、创新意识不强等发展瓶颈，极大制约了群众文化工作的活力。三年来，临海市设立"年轻态"群众文化活动专项工作推进小组，系统制定了"年轻态"工作方案，以打造"年轻态"的文化载体、创建"年轻态"的活动品牌、开发"年轻态"的原创作品、培育"年轻态"的文化队伍为主抓手，按照既定方案实施项目，累计投入1528万余元。临海市"年轻态"群众文化活动依托传统与时尚有机融合的文旅空间，遵循新发展理念，为群众提供"年轻态"的高质量公共文化服务，构筑更美好的古城文化生活。中国旅游新闻客户端以《台州府城：千年古城焕发"年轻态"》为题、文旅中国客户端以《浙江临海：台州古城焕发年轻态》为题，宣传报道了临海市"年轻态"群众文化活动，产生了很好的社会反响。论文《新形势下激活群众文化"年轻态"的路径探析——以临海市群众文化实践为例》发表于《中国文艺家》杂志。"年轻态"群众文化活动项目获得台州市第一批公共文化服务创新项目第一名，为探索群众文化工作新路径提供了"古城文化样板"。该项目已经成为临海市群众文化活动的靓丽名片，赋予公共文化服务工作新的时代意义。

二、主要做法及成效

（一）打破传统，制造文旅融合"新亮点"

临海旅游资源丰富，基于文旅融合这个有效载体，打破舞台、剧场活动的固有观念，将高颜值的群众文化活动沉浸式植入到旅游场景中，产生导流属性，吸引更多年轻人增加游览和观赏的体验度和参与度，提高人均消费和停留时长。

一是依托核心景区，升级文化体验。依托主要景区自身资源禀赋，打造极具特色的沉浸式文化活动。如：依托台州府城山水城相依的独特形制，配合古风舞蹈，中秋节运用多媒体手段城内演出城外看，美轮美奂。在瓮城举办瓮城电音派对，将青年亚文化与千年老城墙深度融合，用老平台搭载新玩法，不断增强对年轻人的吸引力。几场"年轻态"群众文化活动令台州府城名声大噪，中央电视台跨年晚会走出北京，第一次把主会场放在了临海的台州府城。在括苍山，结合独有的星空、风车和帐篷以及乐队元素，首届星空帐篷音乐会吸引了1500名游客相约括苍山巅领略全景式视听享受，引领沉浸式文旅活动新风尚。在灵湖举办"浪个灵湖"户外生活节，共有20余个省内外知名文创旅游休闲品牌参与。

二是制造山野爆款，激活乡村爆点。把文艺元素植入乡村日常场景，通过艺术思维重塑乡村文化资源的价值，开阔村民的发展思路。打卡装置点，将年轻人和孩子吸引到乡村，体验乡村露营生活。如：在尤溪镇竹家山村名不见经传的小山村举办沉浸式乡野音乐会，结合当地随处可见的毛竹元素，在古宅前用木条毛竹创作装置艺术。在稻谷成熟的季节，策划"去桃渚，躺平！"活动。利用近千亩稻田和打卡装置点，将年轻人和孩子吸引到乡村，体验乡村露营生活。

三是盘活废弃场景，重塑区域价值。灵活利用废弃已久的老建筑，修建公共文化空间，举办"年轻态"群众文化活动。对因失火被毁的尤溪镇新华书店旧址进行重建，耗时两年多建成"老街三寻图书馆"，设计时既保留了质朴的老青砖墙，又完美融入了现代建筑功能，各种读书分享会在这里定期召开。该图书馆成为延续当地历史文化脉络的空间，也补齐了乡镇文化生活的短板，被誉为"最美乡村图书馆"。紫阳街的空院子、台州中学废弃校办工厂、空置的台州印刷厂，都因为植入装置艺术展、诗歌、乐队活动等"年轻态"群众文化活动，因其独特的艺术氛围吸引无数文艺青年前来打卡。

（二）数字赋能，拓展文化传播"新空间"

移动互联网时代，提升年轻人的文化活动参与热情，必须创新传播方式，从而提升群众文化活动的影响力。借助互联网的传播手段和传播渠道，用年轻人感兴趣的传播方式来进行有效传播。

一是紧扣热点，创新载体提升流量。"年轻态"群众文化活动勇于尝试新鲜事物，拓宽参与人群。惠民活动搭载小程序抢票，限时限量，借助"饥饿销售"引爆年轻人的燃点。如 2020 年天生狂野摇滚音乐节，邀请当年综艺网红节目《乐队的夏天》中的著名网红乐队五条人参演。创新研发抢票小程序，吸引全国各地上万名观众上线免费申领门票到现场观看演出。不仅增加了城市全民热度，小程序抢票也在活动中发挥了便捷高效的功能。传统文化元素融入小游戏，提升观众体验感。2022 年 1 月蹭着央视跨年晚会的余热研发临海启航红包封面，将揽胜门、台州府城、和跨年晚会舞台元素整合到微信红包封面中。发红包数近 6000 个，拆红包数 3 万多次，二次宣传台州府城，利用春节红包季收割了一波台州府城的自来水。

二是数字赋能，解码文化基因。既重视场馆孕育也注重项目开发。利用全息投影、MR 交互感知等技术、重点结合府城千古历史文化，如戚继光文化、浙东唐诗之路枢纽地等元素，打造"文化+剧本""文化+游戏"等深受年轻人喜爱的文化夜游新模式。如台州府城·诗路文化体验馆，以临海历代诗词为经纬，借助数字技术，挖掘了临海相关的 718 位诗人，2332 首古诗，312 个地点和典故标签，985 组关系数据与临海相关的诗歌和图像资料，全面展示临海多元包容、崇文厚德的诗路文化气象，赓续临海鲜活的历史记忆。点位上开发金牛播鼓紫阳纳福项目在操作界面引入非遗紫阳大鼓的节奏小游戏。项目上线 24 小时，访问量达 13.6 万人次，参与活动微信数 4 万余个，花小钱做到传播率的最大化。

三是留住影像，重现文化活动。精品活动制作短视频植入时空 LIVE 码小程序。2021 年临海市在曾经举办过文化活动的景区点位安装时空 live 码小程序，游客扫描二维码即可看到该点位过去举办活动的小视频。兴善门瓮城、余同丰、再望书苑等三个点位已安装时空 Live 码，未来将在各个常态化活动场景推广。

(三)重塑视角，培育文化传播"新角色"

任何项目的创新，关键都在于人。因此，在推进"年轻态"群众文化活动的过程中，临海市形成了以本土网红团队为主、驻地艺术家为辅引进知名艺术团队为补充的 3D 架构创作团队，具有充裕的力量丰富"年轻态"群众文化活动。

一是扶持本土团队。制作"文化菜单"，帮助本土青年文创团队结合临海文化需求，结合自身团队特长选品定制本土原创文化活动。与一批极具专业水准，富有文化情怀和责任感的年轻人合作定制策划在地文化活动，既确保了准确性和专业度，又能用十分接地气的姿态扩散"临海文化"，找到了内容传播和内涵传递的最佳平衡点。两年来累计投入扶持资金 300 多万元。本土青年文创团队五月以"五月 May"公众号为平台，从青年视角挖掘本土历史文化原创内容 600 多篇，并以此建立城市基因库，孵化策划城市文创周边及在的创意活动 300 多场，其中记录临海传统匠人的《临海百工》项目，用现代的传播方式讲述老手艺的故事，成为一套深受年轻人喜爱的地方手工志。青年创作团队再望书苑专攻戏剧，在地创作各类戏剧演出，

224

邀请本土青年参演，品牌原创活动《再望戏剧月》和《再望诗歌节》等活动青年拥趸无数。

二是实行驻地艺术计划。建立孵化基地，邀请艺术家进驻临海进行地方艺术实践并产生艺术作品。以全新的视角打开临海让更多年轻人重新去认识这个城市，并参与其中。截至目前，共有文学、音乐、展览、美术、文创等不同领域的近20位艺术家合作。《小说选刊》杂志社创作基地、《朱自清文学奖》均落户临海；北京2008奥运原创音乐团队落地三个月跟文化馆民乐团合作创作的文旅多媒体原创音乐会即将成为台州府城重磅沉浸式夜间文旅演出活动。

三是引进知名艺术团队。建立知名文创团队朋友圈，搭建良好的沟通机制，确保精品项目能对接票圈知名艺术团队，合作设计年轻态的文旅IP、各类文创产品，策划文旅演艺精品活动等。如跟自然造物等网红文创设计公司合作研发的府城风物伴手礼、以骆宾王在临海创作的诗句"百重含翠色一道落飞泉"为创作灵感的无线充电底座和唐代日本最澄和尚远赴龙兴寺学法为故事原型的"灯影"小夜灯等文创产品的研发，把临海独有的文化基因作了年轻化的成果转化，趣味性和传承性并重。如跟乌镇戏剧节的策划团队共同策划台州府城公共艺术节，让戏剧从舞台走向公共空间，并对公众免费展示。来自14个国内外顶尖艺术团队的艺术家们，从剧院走向古城，流动演出近130场，艺术节期间单日游客峰值高达6.7万。

三、经验总结

一是做好文化创新"伯乐"。鼓励支持和引导社会各方力量积极参与公共文化服务建设，主动出击扶持创新、特色文旅融合精品群众文化活动。搭建数字平台举办线上文化集市，对接项目、产品、节目，为"年轻态"群众文化活动提供充足的供应链。通过购买服务，在满足年轻群体的精神文化体验的同时，也把准年轻人的文化需求脉络，从而丰富现代群众文化服

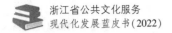
务的内涵。

二是培育文化领航"头雁"。关注青年团体，扶持青年艺术创作、培育青年艺术人才，建立青年文化爱好者招募体系。挖掘本土新生代群众文化爱好者，通过培养青年队伍形成"头雁"效应。同时组建青年文化志愿者队伍，搜集年轻人的文化心愿，用精准"点单"的方式，把年轻人想看的、想参与的、想玩的活动和主办方精准对接。

三是搭建文化"竞演"载体。利用临海得天独厚的旅游资源，以大型节会为契机，城乡联动，形成了瓮城、灵湖、特色风情乡村等三大文化"竞演"载体。既展示了古城临海的新老公共空间，更实现了青年文化与老城文化的碰撞，使古城临海散发出浓浓的青春气息。

"年轻态"群众文化活动通过文旅融合的有效载体，吸引更多年轻人参加、让年轻人成为生力军和主力军。据统计，近3年来临海市群众文化活动队伍平均年龄从57岁降到42岁，而参与活动的观众群体平均年龄从52岁降到39岁。群众文化队伍有了年轻人的加持，变得更加有活力和有朝气。"年轻态"群众文化活动也成为旅游的"蓄电池"。在台州府城大量年轻人回归创业，疫情期间临海市民宿入住率达60%以上，比全国民宿平均40%的入住率高出20%以上。"年轻态"群众文化活动，为临海市全面打造共同富裕的文化高地，在现代化先行中实现文化先行起到了强有力的推动作用。

(来源：浙江省公共文化服务高质量发展典型案例集)

奋进新征程阅读再出发

——莲悦读（爱心书屋）

2021年以来，莲都区创新全民阅读方式——莲悦读（爱心书屋）模式，深入推广全民阅读，以政府主导+社会力量参与共同创建，搭建"3424N"架构体系，全国首创五大首创，打造"共建共治共享共赢"的阅读全链闭环，打通城乡全民阅读"最后100米"，形成"家门口的图书馆"的良好阅读服务，有效衔接数字文化系统"文艺惠民"跑道和数字社会浙里文化、浙里民生两条跑道的"浙系列"，构筑"打通公共文化为民服务最后一公里"为核心的智慧、便捷、高效的现代公共阅读服务体系。莲悦读（爱心书屋）模式是一项具有鲜明特色的全民阅读推广模式，一个可复制推广的成熟案例和标准体系，将在全国数字公共文化领域打造具有影响力的"莲都样板"。

一、基本情况

截至目前，莲都区共建成130个莲悦读（爱心书屋），在莲都城区平均半径1千米内就能找到1~3个爱心书屋，基本实现"10分钟阅读服务圈"。并上架浙里办，支持读者证、社保卡、身份证、微信、支付宝等多种方式借阅，实现全省通借通还。自2021年10月运行以来，投放到各书屋的图书达8257册，借阅流通量近2.01万册，捐赠书籍2600多本，发放书票超16万元，办证2100余张，招募爱心书屋志愿者157人。

二、主要做法和成效

（一）主要做法

1. 创造新阅读环境，"理念创新"提升全民阅读的知晓率

为推动公共文化高质量发展，莲都区创新理念，引进社会力量开启"爱心书屋"项目建设。"爱心书屋"成本低、占地面积小（仅1平方米），赋能更多的城市空间拥有阅读功能，让"图书走出图书馆"，在城市公园、小区、商场、咖啡厅以及乡村民宿等适合阅读的环境中里流动起来。"莲悦读"爱心书屋不断探索借阅、捐书等功能，形成公共图书和私域图书两个闭环：一是公共图书的流动闭环。读者可通过各爱心书屋之间自由借还书籍外，还与全省各公共图书馆通借通还，方便借阅的同时，也让书籍在全域自由流转。二是私域图书的流通闭环。读者通过书屋及线上平台捐赠自有书籍，获得相应书票，图书经处理后重新上架，实现二手书流通。延伸了图书馆图书的服务触角，有效解决基本公共文化服务不充分不均等的问题，打通为民服务最后一公里，提升全民阅读的知晓率。

2. 共建共治共享，"建设创新"提升全民阅读的参与率

"莲悦读（爱心书屋）"多跨协同，形成了共建、共治、共享、共赢、共富裕的全社会参与模式。横向上，打通了教育、文广、团委等12个部门的系统壁垒；纵向上，贯通了社区、景区、街道、园林、商场、办公大楼等130个场景，形成了书香社区、书香园林、书香街道、书香单位、书香校园等分布式阅读服务，赋能了更多的阅读空间。引入社会力量参与智能硬件建设与维护运营共建，通过志愿者参与推广与治理实现书屋的共治，各企业、单位、家庭、个体等用户的图书流动实现图书共享，通过发放与图书

等值的书票，为商家引流的同时让更多的读者有获得感，整体提升全民阅读的参与率。

3. 科技助力阅读，"技术创新"提升全民阅读的满意率

"莲悦读（爱心书屋）"首创"物联网+图书+媒体"的创新模式，由原来的"人找书"变为"书找人"，让"数据"多跑路，让"人"少走路，让"书"多共享，打造"家门口的图书馆"。搭建了"3424N"架构体系，以图书数据、用户数据、硬件数据作为支撑，构建了阅读积分、设备管理、志愿者服务、媒体发布四大系统，支持浙里办、浙政钉、小程序、APP 进行操作，为读者提供了借还图书、读者交互、二手书交换、线上阅读、爱心捐书、书票兑换等强大功能。"爱心书屋"项目拥有三项发明专利，基于现代化大数据、云计算等前沿科技构建的文化云融合协同管理智能中枢，分析书屋借阅情况、馆藏量、读者构成、分布情况等，多维数组智能分析，科学协助各级领导精准决策全民阅读进程、图书采购、阅读活动推广等，营造良好阅读闭环，满足读者个性化和多样化需求，有效提升全民阅读的满意率。

（二）标志性成果

1. 制度成果丰硕， 五大首创打造共享共治阅读新模式

通过不断探索理念创新、模式创新、服务创新，莲悦读（爱心书屋）实现五大全国首创，分别是一大体系：分布式阅读服务体系；二大模式："物联网+图书+媒体"服务模式，"互联网+二手书"循环模式；二大系统：阅读积分系统，阅读志愿者服务系统。爱心书屋本着"让每个人在每个角落都能读到好书"的理念，追求功能、服务的加法，流程、环节的减法，服务半径、效能的乘法，成本、空间的减法，可以说是以小载体撬动全民阅读的大格局。爱心书屋作为提高市民文体素质、陶冶思想情操、展示精神风貌的重要载体，在倡导文明、健康的生活方式，提升城市品位发挥了重要作

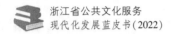

用。爱心书屋营造了没有任何门槛的公益性阅读模式，促进人们走出封闭的独门独户进行阅读交流，为形成和谐融洽的人际关系提供了一条渠道，形成了全民阅读、终身学习的良好社会氛围。

2. 三管齐下，打造安全阅读环境

为了让书屋在自取自还的情况下顺利运作，切实维护意识形态领域安全，我们从三个维度进行强化：一是追溯管理，操作爱心书屋需通过实名认证，书屋中出现异常情况或非法书籍可通过实名信息找到读者处理；二是及时预警，书屋能针对归还的书籍进行芯片识别和称重，出现异常时将书屋上锁并在系统内发出警报提示，且每个用户一天最多能开启 5 个不同的书屋，有效避免有非法信息的书籍通过书屋进行传播；三是公益维护，我们招募了 150 名爱心书屋志愿者，定期检查整理书屋，助力书籍流动。

3. 理论成果丰富，重塑标准打造可复制可推广的民生样板

通过不断的创新与研发，莲悦读（爱心书屋）项目拥有自主知识产权，获得外观、实用、发明 3 项成果专利，逐步形成了"有专利、有标准、有创新"一整套体系。丽水市地方标准《爱心书屋建设和服务规范》于 2022 年 1 月实施，该标准从场地选择、硬件设施、服务要求、服务保障、投诉与改进等内容对爱心书屋加以规范，有利于建立全市爱心书屋管理的长效机制。经过不懈努力，爱心书屋的创新成果得到不断复制推广，爱心书屋与腾讯未来社区、海尔海纳云在深圳、重庆、青岛等建设试点，金华市已将爱心书屋列为民生实事项目，在全市范围内推广，全市共计划推行 1000 台，一期 100 台于 2021 年已完成建设，同时磐安县在同期也开展建设，一期建设了 60 台。爱心书屋在全省及全国范围内具有很好的带动性。云南、湖南、山东、广东等地有关单位纷至沓来，要求建立合作关系。爱心书屋案例得到了学习强国、浙江日报等主流媒体纷纷报道，获评全国智标委"标准贡献奖"、浙江省文化和旅游创新团队、浙江省优秀数字阅读推广"十佳案例"、浙江省社科普及创新项目等,《爱心书屋建设和服务规范》市级地方标准在 2021 年 12 月发布,2022 年 1 月正式实施。2022 年 4 月入选丽水市首批重点应用场景。2022 年,莲悦读(爱心书屋)开通"约书到家"快递送书上门服务,在"云尚书智能书柜"小程序上点一点,你心爱的书就会按时送到。爱心书屋正成为数字赋能阅读城市文明的民生样板。

三、经验启示

(一)创新性

1. 社会力量参与, 创新全民阅读建设方式

莲悦读(爱心书屋)通过政府主导、社会参与、科技支撑、共建共治共享共赢的方式建设:通过引入社会力量参与智能硬件建设与维护运营共建;志愿者参与推广与治理实现书屋的共治;各企业、单位、家庭、个体等用户的图书流动实现图书共享,综合整体形成共赢共富裕。

2. 多跨场景, 创新分布式阅读新模式

打破传统图书馆的统一服务模式,区域内平均半径 1 千米建设 1~3 个爱心书屋,形成分布式阅读闭环,基本实现"10 分钟阅读服务圈"。在区域内多跨场景,科学、精准、个性、人性的数字化阅读服务,解决区域通借通还不便捷、服务半径不够宽、城乡阅读不均等问题,在"覆盖城乡、便捷高效、保基本、促公平"方面起到先行先试的示范作用。赋能莲悦读(爱心书屋)促进文旅融合,推广全民阅读的同时为文旅项目社会共建进行探索性实践,打通乡村与城市、景点、景区与图书馆的链接,推进城乡公共文化服务体系一体建设,创新实施文化惠民工程,深入推进全民阅读。

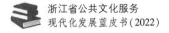

3. 科技赋能, 创新全民阅读服务方式

通过不断探索,"莲悦读"爱心书屋搭建"3424N"架构体系,实现五大全国首创,小书屋传大爱,以小载体撬动全民阅读的大格局。

(二)示范性

自启动建设以来,科学规划,按照"统一标准、品牌运作、贴心服务"的发展模式,通过不断探索和完善,已逐步成为莲都区家喻户晓的群众文化品牌,助力全国文明典范城市建设。莲悦读(爱心书屋)有理念、模式和服务的创新,在全国范围内具有示范性。项目取得 3 项发明专利,发布市级标准《爱心书屋建设和服务规范》并实施。爱心书屋获得全国智标委"标准贡献奖"、浙江省文化和旅游创新团队、浙江省优秀数字阅读推广"十佳案例"、浙江省社科普及创新项目等系列荣誉。爱心书屋案例得到了广大群众的点赞和认可,学习强国、《浙江日报》等主流媒体也纷纷报道。爱心书屋在全省及全国范围内具有很好的示范性。

(三)带动性

莲悦读(爱心书屋)已引发了社会各界广泛关注,创新成果得到不断复制推广。爱心书屋与腾讯未来社区、海尔海纳云结成战略合作伙伴,在深圳、重庆、青岛等建设试点,金华复制莲都"莲悦读"应用经验做法,已将"爱心书屋"列为民生实事项目。云南、湖南、山东、广东等地有关单位纷至沓来,建立合作关系。爱心书屋是带动全社会形成数字赋能阅读城市文明的民生样板。

(四)科学性

科技赋能阅读,莲悦读(爱心书屋)是基于物联网、互联网、大数据技术以阅读服务为中心的分布式智能阅读,通过后台点位总数据监控、线下书屋志愿者培训和管理、工作人员日常维护、新增点位考察研判、建章立制落实全链条闭环式管理，科学地打造老百姓"家门口"的图书馆，提高公共图书服务效能，推动公共文化服务高质量发展，满足人民群众的精神文化需求，提升幸福感。

（来源：浙江省公共文化服务高质量发展典型案例集）

第六届中国青年志愿服务项目大赛获奖案例（浙江省）

"七彩音乐助共富"文化服务项目

一、项目背景

浙江是高质量发展建设共同富裕示范区建设的示范区。浙江人文底蕴深厚，为深化新时代美育工作，为文旅融合产业助力，为共同富裕添彩。浙江音乐学院作为新时代的现代化艺术大学，作为文化系统的唯一一所本科高校，充分发挥音乐、舞蹈、戏剧三项综合性优势，深入基层，广泛开展形式多样的志愿服务。

二、项目缘起

"七彩音乐助共富"文化服务项目始于浙江音乐学院建校以来。该项目注重发挥学院音乐与舞蹈学、艺术学理论、戏剧与影视学 3 个一级学科的优势，用理论宣讲、公益美育、艺术表演等形式，聚焦乡村振兴，助力共同富裕。

（一）艺术美育急需多层次地开展

顺应文化强国和新时代美育工作建设，一方面，针对乡村振兴，以艺术乡建为抓手，开展艺术美育普及工作，进而助力解决留守儿童问题；另一方面，响应国家"双减"行动，在中小学中开展具有系列性、系统性的艺

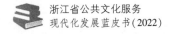

术美育工作，提升青少年美育素养。

（二）文艺展演促进文旅产业发展

通过前期走访调研发现，部分地区有着较为浓厚的历史底蕴与文化氛围，但其文旅产业存在辨识度不够、或受疫情冲击人流量不够等问题，亟须具有专业性、有特色的艺术展演，以此来助推文旅产业发展。

三、项目目标及定位

该项目以共同富裕精神富有为服务目标，顺应新时代美育工作要求，以党建共建、校地合作为依托，以"文艺轻骑兵"的形式，持续性、常态化地在中小学、乡村、文旅产业区等地开展志愿服务活动。

志愿服务人员以在校师生为主，并随着项目的不断成熟，服务志愿队员数量逐渐扩大，现注册人员达千余人。志愿服务活动内容紧紧围绕地方特色、服务群体年龄和音乐认知水平，因地制宜地组织开展理论宣讲、公益美育、艺术表演等活动，逐渐形成具有规模效应和体系性的服务内容。

四、主要工作

围绕文化高地建设，根据各地市发展的实际情况，分层分类开展各类艺术普及活动。

面对浙江省山区 26 县区，结合当地文化特色，通过文艺轻骑兵的形式赴地方古镇、村落、文旅产业区开展艺术志愿活动，推动文旅产业发展，丰富地方群众精神活动；面向杭州、宁波等城区，适应新时代需求开展"音乐+科技"艺术实践活动，助力义务教育"双减"，促进新时代学校美育工作。

五、项目管理

（一）志愿者管理

学生志愿服务是"第二课堂"的重要载体，教师志愿服务是日常工作的重要体现。通过"浙音青协"公众号进行线上志愿者招募、遴选和管理，针对性地开展培训和指导，建立起美育教育体系化服务内容。

师生志愿者由校团委统筹管理，已建立起年度考核制和评奖评优制。对涌现出来的典型人物与事迹，通过新闻宣传的方式，强化激励和引导。

（二）制度资金保障

其一，以党建为引领，发挥好各二级党团组织作用，建立起常态化服务机制，构建好文化志愿服务队伍。

其二，学校每年为校团委安排专项资金 20 万元开展艺术美育活动，安排资金开展了各类艺术展演活动。

其三，建立起评奖评优制度体系，并依托省级文化志愿服务项目大赛，社会实践项目评比，开展校级志愿服务项目评比。

六、项目成效

（一）项目执行情况

过去两年共开展服务 110 次，参与志愿者共 1066 人次，服务对象 8000 人，志愿服务总时长 3350 小时。志愿者中 35 岁以下 321 人。2022 年项目计划开展 70 次，计划共招募志愿者 400 人，服务对象 10000 人。项目服务地区主要集中在浙江省内，累计助力包括省内 26 个县"欠发达"在内的地市

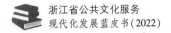

县 70 余次。

(二)服务对象收获

一是先后在省内绝大多数地市建立了常态化的合作机制，并签订了有关协议，具体为杭州市、台州市(黄岩)、宁波(象山)、嘉兴(王店)、湖州(德清)、衢州(柯城)，服务面广。二是衍生出了各具特色子品牌项目。如"快乐音乐教室"等。三是在艺术乡建、产业融合过程中，获得社会效益和经济效益丰收。2022 年，"艺起趣乡村"衢州柯城首届未来乡村艺术季开幕仪式播流量近 8 万人；绍兴市遗风村文化礼堂校地艺术共建展演直播流量36 万人；莫干山演出直播流量 25 万人，并为德清另一文旅项目架起了横向课题的桥梁。

(三)志愿者收获

一是志愿服务成为理论宣讲的动力。项目团队成员叶悦莹结合自己暑期志愿服务经历，用音乐党课的形式诠释了文艺工作者的使命，并在省级党课大赛中荣获"特等奖"。二是鼓励志愿者一直走在志愿服务的路上。项目团队成员陆玎鋆假期辗转于不同志愿服务现场，医院引导志愿者、献血志愿者、文艺演出人员、非遗文化传承者等，用行动诠释了"志愿服务，是坚持更是责任"这句话的含义。三是志愿者队伍持续扩大。每年项目团队人数都有所增长，并开发新内容，例如今年新增"音乐+科技流动公益夏令营"。

七、亮点与创新

随着 5G、AI 人工智能、VR 等技术手段的逐步发展，以及区块链、元宇宙等概念的拓展应用，"音乐"这门传统意义的学科正被解锁无限可能。项目团队成员发挥专业学科优势，使学生们了解音乐解析后的各种"声"态，详细讲述了现代音乐技术和相关制作过程，同时展示了设施先进的实验室、录音棚等音乐科创工作场所。针对低龄段小学生的知识水平，大学生们对课程进行优化设计、调整，由一段无声动画片段切入，从对比中得出音乐在演绎情感和渲染气氛方面的重要性，对学生耳熟能详的歌曲进行"声"态解析和制作过程演示。"音乐科技进校园"活动，既丰富了校园文化，拓展了学生的眼界，也拉近了音乐科技和学生的距离，提高艺术和文化素养，促进了学生们的全面发展，同时对学校开展美育教育也有启发。

八、社会影响

以 2022 年为例，有关"七彩音乐助共富"主要媒体报道有：

（1）活动登上首期《浙江文化和旅游志愿服务简报》；

（2）上半年志愿服务内容登上省教育厅信息、省文旅厅信息 2 次；

（3）"浙江省文化和旅游厅"微信公众号于 2022 年 7 月推出相关报道 1 次；

（4）"浙江省教育厅"微信公众号于 2022 年 7 月推出相关报道 1 次；

（5）"光明日报"于 2022 年 7 月报道"浙江音乐学院 21 支'文艺轻骑兵'暑期奏响共富乐章"；

（6）"学习强国"于 2022 年 7 月连续报道学校在杭州、温州、德清、衢州等地开展的情况；

（7）省级媒体"中国蓝新闻"于 2022 年 7 月报道"到钢琴小镇办音乐会浙音学生暑期实践到基层""不负青春不负村浙江音乐学院暑期实践团：为乡村娃种下音乐的种子"；

（8）各地市媒体报道 100 余篇，相关活动直播流量见上。

（来源：浙江音乐学院）

第四部分
公共文化服务标准汇编

省级公共文化服务标准汇编（2018—2022）

ICS 03.080

A 16

DB 33

浙 江 省 地 方 标 准

DB 33/T 2096—2018

基层群众文化团队管理规范

Standard on basic-level culture team management

2018-01-8发布

2018-02-18实施

浙江省质量技术监督局 　　发 布

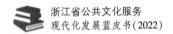

前　言

本标准依据 GB/T 1.1—2009 给出的规则起草。

本标准由浙江省文化厅提出并归口。

本标准主要起草单位：杭州市江干区文化馆。

本标准主要起草人：胡宏杰、施云姝、姚倩、关佳晶。

引　　言

群众文化团队是群众文化的重要载体，是群众享受文化权益的重要形式，是构建中国特色社会主义文化的重要力量。在新时代加强基层群众文化团队建设，有利于促进群众文化活动健康、稳定、持续地开展，有利于调动广大群众文化工作者的工作积极性与创造性，有利于更好地满足人民群众对美好生活的向往。

为推动完善、提升、巩固浙江省在对基层群众文化团队建设和管理方面的成功做法，总结基层文化团队管理的浙江经验，并为全国基层文化团队建设提供示范样本，按照《中华人民共和国公共文化服务保障法》《社会团体登记管理条例》《关于加快构建现代公共文化服务体系的实施意见》等要求，制定浙江省地方标准《基层群众文化团队管理规范》。

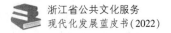
基层群众文化团队管理规范

1 范围

本标准规定了基层群众文化团队的术语和定义、基本要求以及基层群众文化团队的组建、活动、管理和星级评定。

本标准适用于县级（含）以下基层群众文化团队。

2 术语和定义

下列术语和定义适用本文件。

2.1 基层群众文化团队

以满足人民群众基本文化需求为目的，以自娱自乐为主要形式，由群众自发组成并开展各类文化活动的群众性团体。

2.2 基层群众文化团队层级

基层群众文化团队分县（市、区）、乡镇（街道）和村（社区）三级。

2.3 星级群众文化团队

县级文化馆对基层群众文化团队开展评定，按照《群众文化团队星级评定办法》授予相应星级。

3 基本要求

3.1 基层群众文化团队是培育和践行社会主义核心价值观，传承和弘扬中华优秀传统文化的重要载体。

3.2 基层群众性文化团队管理应该以满足人民日益增长的美好生活需要为目的，引导基层群众开展自我管理、自我服务、自我教育，不断提高基层群众的文化素养。

4 团队组建

4.1 基本条件

4.1.1 以自愿为原则，团队人数达到一定规模并较为稳定。

4.1.2 有明确的团队负责人。

4.1.3 有团队安全责任制度和内部管理制度，日常活动有专人分工负责。

4.2 组建要求

4.2.1 县级群众文化团队，成员不少于 20 人，能够常年开展文化活动。

4.2.2 乡镇(街道)群众文化团队，成员不少于 15 人，能够常年开展文化活动。

4.2.3 村(社区) 群众文化团队，成员不少于 8 人，能够经常性地开展活动。

4.3 团队权利

基层群众文化团队具有以下权利：

a)自主开展文化活动；

b)有序利用免费开放的公共文化设施场地；

c)参加文化部门提供的公益培训；

d)申报星级群众文化团队评审；

e)可按照一定标准承接政府购买的公共文化服务项目。

4.4 团队义务

基层群众文化团队应该自觉履行以下义务：

a)以公益活动为主；

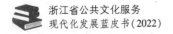
b)丰富群众精神文化生活;

c)积极参与当地文化部门组织的文化活动。

5 团队活动

5.1 活动类别

5.1.1 基层群众文化团队的活动主要有：日常活动、公益活动、文化交流活动等。

5.1.2 日常活动是指自主开展的采风、创作、排练、作品加工、研讨等常规性活动，以及为提高自身文化艺术水准、业务素质和服务能力开展的各种学习活动。

5.1.3 公益活动是指在文化馆(站)指导协调下开展的各种文化活动。

5.1.4 文化交流活动是指以交流学习、相互服务为目的开展的文化活动。

5.2 活动要求

5.2.1 基本原则。

符合国家法律法规，着力营造和谐氛围，丰富基层群众的业余文化生活。

5.2.2 活动计划。

基层群众文化团队应按年度制定活动计划，并在每年初报送文化馆(站)。

5.2.3 成员参与率。

基层群众文化团队开展活动时，其团队成员参与率宜在50%以上。

5.2.4 志愿服务。

各类基层群众文化团队成员应积极参与文化志愿服务。

5.2.5 活动公告。

基层群众文化团队开展的各类活动，应通过管理服务平台、网站、微信公众号、公告牌、广告宣传牌等形式公开预告。

5.2.6　活动信息。

基层群众文化团队宜做好活动资料收集保存工作，形成完整的活动信息，并将好的做法报送文化馆(站)。

5.2.7　广场文化活动。

基层群众文化团队开展广场文化活动，应自觉履行下列有关要求：

a)符合有关规定要求；

b)保持广场整洁；

c)不妨碍周边群众正常生活。

6　团队管理

6.1　管理机构

县级文化馆、乡镇(街道)综合文化站为基层群众文化团队的主要业务指导机构。县级文化行政主管部门负责基层群众文化团队的指导和评估。

6.2　管理职责

6.2.1　县级文化行政主管部门。

6.2.1.1　研究出台扶持基层群众文化团队的相关政策。

6.2.1.2　指导文化馆(站)制定基层群众文化团队发展规划。

6.2.1.3　做好基层群众文化团队日常监管工作。

6.2.1.4　按年度对本辖区基层群众文化团队进行评估。

6.2.2　县级文化馆。

6.2.2.1　研究制定县域基层群众文化团队发展规划。

6.2.2.2　组织实施基层群众文化团队管理规范。

6.2.2.3　统筹指导基层群众文化团队活动。

6.2.2.4　建立基层群众文化团队服务平台。

6.2.2.5　根据要求，适时向基层群众文化团队提供免费开放的活动设施场地。

6.2.2.6　向基层群众文化团队提供培训和指导。

6.2.2.7　组织基层群众文化团队开展文化交流活动。

6.2.3　乡镇(街道)综合文化站。

6.2.3.1　制定本辖区群众文化团队发展规划。

6.2.3.2　指导和支持本辖区群众组建文化团队。

6.2.3.3　培育群众文化团队带头人或骨干。

6.2.3.4　统筹协调本辖区群众文化团队开展活动。

6.2.3.5　指导和引导本辖区群众文化团队成员开展文化志愿服务。

6.2.3.6　为群众文化团队开展活动提供支持。

6.2.3.7　组织本辖区群众文化团队参与星级评定。

6.2.3.8　指导辖区内群众文化团队做好活动信息报送工作。

6.3　团队登记

6.3.1　群众文化团队组建完成后,按自愿原则,到县级文化馆或属地乡镇(街道)综合文化站进行登记,接受其业务指导和管理。

6.3.2　县级文化馆具体负责本地基层群众文化团队登记备案工作,对符合条件的基层群众文化团队予以登记认定,纳入管理系统。

6.3.3　乡镇(街道)综合文化站负责指导和帮助本辖区群众文化团队登记工作。

6.3.4　基层群众文化团队名称、类别、负责人(或召集人)等重大信息发生变动,应及时向登记管理机构提出变更登记申请。

6.3.5　鼓励和支持符合条件的基层群众文化团队到本地民政部门注册登记。

6.4　团队退出

已登记注册或备案的基层群众文化团队,符合下列情况之一的,应予以退出:

a)自愿申请退出;

b)无故自行解散;

c)未按本规范开展活动;

d) 不履行相关义务；

e) 当年所开展的活动或服务受到群众投诉、教育不改的。

7　星级评定

县级文化行政主管部门，结合当地实际，制定基层群众文化团队评定扶持办法，每年定期组织开展评估和星级评定，并予以相应的奖励。

参 考 文 献

[1]《中华人民共和国公共文化服务保障法》(中华人民共和国主席令60号)

[2]《社会团体登记管理条例》(国务院令第250号)

[3]《民办非企业单位登记管理暂行条例》(国务院令第251号)

[4]《关于加快构建现代公共文化服务体系的实施意见》(浙委办发〔2015〕46号)

ICS 03.080.99

A 12

DB 33

浙 江 省 地 方 标 准

DB 33/T 2155—2018

公共文化服务第三方评价规范

Third-party judge standard of public cultural service

2018-10-15 发布

2018-11-15 实施

浙江省质量技术监督局　　　发　布

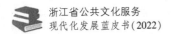
前　言

　　本标准按照 GB/T 1.1—2009 给出的规则起草。

　　本标准由浙江省文化厅提出并归口。

　　本标准主要起草单位：杭州规矩企业管理咨询有限公司、杭州市下城区文化广电新闻出版局、杭州市下城区朝晖街道文化和社区管理服务中心、杭州市下城区市场监督管理局。

　　本标准主要起草人：徐亚成、王仙桃、叶钧、陈琳娜、何金龙、吴振华、俞炜挺。

公共文化服务第三方评价规范

1 范围

本标准规定了公共文化服务第三方评价的术语和定义、总则、评价要素、评价过程、评价报告与应用、监管。

本标准适用于公共文化服务第三方评价。

2 规范性引用文件

下列文件对于本文件的应用是必不可少的。凡是注日期的引用文件，仅所注日期的版本适用于本文件。凡是不注日期的引用文件，其最新版本（包括所有的修改单）适用于本文件。

浙委办发〔2015〕46 号　中共浙江省委办公厅、浙江省人民政府办公厅印发关于加快构建现代公共文化服务体系的实施意见的通知

3 术语和定义

下列术语和定义适用本文件。

3.1　公共文化服务　Public Cultural Service

由政府主导、社会力量参与，以满足公民基本文化需求为主要目的而提供的公共文化设施、文化产品、文化活动以及其他相关服务。

3.2　公共文化服务第三方评价　Third-party Judge of Public Cultural Service

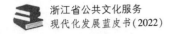
政府对公共文化服务的一种重要评价方式，由独立于政府及其部门之外的第三方机构，依据适用原则和标准，按照专门规范和程序，应用科学、可行的方法对公共文化服务内容和效果进行专业化评判的过程。

3.3 公共文化服务满意度 Public Cultural Service Satisfaction

群众对公共文化服务满意程度的定量描述，即群众对公共文化产品服务提供、文化活动安排、文化服务效能等政府提供的基本公共文化服务的满意程度。

3.4 指标体系 Index System

对评价对象进行特定综合评价所必需的一套具有完整性和系统性的指标组合。

3.5 指标权重 Index Weight

一个指标在整个指标体系中的重要程度，亦即反映各个指标在整体公共文化服务满意度指标中所占比例大小的量化值。各单项指标权重之和恒等于 1。

4 总则

4.1 评价目标

完善公共文化服务质量监测体系，建立公共文化服务第三方评价机制，制定公共文化服务满意度指标，增强公共文化服务评价的客观性和科学性。

4.2 评价依据

根据中共浙江省委办公厅、浙江省人民政府办公厅印发《关于加快构建现代公共文化服务体系的实施意见》的通知（浙委办发〔2015〕46 号）及 DB 33/T 2079—2017《基本公共文化服务规范》、DB 33/T 2011—2016《公共图书馆服务规范》、DB 33/T 2080—2017《文化馆服务规范》、DB 33/T 2054—2017《乡镇（街道）综合文化站服务规范》，开展公共文化服务第三方评价。

4.3 评价原则

为保证公共文化服务评价方法、评价过程及评价结果的有效，应遵循独立、公正、科学的原则。

5　评价要素

5.1　评价群体

5.1.1　评价群体为在本行政区域生活的居民，同时可配合相关部门开展针对特殊群体(外来务工人员及子女、困难群众、残疾人、孤寡老人)的专题满意度评价工作。

5.1.2　公共文化服务评价反馈覆盖所有乡镇(街道)及村(社区)。

5.2　评价机构

5.2.1　公共文化服务评价应委托具有相关评价资质的第三方机构进行。

5.2.2　评价机构的选定，应按照《中华人民共和国政府采购法》等相关规定，属于政府采购范围的，通过公开招标、邀请招标、竞争性谈判、单一来源采购、询价采购等方式实施采购；不属于政府采购范围的，公开、公平、择优选择具备资质的第三方机构。

5.2.3　评价机构一般应具备以下资质：

a)在中华人民共和国境内登记的各类所有制企业或事业法人以及符合政府购买服务资质的各类组织或个人，具有固定的工作场所和工作条件；

b)应配备熟悉公共文化服务方面的专业人员；

c)应建立完善的服务标准和可靠的服务质量保证体系；

d)能够熟练地对公共文化服务开展评价，能够独立编制公共文化服务满意度评价报告书。

5.3　评价内容

5.3.1　评价内容应包括：浙江省基本公共文化服务标准保障的群众基本文化权益和当地已提供的各类公共文化服务。

5.3.2　评价应注重收集群众对当前公共文化服务的满意程度、对存在

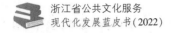
问题的意见和改进建议。

5.3.3 公共文化服务满意度评价主要包括以下两类：

a) 群众对整体公共文化服务的满意度；

b) 群众对阶段性文化活动项目实施效果的满意度。

5.4 评价指标

公共文化服务评价指标，主要包括政府对基本公共文化权益保障情况，公共文化设施、项目运营及服务情况，以及群众对公共文化服务的感受等。

5.5 指标权重的确定

5.5.1 建立科学系统的确定权重的机制，根据各项指标在公共文化服务满意度评价体系中的重要性不同，赋予不同的权重。

5.5.2 可采用向群众和从事公共文化服务的专家或工作人员发放《公共文化服务满意度评价指标的重要程度及分值调查表》，经统计获得评价指标的重要程度分值。并按公式计算获得公共文化服务满意度评价指标权重。

5.5.3 公共文化服务满意度评价指标权重计算公式见式（1）：

$$\lambda_i = \frac{Q_i}{\sum Q_i} \times X \times \frac{P_i}{\sum P_i} \times Y \tag{1}$$

式（1）中：

λ_i—— 第 i 项调查项目（指标）的权重；

Q_i—— 群众第 i 项调查项目（指标）的重要程度分值；

P_i—— 从事公共文化服务的专家或工作人员第 i 项调查项目（指标）的重要程度分值。

X—— 群众调查项目（指标）的重要程度分值比重；

Y——从事公共文化服务的专家或工作人员调查项目（指标）的重要程度分值比重。

5.6 评价方法

5.6.1 概述。

公共文化服务满意度评价可采用以下方法：

a)问卷调查；

b)召开座谈会。以乡镇或村(街道或社区)为单位，召开座谈会，征求群众对公共文化服务的评价意见；

c)网络调查。在各级文化主管部门、各乡镇及村(街道及社区)的网站上放置调查问卷，访问者直接填写并提交；

d)微博、微信互动。根据满意度调查需要设置相关问题，通过短信、微博、微信互动，征求群众对公共文化服务的评价意见；

e)设置意见箱。在公共文化服务场所显眼处(如：图书阅览室借还处)摆放意见箱，定时收集整理群众对公共文化服务的评价意见。

5.6.2　问卷调查。

5.6.2.1　问卷设计应遵循以下要求：

a)问卷问题应准确反映出调查指标的含义；

b)问卷问题应易于被调查者理解；

c)问卷问题排列次序应有利于回答；

d)应尽量采用便于数据处理的封闭式问题。

5.6.2.2　问卷应具备以下结构和内容：

a)标题；

b)指导语，应说明调查者身份、调查目的、问卷填写方法、需被调查者配合的内容；

c)问卷问题及答案形式，一般包括：筛选合格调查对象的问项及答案形式；评估指标问项及答案形式；

d)结束语，应包含有致谢语。

5.6.2.3　群众对公共文化服务满意度评价可采用《公共文化服务满意度及需求调查问卷》。

5.6.2.4　阶段性文化活动项目实施效果评价，应根据项目内容设计调查问卷。

5.6.2.5　群众对政府基本公共文化服务各方面意见的评价，应根据调

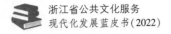

查内容设计调查问卷。

5.7 评价时间

5.7.1 各级文化主管部门根据需求定期开展整体公共服务文化服务评价。

5.7.2 各级文化主管部门根据为民办实事项目进度，委托第三方调查机构，对阶段性文化活动项目，在项目实施的同时对其实施效果进行评价。

5.7.3 各级文化主管部门委托第三方调查机构，不定期开展群众对政府基本公共文化服务某方面意见的评价。

6 评价过程

6.1 实施调查

6.1.1 评价机构应采用 5.6 条所列评价方法中的一种或多种进行调查。

6.1.2 应对调查全过程实施严格控制，以确保调查数据的质量。

a) 调查员的控制：严格挑选责任心强的调查员，并进行岗前培训，考查合格后方可参加正式调查；

b) 调查执行的质量控制：对调查进行督导和审核。对于返回的调查问卷进行核实，若发现有不规范或不清晰之处，应通过电话与客户进行确认和核实。

6.1.3 被调查者应该是公共文化服务活动的直接参与者或相关人员。

6.1.4 群众对公共文化服务的满意度评价在所有乡镇（街道）及村（社区）全覆盖随机发放《公共文化服务满意度及需求调查问卷》，每个村（社区）问卷应不少于服务人口的1%。

6.1.5 阶段性文化活动项目实施效果评价，在项目实施的同时，向参加活动的群众随机发放调查问卷。

6.1.6 群众对政府基本公共文化服务各方面意见的评价，在所有乡镇（街道）及村（社区）全覆盖随机发放调查问卷，或根据调查目的及内容确定问卷发放范围。

6.1.7 调查问卷回收率宜达到 90% 以上。

6.2 数据处理

6.2.1 数据准备。

应对获得的调查问卷进行筛选，剔除不可用问卷，并根据需要进行分类。有效的调查问卷应满足以下条件：筛选合格调查对象的问项有效回答率应为 90%，评价指标问项有效回答率大于 80%。

6.2.2 调查项目选项。

满意度调查每个调查项目(指标)一般设五个选项：非常满意、满意、基本满意、不满意，或不清楚。

6.2.3 调查项目计分。

调查对象选择非常满意、满意、基本满意、不满意，对应计 10、8、6、4 分，若调查对象选择不清楚，该调查项目不计分。

6.2.4 计算公式。

6.2.4.1 单项调查项目(指标)满意度计算公式见式(2)：

$$S_i = \frac{\sum A_i}{M \times 10} \times 100\% \tag{2}$$

式(2)中：

S_i——第 i 项调查项目(指标) 满意度；

A_i——第 i 调查对象该调查项目(指标) 评分；

M——调查对象数。

6.2.4.2 公共文化服务满意度计算公式见式(3)：

$$\text{PCSS} = \sum S_i \lambda_i \times 100\% \tag{3}$$

式(3)中：

PCSS——公共文化服务满意度；

S_i——第 i 项调查项目(指标) 满意度；

λ_i——第 i 项调查项目(指标)的权重。

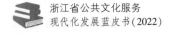
6.2.5　满意度计算。

对有效的调查问卷进行汇总统计,采用加权求和的方法,分别计算出:

a)县(市)、区公共文化服务满意度;

b)各街道(乡镇)公共文化服务满意度;

c)各社区(村)公共文化服务满意度;

d)单项调查项目的群众满意度。

6.2.6　公共文化服务满意度调查分析。

应对公共文化服务满意度调查情况进行分析,分析内容包括:群众对公共文化服务内容、服务设施、服务效果的满意程度,不同范围、不同项目、不同群体的公共文化服务满意程度等。

7　评价报告与应用

7.1　评价报告

7.1.1　报告的内容包括:题目、报告摘要、基本情况介绍、正文(包括:评价的背景、指标设定及问卷设计、数据整理分析、评估结果及分析)、改进建议、附件。

7.1.2　改进建议应包括:调查过程中调查到的群众对公共文化服务的改进建议,以及根据满意度调查结果提出的针对性改进建议。

7.1.3　根据实际情况各部分内容可以有所取舍。

7.2　评价应用

7.2.1　结果发布。

7.2.1.1　评价结果应内容全面,数据完整,结论公正。

7.2.1.2　评价结果应由各级文化主管部门适时发布。

7.2.2　结果应用。

应将评价结果及时传递到被评价的基层公共文化服务单位和对应政府,使评价结果能作为调整下一阶段公共文化服务方向和目标的调整依据以实现对公共文化服务工作的持续改进,不断提高群众对公共文化服务的满意程度。

8 监管

8.1 被评价单位的上级行政主管部门对第三方的评价过程实施全方位监管。

8.2 第三方评价机构应在事先、事中和事后环节，定期向被评价单位的上级行政主管部门汇报评价开展情况。

8.3 被评价单位的上级行政主管部门应建立黑名单制度。

8.4 第三方评价机构出现以下情形可列入黑名单，三年之内不得重新进入公共文化服务评价：

a) 违反国家相关法律法规；

b) 严重违反双方合同协议；

c) 其他重大事项。

参 考 文 献

[1]《中华人民共和国公共文化服务保障法》（2016 年 12 月 25 日第十二届全国人民代表大会常务委员会第二十五次会议通过）

[2]《浙江省公共文化服务保障条例》（2017 年 11 月 30 日浙江省第十二届人民代表大会常务委员会第四十五次会议审议通过）

[3]《中共中央办公厅、国务院办公厅印发〈关于加快构建现代公共文化服务体系的意见〉的通知》（中办发〔2015〕2 号）

[4]DB 33/T 2079—2017 《基本公共文化服务规范》

[5]DB 33/T 2011—2016 《公共图书馆服务规范》

[6]DB 33/T 2080—2017 《文化馆服务规范》

[7]DB 33/T 2054—2017 《乡镇（街道）综合文化站服务规范》

[8]《中华人民共和国政府采购法》（2014 版）

ICS 03.080.01

A 16

DB 33

浙 江 省 地 方 标 准

DB 33/T 2182—2019

公共文化跨区域服务规范

Specification for cross-regional service of public culture

2019-01-15 发布

2019-02-15 实施

浙江省质量技术监督局 　 发 　 布

前　　言

本标准按照 GB/T 1.1—2009 给出的规则起草。

本标准由浙江省文化和旅游厅提出并归口。

本标准主要起草单位：杭州市文化广电新闻出版局、杭州市西湖区文化广电新闻出版局、中国计量大学、浙江省标准化研究院。

本标准主要起草人：王菡蓉、袁法浩、汪仕龙、庞清华、虞华君、霍荣棉、吴丽、郭晨露。

公共文化跨区域服务规范

1 范围

本标准规定了公共文化跨区域服务的术语和定义、基本原则、组织形式、服务输出方职责、服务内容、服务流程、服务评估。

本标准适用于公共文化跨区域服务的组织、开展、运行等。

2 规范性引用文件

下列文件对于本文件的应用是必不可少的。凡是注日期的引用文件，仅所注日期的版本适用于本文件。凡是不注日期的引用文件，其最新版本（包括所有的修改单）适用于本文件。

DB 33/T 2079—2017　基本公共文化服务规范

DB 33/T 2096—2018　基层群众文化团队管理规范

3 术语和定义

DB 33/T 2096—2018 界定的以及下列术语和定义适用于本标准。

3.1　公共文化　Public Culture

是由政府主导、社会参与形成的普及文化知识、传播先进文化、提供精神食粮，满足人民群众文化需求，保障人民群众基本文化权益而形成的文化形态。

3.2　公共文化服务　Public Cultural Service

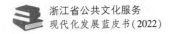
由政府主导、社会力量参与，以满足公民基本文化需求为主要目的而提供的公共文化设施、文化产品、文化活动以及其他相关服务。

3.3 公共文化跨区域服务 Cross-regional Service of Public Culture

为促进区域间的文化交流，开展的跨区域文艺演出、展览展示、培训讲座等文化服务，具体包括跨行政村(社区)、跨乡镇(街道)、跨县(市、区)、跨市、跨省等不同层级。

3.4 群众文化团队 Mass Culture Team

以满足人民群众基本文化生活为目的，在当地民政部门登记注册(文化行政主管部门备案)或群众自发组织并能开展各类文化活动的群众性文化社团组织。

3.5 服务输出方 Service Exporter

提供跨区域公共文化服务的相关机构或单位。

3.6 服务接收方 Service Importer

接收跨区域公共文化服务的相关机构或单位。

4 基本原则

4.1 定向服务和三方自愿(服务输出方、服务接收方、服务实施方)相结合原则。

4.2 需求对接与区域特色相结合原则。

4.3 责任明确与"谁组织，谁负责"原则。

5 组织形式

5.1 公开招标选用第三方团体开展公共文化跨区域服务。

5.2 选拔具有当地特色的群众文化团队开展公共文化跨区域服务。

5.3 培育具有本单位(机构)特色的公共文化产品开展公共文化跨区域服务。

5.4 其他符合相关规定的形式开展公共文化跨区域服务。

6 服务输出方职责

6.1 文化行政主管部门

6.1.1 负责本地公共文化跨区域服务的规划、指导、协调、组织和监督考核。

6.1.2 负责公共文化跨区域服务的专业团队招募或群众文化团队组建等方面的工作。

6.1.3 负责督促下属公共文化机构开展跨区域文化交流活动。

6.1.4 负责挖掘和培育具有当地特色的公共文化跨区域服务内容。

6.2 乡镇(街道)综合文化站

落实上级下达的任务,通过公开招标第三方团体或组织当地特色群众文化团队的方式,开展公共文化跨区域服务。

6.3 行政村(社区)

落实上级下达的任务,组织群众文化团队,开展公共文化跨区域服务。

7 服务内容

7.1 文艺演出

7.1.1 演出应形式多样,具体包括:

a)包含音乐、舞蹈、小品、曲艺等多种艺术形式的综合类演出;

b)戏曲、话剧、舞剧、音乐剧等专场类演出;

c)其他类演出。

7.1.2 演出应符合相关要求,具体包括:

a)演出内容应健康向上,符合群众需求;

b)综合类演出节目应不少于 8 个,节目时长不少于 60 分钟;

c)专场类演出节目,时长不少于 60 分钟。

7.2 展示展览

7.2.1 展示展览应形式多样,具体包括:

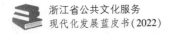
a) 美术、书法、摄影等方面的展览展示；

b) 地方特色文化展示；

c) 非物质文化遗产展示；

d) 其他类型的展示展览。

7.2.2　展示展览应符合相关要求，具体包括：

a) 展览展示应主题鲜明，内容丰富，体现时代特色；

b) 固定场所的展示展览应不少于 3 天；

c) 流动式展示展览应不少于半天；

d) 展品数量不少于 30 件，展线长度不低于 20 米。

7.3　培训讲座

7.3.1　根据公共文化跨区域服务要求，组织相关专业人士开展培训讲座，具体包括：

a) 文学艺术类；

b) 时政科普类；

c) 传统技艺类；

d) 其他类。

7.3.2　培训讲座应符合相关要求，具体包括：

a) 培训时长不少于 3 个课时；

b) 讲座时长不少于 45 分钟。

8　服务流程

8.1　年度规划

文化行政主管部门应全面梳理区域内公共文化资源，根据服务接收方需求，在年初确定公共文化跨区域服务年度规划，明确各服务主体的公共文化跨区域服务输出类型和输出总量。设区市、县(市、区)每年组织跨区域文化服务数量应按照 DB33/T 2079—2017 的要求。

8.2　制定计划

服务输出方应根据当地文化行政主管部门年度规划，制订本单位具体实施计划，明确公共文化跨区域服务的输出类别、输出数量、输出时间、输出地点及要求等。

8.3 沟通协调

服务输出方应充分利用各种信息资源，以结对或自主协商等形式，沟通协调公共文化跨区域服务的相关事宜，明确跨区域服务的总体意向，具体包括服务接收方、输出类别、输出时间、活动规模等。

8.4 细化方案

服务输出方应根据输出的服务内容提前制定详细的工作方案，具体包括内容、时间、地点、人员、交通方式、场地安排、设备设施等。同时，根据方案开展相关的组织协调及排练工作，确保活动按时有效展开。

8.5 落实场地与设施

服务接收方应根据服务输出方提出的要求或双方达成的协定，提前安排好活动场地（场馆）。对于服务输出方开展活动需要的但又无法自行携带的设施设备，服务接收方应积极配合解决，确实无法解决的，需提前告知。

8.6 安全措施

服务输出方和服务接收方应制订安保预案，具体涉及安全责任人、安保措施、安全设施等内容，确保活动安全。开展活动的安保要求，应根据活动地政府相关部门出台的规定执行。

8.7 信息发布

服务接收方应利用多种传播渠道及时发布活动信息，具体包括活动时间、活动地点、活动形式、活动内容、参加要求以及注意事项等，提高群众参与面，扩大社会影响力。

8.8 组织群众

服务接收方应组织和动员群众参与活动，人数受限制的需提前报名或发放门票，人数不受限制的需事先调查群众参加意愿，动员群众积极参与，提升公共文化服务资源的有效利用。

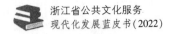

8.9 活动实施

服务输出方应根据既定程序和内容，提供文艺演出、展览展示、培训讲座等具体的服务项目，确保活动的质量。

8.10 现场管理

服务接收方在活动现场做好观众入场(离场)管理、现场人员行为管理、安全管理、投诉处理等工作，设置现场总体协调及突发事件处理负责人，确保活动有序进行。

8.11 活动宣传

服务输出方和服务接收方应及时整理新闻素材，做好宣传报道，扩大社会影响。

8.12 活动记录

服务输出方应在活动举办后 7 日内整理相关活动资料并建档，具体包括：工作计划、活动方案、服务时间、服务地点、服务内容、参与人员、现场照片、服务经费、票据凭证等，确保服务有据可查。服务接收方应及时做好活动评价记录工作，评价记录内容详见附录 A。

9 服务评估

9.1 评估组织

各级文化行政主管部门。

9.2 评估时间

评估按年度进行，每年年底对本年度服务输出方总体服务情况进行全面评估。

9.3 评估方式

自行组织评价或引入有资质的第三方机构进行评估。

9.4 评估内容

服务输出方提供的服务项目及相关内容，包括：服务数量、活动质量、活动宣传、安全机制、活动记录等。评估内容参见附录 B。

9.5 指标权重

当地文化行政主管部门可根据公共文化跨区域服务的实际情况，确定年度考核指标的权重，权重采用百分制方式，具体参见附录 B。

9.6 计算得分

根据评估指标、评估标准和评估权重，计算服务输出方年度评估总得分。计算方法参见附录 B。

9.7 评估应用

9.7.1 评估结果发布。

评估结果应数据完整，结论公正，由文化行政主管部门统一发布。

9.7.2 评估结果应用。

评估结果可作为当地公共文化服务考核依据。

参 考 文 献

[1]《中华人民共和国公共文化服务保障法》(2016年版)

[2]《关于加快构建现代公共文化服务体系的意见》(中办发[2015]2号)

[3]GB/T 32940—2016 《乡镇综合文化站服务标准》

[4]《浙江省公共文化服务保障条例》(浙江省人民代表大会常务委员会公告
第68号)

[5]《关于加快构建现代公共文化服务体系的实施意见》(浙委办发[2015]46
号)

[6]DB 33/T 2054—2017 《乡镇(街道)综合文化站服务规范》

ICS 01.140.20
A 14

DB 33

浙 江 省 地 方 标 准

DB 33/T 2180—2019

公共图书馆中心馆—总分馆建设服务规范

Construction and service specification for central-main-branch public library

2019-01-15 发布

2019-02-15 实施

浙江省市场监督管理局　　　　发　布

前　　言

本标准按照 GB/T1.1—2009 给出的规则起草。

请注意本文件的某些内容可能涉及专利。本文件的发布机构不承担识别这些专利的责任。本标准由浙江省文化和旅游厅提出并归口。

本标准起草单位：嘉兴市文化广电新闻出版局、嘉兴职业技术学院、嘉兴市图书馆、国家公共文化服务体系示范区创新研究中心、浙江省标准化研究院。

本标准主要起草人：陈云飞、王显成、沈红梅、汪仕龙、顾金孚、刘靖、应珊婷。本标准为首次发布。

公共图书馆中心馆—总分馆建设服务规范

1　范围

本标准规定了公共图书馆中心馆—总分馆建设服务的术语和定义、建设原则、主要功能、设施建设、资源建设、服务提供、服务人员、运行管理等方面的要求。

本标准适用于公共图书馆中心馆—总分馆建设、服务。

2　规范性引用文件

下列文件对于本文件的应用是必不可少的。凡是注日期的引用文件，仅注日期的版本适用于本文件。凡是不注日期的引用文件，其最新版本(包括所有的修改单)适用于本文件。

GB/T 28220　公共图书馆服务规范

DB 33/T 2011　公共图书馆服务规范

JGJ 38　图书馆建筑设计规范

WH 0502　公共图书馆建筑防火安全技术标准

建标 108　公共图书馆建设标准

建标 74 号　公共图书馆建设用地指标

3　术语和定义

3.1　公共图书馆　Public Library
向社会公众免费开放，收集、整理、保存文献信息并提供查询、借阅

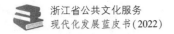
及相关服务，开展社会教育的公共文化设施。

3.2 中心馆 Central Public Library

依托设区市级公共图书馆建设，在市域范围内具有资源、技术及管理优势，在中心馆—总分馆建设过程中起核心作用的公共图书馆。

3.3 总馆 Main Public Library

依托县级公共图书馆建设，在县域范围内具有资源、技术及管理优势，在总分馆建设过程中起主导作用的公共图书馆。

3.4 分馆 Branch Public Library

主要依托乡镇(街道)综合文化站、村(社区)综合性文化服务中心等进行建设，为基层群众提供教育、信息和文化休闲服务的小型图书馆。具备条件的学校、科研机构、企业的图书馆(室)、职工书屋等根据自身职能特点，在自愿原则下成为县级公共图书馆(总馆)的分馆。

3.5 基层流通点 Book Circulation Point

公共图书馆利用自身的文献信息资源优势，在馆外设立的读者服务点，主要提供图书和报刊的流通阅览服务。

3.6 区域服务人口数 Regional Service Population

各级公共图书馆所在行政区域的常住人口数。

4 建设原则

4.1 政府主导，社会参与

发挥各级人民政府在中心馆—总分馆建设规划、组织和推进等方面的统筹作用，优化公共图书馆资源配置，完善配套措施，确保有序推进。鼓励社会力量通过直接投资、赞助活动、提供产品和服务，以及采取公益创投、公益众筹等方式，参与中心馆—总分馆建设与服务。

4.2 强化基层，促进均等

以需求为导向，促进文献资源向基层特别是农村倾斜，增加基层公共文化资源总量，保障城乡群众普遍均等地享有基本公共文化服务。

4.3　资源共享，优化服务

统一服务标准，文献通借通还，数字资源共建共享，阅读活动区域联动；拓展服务空间，丰富服务内容，创新服务手段，打造服务品牌。

4.4　改革创新，提升效能

围绕建、管、用等关键环节，创新管理体制和运行机制，实现公共图书馆服务资源联动共享，发挥整体优势，提升综合服务效能。

5　主要功能

5.1　中心馆

5.1.1　制订中心馆—总分馆建设、发展规划。

5.1.2　制订中心馆—总分馆业务标准和服务规范。

5.1.3　统筹中心馆—总分馆文献资源建设，实现资源共享、通借通还。

5.1.4　统筹中心馆—总分馆的人员培训、技术升级、政策提供等。

5.1.5　实施中心馆—总分馆效能的考核、监督和评价。

5.2　总馆

5.2.1　制订总分馆发展规划、工作计划，并组织实施。

5.2.2　统筹总分馆文献资源建设和服务提供，实现资源共享、通借通还。

5.2.3　负责总分馆业务人员的岗位培训和素质提升；统筹人员的上挂下派。

5.2.4　建立并统一总分馆网络信息与业务管理平台，并提供技术支持和维护。

5.2.5　考核分馆、流通点管理与服务绩效。

5.3　分馆

5.3.1　负责提供服务场地、服务设备设施，配备工作人员。

5.3.2　按照服务标准面向公众提供与总馆水平大致相当的基本服务。

5.3.3 指导和管理基层流通点工作，配合做好其他相关工作。

5.3.4 负责本区域群众需求反馈、评价工作。

5.4 基层流通点

5.4.1 负责提供服务场地、配备工作人员。

5.4.2 按照统一要求提供基本服务。

5.4.3 负责本区域群众需求反馈、评价工作。

5.4.4 配合开展其他相关工作。

5.5 场馆型自助图书馆

在城市街区和人流密集的农村社区设置的具备 24h 开放条件的图书馆，采用自助借阅，实现一体化服务。

5.6 流动图书馆

中心馆、总馆宜配备流动图书馆。定线、定点、定时开展图书流动服务。

6 设施建设

6.1 总体要求

6.1.1 按照城乡一体、全面覆盖、方便利用的原则，进行统一规划，采用新建、改建、租赁、整合等多种方式，形成公共图书馆设施网络。选址应符合建标 108 的要求。

6.1.2 中心馆、总分馆应使用统一的服务标识，并纳入路标、路牌、公共交通等标志系统。

6.2 中心馆

6.2.1 承担中心馆功能的公共图书馆，应达到部颁二级以上标准；用地面积和建筑规模宜适当高于建标〔2008〕74 号和建标 108 的要求。

6.2.2 承担中心馆功能的公共图书馆的设计、建设、安全要求应分别符合 JGJ38、建标 108 和 WH0502 的要求。

6.2.3 设施配置应符合 DB 33/T 2011 的要求，并配备能提供数字资源服务和远程服务的设施。

6.3 总馆

6.3.1 承担总馆功能的公共图书馆，应达到部颁二级以上标准；用地面积和建筑规模宜适当高于建标〔2008〕74 号和建标 108 的要求。

6.3.2 承担总馆功能的公共图书馆的设计、建设、安全要求应分别符合 JGJ38、建标 108 和 WH0502 的要求。

6.3.3 设施配置应符合 DB 33/T 2011 的要求，并配备能提供数字资源服务和远程服务的设施。

6.4 分馆

6.4.1 乡镇(街道)分馆建筑面积不低于 300 m^2；宜配备自助借还设备、监控设备、数字资源一体机、数字阅读终端等数字化管理、服务设备。省级中心镇和 5 万人口以上的乡镇宜适当增加分馆建筑面积。

6.4.2 村(社区)分馆建筑面积不低于 100m^2。宜因地制宜地配置数字化管理、服务设备。

6.4.3 设施设备配置应符合 DB 33/T 2011 的要求，应建有标准配置的公共电子阅览室或文化共享工程基层服务点。

6.4.4 乡镇(街道)分馆应设有少儿活动空间。村(社区)分馆应配置适合少儿活动的设备和图书。

6.4.5 社会力量举办的分馆，在具有一定特色或主题的前提下，建筑面积可适当降低，但不宜少于 50m^2。

6.5 基层流通点

6.5.1 基层流通点建筑面积宜不低于 35m^2。

6.5.2 基层流通点文献资源由总分馆统一配置，统一标识。宜利用手机流通系统实现一卡通行、通借、通还。

6.6 场馆型自助图书馆与流动图书馆

6.6.1 根据当地实际情况，在人员流动量较大的公共场所、务工人员较为集中的区域以及留守妇女儿童较为集中的农村地区，配备必要的设施，采取多种形式，提供便利可及的公共阅读服务。

6.6.2 馆外公共领域的场馆型自助图书馆面积宜在 100 m² 以上，应配备自助借还设备、监控设备、数字资源一体机、数字阅读终端等数字化管理、服务设备。

6.6.3 应根据实际制定流动图书馆服务的线路和布点规划，并报主管部门备案。

7 资源建设

7.1 图书文献资源

7.1.1 中心馆、总馆应制定馆藏发展规划、明确相关标准规范，建立规模合理、结构优化、适应需求的现代图书馆馆藏体系。中心馆应推进区域文献信息资源统筹协调、数字资源共建共享。

7.1.2 中心馆文献入藏总量不少于 60 万册，年新增文献藏量不少于 0.6 万种。

7.1.3 按照区域服务人口数，总分馆服务体系人均占有藏书 1 册以上，或总藏量不少于 50 万册。人均年增新书不少于 0.05 册。

7.1.4 图书馆乡镇(街道)分馆图书入藏总量不少于 1 万册，报刊不少于 100 种。总馆对分馆每年配 送更新不少于 4 次。

7.2 数字资源

7.2.1 公共图书馆中心馆—总分馆数字资源总量应达到 80TB 以上，推进新媒体终端适用资源建设。

7.2.2 中心馆的数字资源总量不低于 15TB。

7.2.3 总馆的数字资源总量不低于 4TB。

7.2.4 分馆和基层流通点读者可通过数字终端，共享网上数字资源。

7.3 文献资源共建共享

7.3.1 中心馆牵头建立市域范围内的文献资源共建共享平台，总馆参与共建共享工作。

7.3.2 总馆牵头建立县域范围内的文献资源共建共享平台，分馆和基层流通点共同参与。

8 服务提供

8.1 免费开放

8.1.1 公共图书馆公共空间设施免费开放，基本服务项目健全并免费提供。公休日应当开放，在国家 法定节假日应当有开放时间。

8.1.2 中心馆每周开放时间不少于 68h；总馆每周开放时间不少于 56h；乡镇(街道)分馆每周开放 时间不少于 48h；村(社区)分馆每周开放时间不少于 40h；流通点每周开放时间不少于 22h。

8.1.3 社会力量举办的分馆和基层流通点可根据自身特点因地制宜地合理设置开放时间。开放时间应报总馆备案并向社会公布。

8.2 服务内容

8.2.1 应提供图书及报刊开架阅览。

8.2.2 应提供文献借还、续借、预约等流通服务，方便读者使用文献资源。

8.2.3 应提供数字服务。中心馆、总馆应建立门户网站、数字阅读体验区和服务区；推广和利用浙江网络图书馆、浙江文化通等公共文化服务平台，有条件的地区建设具有当地特色的数字图书馆或资源库。

8.2.4 应开展讲座服务。中心馆每年举办公益讲座不少于 45 次。总馆每年举办公益讲座不少于 12 次。乡镇(街道)分馆每年举办公益讲座不少于 6 次。

8.2.5 应开展展览服务。中心馆每年举办免费展览不少于 12 次。总馆每年举办免费展览不少于 4 次。乡镇(街道)分馆每年举办免费展览不少于 2 次。

8.2.6 应开展阅读推广服务。中心馆每年开展阅读推广活动不少于 24

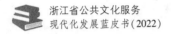
次,总馆每年开展阅读推广活动不少于20次,分馆每年开展阅读推广活动不少于2次。

8.2.7 应开展咨询服务。中心馆、总馆开展书目检索、参考咨询、文献提供等信息服务,缩短信息咨询响应时间。乡镇(街道)分馆提供一般性咨询服务。

8.2.8 应积极为未成年人提供个性化服务。中心馆、总馆应设立公共图书馆少年儿童分馆或少年儿童服务区域。

8.2.9 应注重保障特殊群体享受图书馆服务的权益,在硬件设施、馆藏资源建设、服务措施等方面开展个性化服务,并对特殊人群提供免费或优惠服务。中心馆、总馆应提供无障碍服务。

8.3 服务告示

8.3.1 中心馆、总分馆应将服务范围、服务内容、服务时间、服务公约、读者须知、借阅(使用)规则、服务承诺等基本服务政策在馆内醒目位置和图书馆网站向读者公示,其他服务政策及各类服务信息等应通过各种途径方便读者获取。

8.3.2 中心馆、总分馆因故暂时停止开放时,应提前七天向读者公告。如遇公共安全、网络安全等突发事件须临时停止服务或关闭部分区域、暂停部分服务的,应及时向读者公告。

8.4 服务礼仪规范

中心馆、总分馆应制定着装、仪容仪表、行为规范、文明用语等方面的服务礼仪规范,并予以公布。

8.5 文化志愿服务

中心馆、总分馆应结合自身实际,建立志愿服务站点,搭建志愿服务平台;建立健全志愿服务管理制度,编写志愿服务手册或服务指南;拓展志愿服务领域。

9 服务人员

9.1 工作人员

中心馆、总馆工作人员数量的确定，应符合 GB/T28220 的要求。乡镇（街道）分馆应配备专职管理人员；村（社区）分馆应配备人员进行管理。中心馆—总分馆从业人员与区域服务人口比例宜达到 1：15000。

9.2 职业培训

中心馆、总分馆应组织实施教育培训。中心馆、总馆工作人员每年参加脱产培训时间不少于 15 天。分馆工作人员每年参加集中培训时间不少于 5 天。基层流通点兼职工作人员每年参加培训不少于 1 天。

9.3 文化志愿者

中心馆—总分馆应建立志愿者招募、培训、派遣、管理、评估、激励机制；发展壮大专业志愿者队伍，培育专业志愿服务组织。

9.4 集中管理

有条件的地方宜探索总分馆工作人员集中管理。实行集中管理的，分馆馆长宜纳入总馆编制，由总馆下派；分馆配置的其他工作人员，应由总馆集中管理。

10 运行管理

10.1 工作机制

10.1.1 统一采编。总馆根据年初书刊购置经费的预算安排，统一选购图书，统一著录加工，统一配送至分馆和基层流通点。

10.1.2 通借通还。中心馆—总分馆内应实行一卡通用、通借通还。

10.1.3 资源共享。中心馆—总分馆应有大致相同的服务规范和服务模式，共享各类服务资源，并形成自己的特色。

10.2 管理机制

10.2.1 应建立完善的运行管理制度和协调机制，解决公共图书馆中心馆—总分馆建设运行中的问题。

10.2.2 中心馆、总馆应健全法人治理结构,建立理事会制度。中心馆、总馆的理事会,宜有一定数量的分馆代表担任理事。

10.2.3 中心馆—总分馆应建立资产统计报告制度、服务开展情况年报制度。年报应包括服务项目、服务效能、经费使用等公共文化服务开展情况。应在每年的第一季度向社会公布上一年度年报。

10.2.4 中心馆、总分馆应建立群众满意度调查制度。满意度调查每年不少于1次。可自行开展或委托第三方机构开展。读者满意度宜达到95%以上。

10.2.5 有条件的地方宜探索总馆统一管理或参与管理各分馆人、财、物。

10.2.6 有条件的地方可探索引入社会专业机构,采取委托管理、购买服务或连锁运营等方式管理分馆。

10.3 经费保障

10.3.1 应建立完善的中心馆—总分馆经费保障制度。

10.3.2 县域内分馆建设和运行保障经费宜采用县、乡镇两级政府分担的原则,具体标准由各地根据实际情况制定。

10.4 需求管理与服务监督

10.4.1 应建立读者需求反馈机制,可通过民情意见征求、媒体征集、座谈访谈、走访调研、调查问卷、网络在线交流等方式及时准确了解和掌握读者需求。

10.4.2 应制定公共文化服务提供目录,开展"菜单式""订单式"服务,满足不同年龄、不同层次群众多样化的精神文化需求。

10.4.3 应在显著位置设立公众意见箱(簿)、公开监督电话,开设网上投诉通道,建立馆长接待日制度,组建社会监督员队伍,认真对待并正确处理来自读者的意见或投诉,在五个工作日内回复并整改落实。

10.5 安全管理

10.5.1 应建立健全安全管理制度。

10.5.2 应当妥善保护读者的个人信息、借阅信息以及其他可能涉及读者隐私的信息，不得出售或者以其他方式非法向他人提供。

10.5.3 应在公共活动区域配备一定数量的消防器材，定期进行检修和维护。消防栓、灭火器等消防器材应处于完好状态。有条件的公共图书馆宜配备安全检查设备。

10.5.4 公共活动区域应建有安全通道，安全疏散标识明显。

10.5.5 在举行大型读者活动时，应事先做好安全预案，按规定向有关部门报备。

10.5.6 应定期组织安全培训和安全演练，提高工作人员的安全防范意识和安全管理能力。

10.5.7 不得从事或者允许其他组织、个人在馆内从事危害国家安全、损害社会公共利益和其他违反法律法规的活动。

10.5.8 向社会公众提供的文献信息不得违反有关法律、行政法规的规定。不得向未成年人提供内容不适宜的文献信息。

10.6 绩效评价

10.6.1 建立中心馆—总分馆绩效评价体系，开展绩效评估。

10.6.2 宜委托第三方机构开展评估。考评结果作为确定预算、收入分配与实施奖惩的重要依据。

参 考 文 献

[1]《中华人民共和国公共文化服务保障法》(2016 年 12 月 25 日第十二届全国人民代表大会常务委员会第二十五次会议通过)

[2]《中华人民共和国公共图书馆法》(2017 年 11 月 4 日第十二届全国人民代表大会常务委员会第三十次会议通过)

[3]《浙江省公共文化服务保障条例》(2017 年 11 月 30 日浙江省十二届人大常委会第四十五次会议通过)

[4] 文化部、新闻出版广电总局、体育总局、国家发展改革委、财政部《关于推进县级文化馆图书馆总分馆制建设的指导意见》(文公共发〔2016〕38 号)

[5] 浙江省文化厅、浙江省发改委、浙江省财政厅、浙江省新闻出版广电局、浙江省体育局《关于推进县级文化馆图书馆总分馆制建设的实施意见》(浙文公共〔2017〕26 号)

ICS01.140.40

B14

DB 33

浙 江 省 地 方 标 准

DB 33/T 2181—2019

城市书房服务规范

City's study service specifications

2019-01-15 发布
2019-02-15 实施

浙江省市场监督管理局　　　发　布

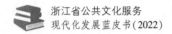
前　　言

本标准按照 GB/T1.1 给出的规则起草。

本标准由浙江省文化和旅游厅提出并归口。

本标准起草单位：温州市图书馆、温州市标准化研究院。

本标准主要起草人：仇杨坪、章亦倩、诸葛列炜、虞爱娜、毛薇洁、毛炳聪。

城市书房服务规范

1　范围

本标准规定了城市书房服务的术语和定义、基本原则、设施设备、服务资源、服务内容、服务管理、监督与考核。

本标准适用城区的场馆型自助公共图书馆。

2　规范性引用文件

下列文件对于本文件的应用是必不可少的。凡是注日期的引用文件，仅所注日期的版本适用于本文件。凡是不注日期的引用文件，其最新版本（包括所有的修改单）适用于本文件。

GB/T10001.1 公共信息图形符号第 1 部分：通用符号

GB 50016 建筑设计防火规范

GB 50140 建筑灭火器配置设计规范

GB 50763 无障碍设计规范

3　术语和定义

3.1　城市书房　City's Study

由政府主导、社会力量参与，依托各级公共图书馆，采用自动化设备和无线射频技术，实现一体化服务，具备 24 小时开放条件的场馆型自助公共图书馆。

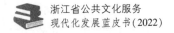
3.2 一体化服务 Unified Service

同一区域不同级别、不同规模的公共图书馆按照相同的规则和标准，在业务运营、管理过程中，通过文献、技术、人员等资源的全面共享和统一管理提供服务的模式。

4 基本原则

4.1 政府主导，统筹规划

城市书房应纳入当地经济和社会发展总体规划，纳入区域公共图书馆事业发展规划，根据服务人口、读者需求等因素布局建设。

4.2 社会参与，共建共享

鼓励和支持公民、法人和其他组织与政府部门合作建设城市书房，依法参与城市书房的运营与管理，推动形成全社会共建共享格局。

4.3 以人为本，提升效能

坚持以人民为中心，通过平等、开放、免费、就近、便捷的服务，保障公众基本文化权益。不断改进服务质量，提升服务效能。

4.4 因地制宜，彰显特色

在空间设计、环境布局、藏书建设、活动开展等方面体现区域特征，形成各具特色的城市公共阅读空间。

5 设施设备

5.1 布局和选址

5.1.1 选址遵循普惠均等原则，按服务半径不大于1.5km，或服务人口不少于5000人的要求统筹规划、合理布局。

5.1.2 位于人口集中、交通便利、环境相对安静、市政配套设施条件良好的区域，周边应有公共卫生间、保安岗亭或派出所。宜位于一楼临街区域。

5.1.3 鼓励社会力量无偿提供场地用于建设城市书房，时间至少

5年。

5.2 设施要求

5.2.1 总建筑面积不少于100m²，阅览坐席不少于15座。

5.2.2 外观和室内设计宜结合所在区域的人文精神与生活风格，体现文化建筑的氛围特点，优雅精致，营造家居式阅读环境。

5.2.3 内部功能区域布局明确，布局宜符合表一的要求，少儿借阅区与成人借阅区分开。

表一　功能区域及藏书量、阅览坐席

项目		面积（m²）		
		100~200	200~300	300以上
功能区域	一般借阅区	应设	应设	应设
	少儿借阅区	宜设	应设	应设
	视障障服务区	宜设	宜设	宜设
	便民服务区	宜设	宜设	宜设
藏书量（册）		3000以上	10000以上	15000以上
坐席（个）		15以上	20以上	40以上

5.2.4 防火设计符合GB 50016要求，耐火等级不得低于二级。

5.2.5 无障碍设计符合GB 50763要求。

5.2.6 设计应对突发事件的安全疏散路线。

5.2.7 与其他文化设施合建时，应自成一体，单独设置出入口。

5.2.8 各类标识应符合GB/T10001.1要求。

5.3 设备要求

5.3.1 配置安全监控系统、安全防盗门禁，并与各级公共图书馆安防系统联网。

5.3.2 配置自助图书借还机。宜配置自助办证机及电子书阅读机。

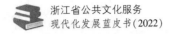
5.3.3　宜在书架最上层安装条形节能灯。

5.3.4　宜在阅览桌上配置电源和 USB 充电装置。

5.3.5　具有稳定可靠的互联网接入条件，带宽不应低于100M，提供无线网络接入服务。

5.3.6　灭火器配置应符合 GB50140 要求。

5.3.7　在醒目位置配置统一标识。

6　服务资源

6.1　人力资源

6.1.1　配备专兼职工作人员，应受过基本的图书馆专业技能培训，能够熟练操作和使用自助图书借还机及相关设备，并具备良好的职业道德。

6.1.2　配备兼职的保安、保洁人员，并受过专业培训。

6.1.3　招募志愿者，参与城市书房服务。

6.2　文献资源

6.2.1　基本馆藏不少于 3000 册，包括图书、期刊、报纸等。

6.2.2　通过计算机网络共享公共图书馆的数字资源，如电子图书、电子期刊、电子报纸及其他各种数据库资源。

7　服务内容

7.1　空间服务
免费为读者提供学习、文化交流的空间。

7.2　借阅服务
免费为读者提供阅览、借书、还书等服务。

7.3　阅读推荐
在不影响其他读者的情况下，宜开展讲座、沙龙、培训、展览等阅读推广活动。

7.4　馆藏揭示

通过网站、微博、微信等渠道向公众推介、揭示最新入藏的文献和特色馆藏。

7.5 特殊群体服务

7.5.1 保障未成年人、老年人、残疾人、务工人员及其他特殊群体享有城市书房服务的权益。有条件的可提供盲文图书借阅等相应服务。

7.5.2 设立未成年人图书专架。有条件的可设立未成年人服务区域。

7.6 便民服务

宜设置饮水机、自助贩卖机、便民物品箱等，方便读者取用。

8 服务管理

8.1 服务运作

依托各级公共图书馆服务网络和业务管理平台开展各项服务工作。

8.2 文献组织

8.2.1 馆藏文献按照《中国图书馆分类法》分类排架，开架借阅，保持架位整齐。

8.2.2 馆藏文献年更新次数不少于 6 次，更新数量不少于总藏量的 20%。新书配送到城市书房后应在 1 个工作日内上架。

8.3 服务告示

8.3.1 在显著位置向读者公示开放时间、服务内容、服务公约等信息。

8.3.2 临时闭馆应提前 7 天向读者公告，特殊情况除外。

8.4 服务时间

因地制宜设置开放时间。每周开放时间不少于 84 小时。有条件的可 24 小时开放。

8.5 服务统计

按日、月、年定期做好各类业务数据统计，建立业务档案。

8.6 服务安全

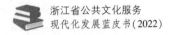

建立安全管理制度，制定安全应急预案，投保公众责任险，定期开展安全检查。

8.7 社会参与管理

8.7.1 组建志愿者队伍，定期培训，开展志愿服务活动。建立志愿服务奖惩机制。

8.7.2 宜采用政府购买服务方式，将日常运行、图书配送等工作委托给第三方服务机构。

9 监督与考核

9.1 服务监督

9.1.1 在显著位置设立读者意见箱，收集读者意见建议、图书荐购等信息。

9.1.2 公开读者咨询电话号码，开设网上投诉通道，并在 2 个工作日内予以回复并及时整改。

9.2 绩效考核

9.2.1 纳入公共图书馆服务绩效考核评估体系，建立公众参与的绩效考评机制，考核城市书房服务效能，如图书外借量、流通人次、阅读推广活动场次等。考核评价结果作为奖惩的重要依据。

9.2.2 每年开展不少于一次的读者需求和满意度调查，调查表发放数量不少于 100 份，回收率不低于 80%，满意度不低于 85%。

参 考 文 献

[1]GB/T28220—2011 《公共图书馆服务规范》

[2]WH/T73—2016 《社区图书馆服务规范》

[3]DB 33/T2011—2016 《公共图书馆服务规范》

[4]《中华人民共和国公共文化服务保障法》(中华人民共和国主席令第六十
号)

[5]《中华人民共和国公共图书馆法》(中华人民共和国主席令第七十九号)

[6]《浙江省公共文化服务保障条例》(浙江省人民代表大会常务委员会公告
第68号)

[7]《中国图书馆分类法》

ICS03.080.01

A16

DB 33

浙 江 省 地 方 标 准

DB 33/T 2186—2019

农村文化礼堂管理与服务规范

Specification for management and service of
rural cultural hall

2019-02-01 发布

2019-03-01 实施

浙江省市场监督管理局　　　发　布

前　言

本标准按照 GB/T1.1—2009 给出的规则起草。

本标准由中共浙江省委宣传部、浙江省文化和旅游厅提出。

本标准由浙江省文化和旅游厅归口。

本标准主要起草单位：中共杭州市委宣传部、杭州市文化广电新闻出版局、中国计量大学、杭州市临安区文化广电新闻出版局

本标准主要起草人：龚志南、孙雍容、陆小龙、潘韶京、虞华君、霍荣棉、吴丽。

引　言

为提升农村文化礼堂管理服务水平和服务能力，保障农村地区人民群众基本文化权益，制定本标准。

本标准的主要目的在于培育和践行社会主义核心价值观，实施乡村振兴战略，依据《公共文化服务保障法》和《浙江省公共文化服务保障条例》的要求，持续深化和推进浙江农村文化礼堂建设，传承、保护和弘扬中华优秀传统文化，打造农民群众精神家园，不断满足农民群众日益增长的美好生活需要，提高农民文明素质和农村社会文明程度，培育文明乡风，促进农村社会和谐。

本标准是开展农村文化礼堂管理与服务的基本要求，也是农村文化礼堂进行管理与服务绩效评价的重要依据。

农村文化礼堂管理与服务规范

1 范围

本标准规定了农村文化礼堂的术语和定义、总体要求、运行管理、服务内容、服务人员、服务保障、服务记录和评估与应用。

本标准适用于农村文化礼堂的管理与服务。

2 规范性引用文件

下列文件对于本文件的应用是必不可少的。凡是注日期的引用文件，仅所注日期的版本适用于本文件。凡是不注日期的引用文件，其最新版本（包括所有的修改单）适用于本文件。

浙江省农村文化礼堂建设标准（浙建标 1—2017）

浙江省农村文化礼堂建设实施纲要（2018—2022）（浙委办发〔2018〕41号）

3 术语和定义

下列术语和定义适用于本标准。

3.1 农村文化礼堂 Rural Cultural Hall

基于弘扬新时代中国特色社会主义先进文化，满足农民群众精神文化需求，培育乡风文明、促进社会和谐、推动乡村振兴，增强农民群众凝聚力和归属感而建设的集学教、礼仪、娱乐于一体的农村文化综合体，主要

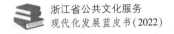

由礼堂、讲堂、文体活动场所和展示展览设施等组成。

［改浙建标1—2017，术语2.0.1］［浙江省农村文化礼堂建设实施纲要］

3.2 农村文化礼堂理事会 Rural Cultural Hallcouncil

在村基层党组织领导下建立的，吸纳村干部和新乡贤、文化骨干、创业成功人士、村民代表等参与农村文化礼堂管理服务的议事决策组织，是推动农村文化礼堂长效运行和持续发展的重要力量。

3.3 五有三型 Five Have Three Type

以推动"建、管、用、育"为一体化目标，推进农村文化礼堂长效机制建设，将农村文化礼堂建设成为有场所、有展示、有活动、有队伍、有机制，集学教、礼仪、娱乐为一体的文化阵地。

4 总体要求

4.1 坚持以习近平新时代中国特色社会主义思想为引领，大力培育和践行社会主义核心价值观。

4.2 坚持价值引领、农民主体、共建共享、创新发展等原则。

4.3 坚持以文化民生为核心，建设农村文化综合体、打造农民群众精神家园，推进乡村文化振兴。

5 运行管理

5.1 设施提供

农村文化礼堂的建设应根据浙委办发〔2018〕41号文件和浙建标1—2017的规定，按照"五有三型"的要求提供相应服务设施。

5.2 管理主体

5.2.1 村"两委"是农村文化礼堂管理工作的责任主体，农村文化礼堂工作应列入其年度工作计划，制订年度工作方案，定期研究农村文化礼堂工作，落实专门管理人员，保障农村文化礼堂常态化运行和公共文化服务项目的实施。

5.2.2　农村文化礼堂理事会应积极参与农村文化礼堂的相关决策。

5.2.3　农村文化礼堂应建立村民自我组织、自我管理、自我服务、自我发展的管理运行机制。

5.3　管理制度

5.3.1　应建立健全农村文化礼堂管理制度，具体包括日常开放制度、文化活动制度、团队建设制度、志愿者管理制度、安全管理制度、社会评价制度等。

5.3.2　涉及群众权益的管理制度应在农村文化礼堂醒目位置公示。

5.4　开放时间

5.4.1　农村文化礼堂应定期开放，全年开放服务不少于180天。

5.4.2　图书阅览室(农家书屋)每周开放不少于40小时。

5.4.3　农村文化礼堂应根据不同功能区的使用情况，结合群众需求，灵活设置具体开放时间。

5.5　场地布局

5.5.1　内部使用空间宜具有使用功能的复合性或空间分割的灵活性以及运行管理的独立性，应保证通行便利、出入通畅。老年、少儿、残疾人活动区域应尽量放在首层或便于安全疏散的位置。

5.5.2　农村文化礼堂场地布局应兼顾宣传文化、党员教育、科学普及、普法教育、卫生健康、体育健身等多种功能。

5.5.3　农村文化礼堂宜因地制宜增设功能区。应设置礼堂、讲堂、展示展览设施和文体活动场所等功能分区；宜设置具有地域、民族特色的功能空间。原则上，人口在1000人以上的行政村，新建农村文化礼堂建筑面积不少于300平方米；人口在500至1000人的行政村，新建农村文化礼堂建筑面积不少于200平方米。

5.5.4　礼堂应在醒目位置设置国旗。

5.5.5　礼堂应设置社会主义核心价值观"富强、民主、文明、和谐""自由、平等、公正、法治""爱国、敬业、诚信、友善"24个字。

5.5.6 礼堂应设置当代浙江人共同价值观"务实、守信、崇学、向善"。

5.5.7 宜根据当地特色，在礼堂设置村民广泛认同、积极向上的理念价值。

5.6 空间展示

5.6.1 展示可根据实际情况，设置为展示墙、展示室、展示厅、展示廊等形式，并宜配置专门的展品储藏室。

5.6.2 独立展示场所面积应符合浙建标 1—2017 的相关要求。

5.6.3 展示区域应设置多种类型的展示内容并根据需要定期更换，具体包括：

a)村史村情：主要展示村庄历史沿革、文化遗存、先贤故事、物产特产、村歌村曲、重大事件活动等；

b)乡风民俗：主要展示村规民约和积极健康的家训、族训、家谱、族谱以及非物质文化遗产等；

c)崇德尚贤：主要展示新中国成立以来历任村党组织、村民委员会负责人，本村各类最美人物、道德模范、优秀学子、成功人士等的有关情况和事迹；

d)美好家园：主要展示美丽乡村风貌图片、村庄发展愿景规划、村民创作的文艺作品、科普健身常识等；

e)时事政策：主要展示形势政策、法律法规、上级重大决策部署、地方大事要事等；

f)其他需要展示的内容。

5.7 信息公示

5.7.1 应公示开放时间、区域划分和服务项目等内容。

5.7.2 应设置方位区域标识，主体建筑外应设置明显的导向标识。

5.7.3 应设立各类功能区的分布标识。

5.7.4 宜通过告示栏、短信、广播、微信公众号等方式，定期向群众发布文化服务资讯。

5.8　安全管理

5.8.1　应配备必要的消防器材，并定期进行检修和维护。

5.8.2　应根据房舍自身条件在活动区域设置安全通道和直通建筑物外部的安全出口，应符合浙建标 1—2017 的规定，并设置消防应急照明和疏散指示系统。

5.8.3　应提前制订安全预案，定期组织安全演练。

5.9　其他设施

5.9.1　应设置无障碍通道，设立无障碍设施专用标识。

5.9.2　农村文化礼堂应免费提供 WiFi，推进公共文化数字化服务。

5.9.3　有条件的农村文化礼堂可配置露天舞台、文化公园、灯光球场等。

6　服务内容

6.1　讲座培训

应组织思想理论、形势政策等宣讲活动，举办各类讲座培训活动，每年举办次数不少于 12 次，具体包括：

　　a) 思想理论类；

　　b) 形势政策类；

　　c) 文学艺术类；

　　d) 传统技艺类；

　　e) 农村科普类；

　　f) 生活技能类；

　　g) 普法教育类；

　　h) 健康素养类；

　　i) 其他类别。

6.2　展览活动

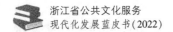

6.2.1　应组织展览活动,每年组织的展览活动不少于 2 次。

6.2.2　组织的展览活动应形式多样,具体包括:

a)美术、书法、摄影等方面的展览;

b)民间艺术展览;

c)时事政治、政策法规等方面的展览;

d)其他类型的展览。

6.3　文艺演出

6.3.1　每年组织的大型群众性文艺演出活动不少于 2 次,其中,新春佳节期间举办文艺晚会不少于 1 次。

6.3.2　应经常组织村民开展文艺表演活动。

6.3.3　农村文化礼堂的文艺演出节目应来源多样,主要包括:

a)村民自编自演;

b)文化走亲选送;

c)各级文化志愿服务提供;

d)上级相关部门单位选送;

e)其他。

6.4　图书借阅

6.4.1　应提供图书不少于1200 种、1500 册,报刊不少于 10 种,年新增图书不少于 60 种。

6.4.2　农村文化礼堂阅览室应与农家书屋整合,定期开放。

6.4.3　宜与公共图书馆建立通借通还机制。

6.5　礼仪活动

6.5.1　每年组织开展的礼仪活动不少于 2 项。

6.5.2　各村应结合当地实际,开展各类文化礼仪活动,打造本村特色文化礼仪品牌。

6.5.3　文化礼仪活动具体包括:

a)升国旗庆国礼;

b) 入党宣誓礼；

c) 村干部就职礼；

d) "好家风"家庭褒奖礼；

e) 端午节赐福礼；

f) 成人礼；

g) 送学礼；

h) 新兵入伍"壮行"礼；

i) 婚礼；

j) 重阳敬老礼；

k) 其他。

6.6　地方特色文化活动

6.6.1　应举办富有地域特色、群众积极参与的文化活动，每年应不少于1项。

6.6.2　应保护当地文化遗产，开展当地非物质文化遗产的传承保护。

6.7　文化走亲活动

6.7.1　每年到其他文化礼堂开展文化走亲活动不少于1次。

6.7.2　文化走亲应形式多样。

6.8　电影放映

6.8.1　行政村所属农村文化礼堂平均每月电影放映不少于1场。

6.8.2　应利用文化信息资源共享工程定期为当地百姓播放视频节目。

6.9　体育健身

应组织村民开展各类体育健身活动，每年举办运动会(或群众性集中体育活动)不少于1次。

6.10　文化培育

应重视培育开展各类优秀文化的培育，具体包括：

a) 爱国文化；

b) 法治文化；

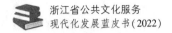

c) 友善文化；

d) 乡贤文化；

e) 乡愁文化；

f) 其他。

6.11　其他文化服务

农村文化礼堂应根据群众需要，适时提供其他各种类型的公共文化服务。

7　服务人员

7.1　日常管理人员

7.1.1　应配备一名懂文化、会管理、热心文化事业的专门管理人员负责农村文化礼堂日常管理服务。

7.1.2　可通过政府购买公益服务岗位等方式吸引社会优秀人才进入管理员队伍，待遇参照村级同类人员待遇或当地在岗职工平均收入水平。

7.1.3　基层文化专（兼）职人员每年参加集中培训时间应不少于5天。

7.2　文化志愿者

7.2.1　应建有村文化志愿者队伍，协助开展农村文化礼堂各项活动。

7.2.2　宜建立信息平台，实现志愿服务供求信息有效对接，推动文化志愿服务常态化、规范化、制度化。

7.3　宣讲员

应设置形势政策宣讲员，适时开展形势政策宣讲和热点问题引导。

7.4　文体团队

7.4.1　应组建经常性文体活动团队不少于5支。

7.4.2　文体活动团队年度活动次数应不少于6次。

8　服务保障

8.1　应结合农村文化礼堂建设要求，健全工作机制，提供服务项目，推动农村文化礼长效运行。

8.2 各级财政应为农村文化礼堂运行提供必要的经费保障，原则上要保证每个农村文化礼堂运行经费每年不低于 2 万元，或按所服务人口数量进行配置，以人均不低于 20 元的标准执行。

8.3 宜通过设立农村文化礼堂公益金、乡贤基金，通过众筹等方式，补充农村文化礼堂日常运行经费。

8.4 应建好用好农村文化礼堂公共文化服务供需对接平台，推动文化产品和服务项目与农民群众需求有效对接。

8.5 借助社会力量以技术指导、捐款捐物、冠名合作、共建结对等方式，参与农村文化礼堂场所设施建设和活动开展。

9 服务记录

9.1 应做好农村文化礼堂服务的记录工作，在活动后及时整理好相关信息资料，及时上报相关部门并录入浙江省基本公共文化服务标准化数据跟踪系统。

9.2 应健全农村文化礼堂档案资料收集管理制度，做好工作资料和活动信息的归档工作，定期向上级档案部门报送档案资源数据进行备份。

10 评估与应用

10.1 评估主体
农村文化礼堂建设工作领导小组及其办公室、文化行政部门。

10.2 评估内容
应对农村文化礼堂设施管理、服务内容、服务人员、服务保障、服务记录、服务满意度等方面的管理与服务情况进行评估。

10.3 评估时间
评估按年度进行，对年度农村文化礼堂管理与服务情况进行全面评估。

10.4 评估结果发布

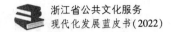
评估结果应数据完整，结论公正，由评估主体统一发布。

10.5 评估结果应用

评估结果应纳入年度考核体系，作为资源分配或奖励的依据。

参 考 文 献

[1]《中华人民共和国公共文化服务保障法》(2016 年版)

[2]《关于加快构建现代公共文化服务体系的意见》(中办发〔2015〕2 号)

[3] GB/T32940—2016 《乡镇综合文化站服务标准》

[4]《浙江省公共文化服务保障条例》(浙江省人民代表大会常务委员会公告第 68 号)

[5] DB 33/T2079—2017 《基本公共文化服务规范》

[6]《关于加快构建现代公共文化服务体系的实施意见》(浙委办发〔2015〕46 号)

[7]《关于推进农村文化礼堂长效机制建设的意见》(浙委办发〔2017〕22 号)

[8]《浙江省农村文化礼堂星级管理办法(试行)》(浙宣〔2017〕46 号文件)

ICS03.080

A16

DB 33

浙 江 省 地 方 标 准

DB 33/T 2263—2020

县级文化馆总分馆制管理服务规范

Specification for cultural center main-branch system
management service within the county

2020-06-17 发布

2020-07-17 实施

浙江省市场监督管理局 发 布

前　言

本标准按照 GB/T1.1—2009 给出的规则起草。

本标准由浙江省文化和旅游厅提出并归口。

本标准起草单位：嘉兴市文化广电旅游局、嘉兴职业技术学院、国家公共文化服务体系示范区创新研究中心、嘉兴市文化馆。

本标准起草人：陈云飞、王显成、顾金孚、刘靖、马学文、应珊婷。

本标准为首次发布。

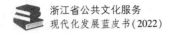
县级文化馆总分馆制管理服务规范

1 范围

本标准规定了县级文化馆总分馆制的设施设备、人员队伍、服务供给、运行管理、评价与改进等方面的要求。

本标准适用于县级文化馆总分馆制管理服务。

2 规范性引用文件

下列文件对于本文件的应用是必不可少的。凡是注日期的引用文件，仅所注日期的版本适用于本文件。凡是不注日期的引用文件，其最新版本(包括所有的修改单)适用于本文件。

建标 136—2010　文化馆建设标准

3 术语和定义

下列术语和定义适合本标准。

3.1　文化馆总分馆制　Cultural Center Main-branch System

以县域为基本单元，以县级文化馆为总馆，乡镇(街道)综合文化站为分馆，村(社区)综合文化服务中心为基层服务点的"设施成网、资源共享、人员互通、服务联动"的文化馆服务体系。

3.2　总馆　Main Cultural Center

具备整合县域内群众文化艺术资源，统筹县域内文化活动、文艺创作、文艺辅导、送戏下乡、队伍培训以及人才资源、演出器材设备调配能力的县级文化馆。

3.3　分馆　Branch Cultural Center

在总馆指导和支持下，按统一规范和要求，以文化下派员为纽带，资源互通、人员互联的乡镇(街道)综合文化站。

3.4　基层服务点　Grassroot Scultural Center

在分馆指导下，主要依靠村级文化管理员，面向群众开展公共文化服务，实现文化资源向基层延伸的村(社区)综合文化服务中心。

3.5　文化下派员　Cultural Subordinater

由总馆统一招聘、管理，下派到分馆专职从事文化艺术辅导、文化活动实施、文化项目承办、特色文化建设等服务的工作人员。

3.6　村级文化管理员　Administrator in Grassroots Cultural Center

由村(社区)或乡镇(街道)招聘，在基层服务点从事公共文化设施管理、培育群众文体团队、开展文艺活动等服务的专职或兼职文化工作人员。

4　设施设备

4.1　总馆

4.1.1　总馆应依托县级文化馆进行建设，需符合下列条件之一：

——被评为二级(含)以上等级文化馆；

——建筑面积不少于2000m²，馆内常设免费服务项目不少于8项，建立数字服务平台。

4.1.2　尚未达标需要新建的文化馆总馆，应单独建设。确需与其他文化设施联合建设的，应相对独立，并设有专用出入口。

4.1.3　新建文化馆总馆的建筑规模、选址、用地应符合建标136—2010第二章、第三章的规定；建筑面积应以服务人口为依据，达到建标

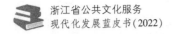

136—2010 第四章有关中型馆或小型馆(不含城关镇)的规定。

4.1.4 应配备流动服务车等在内的流动文化服务设备。

4.1.5 应配备数字文化设备,并建立统一的公共数字文化服务平台与业务管理平台,共建数字资源库,实现资源共享。

4.2 分馆

4.2.1 分馆依托乡镇(街道)综合文化站进行建设,需符合下列条件之一:

——被评为三级(含)以上等级文化站;

——建筑面积不少于 $500m^2$,藏书量、工作经费、活动场次、开放时间等核心指标不低于三级文化站的要求。

4.2.2 新建的乡镇(街道)综合文化站宜单独建设,不应设在乡镇(街道)人民政府办公场所内。确需与其他文化设施或机构联合建设的,应相对独立,并设有专用出入口。

4.2.3 新建乡镇(街道)综合文化站,室外活动场地不低于 $600m^2$。室内建筑面积应按照以下要求确定:

——服务人口在 5 万人(含)以上的分馆,建筑面积不低于 $1500m^2$;

——服务人口 3 万~5 万(不含)分馆,建筑面积不低于 $1000m^2$;

——服务人口 3 万人(不含)以下的分馆,建筑面积不低于 $500m^2$。

4.2.4 应配备公共数字文化工程设施设备。

4.2.5 应引导社会力量依法依规参与县级文化馆总分馆制建设。社会力量举办的分馆,在具有一定特色的前提下,建筑面积可适当降低,但不宜低于 $100m^2$。

4.3 基层服务点

4.3.1 基层服务点应依托村(社区)综合文化服务中心建设,并达到以下要求:

——省级中心村、人口 500 人以上的行政村基层服务点,建筑面积不

低于 $200m^2$;

——其他行政村的基层服务点,建筑面积不低于 $100m^2$;

——城市社区的基层服务点,建筑面积不低于 $100m^2$ 。

4.3.2 基层服务点所在建筑出入口宜不少于 2 个,紧邻村(社区)交通干道的出入口宜留出集散缓冲空间。与其他公共设施合建的,应相对独立,宜设有专用出入口。

4.3.3 未达到分馆建设标准的乡镇(街道)综合文化站宜建设为基层服务点。

5 人员队伍

5.1 人员配置

5.1.1 总馆馆长应具备大专学历或馆员以上职称。

5.1.2 总馆专业技术人员占职工总数比例应不低于70%。

5.1.3 分馆应配备 1~2 名专职文化工作人员。省级中心镇和 5 万人(含)以上的人口大镇所在分馆应配备不少于 3 人的专职文化工作人员。

5.1.4 有条件的总馆宜统一调配分馆工作人员。

5.2 在职培训

5.2.1 总馆在职员工参加脱产培训时间每年应不少于 15 天。分馆、基层服务点文化专兼职人员参加集中培训时间每年应不少于 5 天。

5.2.2 总馆、分馆、基层服务点文化专兼职人员参加全国基层文化队伍远程网络培训时间每年应不少于 100 学时。

5.2.3 总馆应将文化下派员纳入总馆在职员工培训范围。分馆应将村级文化管理员纳入培训范围。

5.3 文化下派员

5.3.1 基本条件。

5.3.1.1 大专(含)以上学历。

5.3.1.2 初次聘任年龄一般在35周岁（含）以下。

5.3.1.3 具备音乐、舞蹈、戏剧（曲艺）、美术、书法、摄影、文学等其中之一的艺术特长。

5.3.1.4 符合县级人社、编办、文化等主管部门规定的其他条件。

5.3.2 工作内容。

5.3.2.1 协助所在乡镇（街道）策划组织各类文化活动。

5.3.2.2 协助管理文化活动场地、设备、器材等。

5.3.2.3 协助建设群众业余文艺团队。

5.3.2.4 开展各类艺术培训。

5.3.2.5 注重收集素材，联系实际创作群众喜闻乐见的文艺作品，参与各类群众文化演出和比赛。

5.3.2.6 参与对当地文化遗产资源的挖掘、整理、研究和保护。

5.3.2.7 协助调查研究工作，撰写理论调研文章与宣传信息。

5.3.2.8 收集基层群众文化需求并反馈给有关部门。

5.3.2.9 完成总馆安排的其他工作。

5.4 村级文化管理员

5.4.1 基本条件。

5.4.1.1 专职村级文化管理员应有一定的文艺专长和活动组织管理能力，能熟练操作电脑。

5.4.1.2 兼职村级文化管理员应懂文化、会管理、热心文化事业，具有一定的活动组织管理能力。宜聘任村（社区）"两委"委员、大学生村官、"三支一扶"计划聘用大学生担任兼职村级文化管理员。

5.4.2 工作内容。

5.4.2.1 管理村级文化设施，确保文化阵地正常开放、免费开放。

5.4.2.2 组织开展阅读推广活动。

5.4.2.3 组建管理村级各类文艺团队，组织群众开展文体活动。

5.4.2.4 协助做好文化遗产保护和文化市场监管。

5.4.2.5 宣传党的各项方针政策。

5.4.2.6 完成分馆安排的其他工作。

6 服务供给

6.1 总馆

6.1.1 免费提供县级范围内普及性的文化艺术辅导培训、公益性群众文化活动、展览展示、文艺演出等。

6.1.2 每年组织大型群众文化活动不少于12次;每年应定期对群众举办公益性培训、讲座不少于12期;每年策划特色文化活动不少于2项。

6.1.3 应成立总馆艺术团,拥有相对稳定并经常开展活动的各类群众业余文艺团队不少于8支。

6.1.4 应提供流动服务,并制定相应的文化活动、文化礼堂配送计划和菜单。每年组织流动演出应不少于50场,流动展览不少于15场。

6.1.5 数字文化服务覆盖本地区人群达到30%。

6.1.6 每年选送群众文艺精品、项目获市级(含)以上表演奖、创作奖、组织奖10件次以上。

6.1.7 开展群众文化理论研究,办好馆办群众文化刊物。

6.1.8 设置方便残障人士以及老年人、少年儿童的活动区域和服务项目,每季度组织针对上述特殊人群的培训、讲座、展览等文化活动不少于1次。

6.2 分馆

6.2.1 每年应组织、策划实施本地区的演出、展览等群众文化活动不少于10次,其中大型文化活动3次(含)以上;参与承办总馆发布的活动项目,承办当地党委政府主办的文化活动,每年不少于6次;每年定期举办公益性培训、讲座不少于6期。

6.2.2 成立分馆乡村文艺团队，组建乡村合唱团、乡村艺术团、乡村民乐团、书画社、摄影社、文学社等乡村文艺团(社)，并指导所辖每个基层服务点建立至少1支群众业余文艺团队。

6.2.3 挖掘地方特色，开展"一乡(镇、街道)一品"品牌活动建设。

6.2.4 每年指导每个行政村(社区)开展文化活动不少于2场，每年开展送戏进城等文化交流活动不少于1场。

6.2.5 开展地方特色文化的保护与传承，创作反映当地风土人情的文艺作品，至少有1个代表当地特色的精品文艺节目。

6.2.6 建立不少于10人的文化志愿者队伍，为当地文化馆总分馆建设与服务提供支持。

6.3 基层服务点

6.3.1 参与承办分馆的活动，在分馆指导下创作编排具有本地特色的文艺节目，每年组织开展文体活动不少于8次。

6.3.2 根据需求组建培育各类群众业余文艺团队，每个行政村(社区)建立至少1支相对稳定并经常开展活动的群众业余文艺团队。

6.3.3 配合总馆、分馆开展公共数字文化服务。

7 运行管理

7.1 统一运行

7.1.1 总馆、分馆、基层服务点应统一服务标识。服务标识由文化馆总馆统一设计、制作、发布。

7.1.2 应建立并实施"总馆—分馆""分馆—基层服务点"相关负责人参加的两级例会制度，每季度不少于1次。

7.1.3 应建立总馆对分馆、分馆对基层服务点的逐级考评机制，由总馆统一组织实施。

7.1.4 可通过民情意见征求、媒体征集、座谈访谈、走访调研、调查问卷、网络在线交流等方式了解和掌握公众需求，建立基层服务点对分馆、分馆对总馆的逐级反馈机制，由总馆统一组织实施。

7.2 明确功能

7.2.1 总馆。

7.2.1.1 总馆应建立文化员下派制度。应向省级中心镇和 5 万人（含）以上的人口大镇所在分馆下派至少 1 名文化下派员，其他分馆因地制宜配备文化下派员。

7.2.1.2 制定文化下派员岗位职责和考核标准，负责文化下派员日常管理、业务培训和绩效考核。

7.2.1.3 根据总分馆制建设的任务要求，研究制定总分馆制长远发展规划、年度工作计划、业务标准和规范，并组织实施。

7.2.1.4 整合县域内群众文化艺术资源，对县域内文化活动、文艺创作、文艺辅导、送戏下乡、队伍培训以及人才资源、演出器材设备调配等进行统筹。

7.2.1.5 负责辖区内分馆业务的指导，组织开展岗位培训和业务指导，为分馆提供资源、服务、技术等支持，开展对分馆的绩效评估。

7.2.2 分馆。

7.2.2.1 按照要求配备专职文化工作人员。不得因为文化下派员的配备减少分馆原有专职文化工作人员的配备数量。

7.2.2.2 应制定村级文化管理员岗位职责和考核标准，负责村级文化管理员日常管理、业务培训和绩效考核。

7.2.2.3 在总馆的指导和支持下，按统一规范和要求，履行文化艺术辅导、文化活动实施、文化项目承办、特色文化建设等职能。结合地方文化特色和群众文化需求，开展本地区群众文化活动。

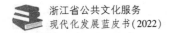
7.2.2.4 指导、管理和协调基层服务点的文化资源配送、社会力量参与等工作。

7.2.3 基层服务点。

7.2.3.1 应按照每个基层服务点不少于1名的标准配备村级文化管理员。

7.2.3.2 专职管理员宜按照"乡聘村用"的模式统一安排。兼职村级文化管理员的配备一般由村(居)民委员会安排,应事先征求分馆意见。

7.2.3.3 在分馆的指导下开展服务。

7.2.3.4 管理村(社区)公共文化设施,开展免费开放、文体活动等服务,培育群众业余文艺团队,在总馆、分馆的指导下开展延伸服务。

7.2.3.5 共同参与对村级文化管理员的日常管理和绩效考核。

7.3 长效管理

7.3.1 总馆应建立理事会制度,理事会成员中应有来自分馆的代表。

7.3.2 分馆宜建立理事会制度,理事会成员中应有来自基层服务点的代表。

7.3.3 基层服务点宜建立议事会制度,吸纳社会代表、专业人士、各界群众参与管理。

7.3.4 总馆应建立年度报告制度。年度报告应包括分馆的年度活动情况,并在每年的第一季度发布。

7.3.5 分馆、基层服务点可探索社会化管理模式,吸引社会力量参与建设、运营和管理。

8 评价与改进

8.1 评价体系

县级文化馆总分馆制评价体系表(见表一)。

表一　县级文化馆总分馆制评价体系表

内容	一级指标	二级指标	评价要求与说明
建设成熟度（70分）	设施达标（40分）	分馆达标 a（30分）	得分计算公式为：30×分馆达标率。其中分馆达标率＝达标分馆数量/乡镇（街道）数量×100%。
		基层服务点达标 b（10分）	得分计算公式为：10×基层服务点达标率。其中基层服务点达标率＝达标基层服务点数量/行政村（社区）数量×100%。
	人员配备（30分）	文化下派员 c（20分）	得分计算公式为：20×文化下派员配备率。其中文化下派员配备率＝文化下派员配备数/乡镇（街道）数量×100%。
		村级文化管理员配备（10分）	得分计算公式为：10×村级文化管理员率。其中村级文化管理员率＝村级文化管理员数量/行政村（社区）数量×100%。
服务满意度（30分）	公众满意度 d（30分）	/	本项不设二级指标。得分计算公式为：30×公众满意度。可采用问卷调查等形式进行。

a）省级中心镇和 5 万人（含）以上的人口大镇不达标的，本项得分为 0 分。

b）由乡镇（街道）综合文化站建设的基层服务点不统计在内。

c）省级中心镇和 5 万人（含）以上的人口大镇不达标的，本项得分为 0 分。

d）满意度调查问卷宜采用文化馆评估定级公众满意度调查问卷，调查表发放数量不少于 300 份，回收率不低于 80%。注：每项最终得分不超过该项的最高分。

8.2　评价方法

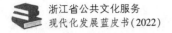

8.2.1 建设成熟度的评价通过采集相应数据直接计算得分。

8.2.2 服务满意度宜采用第三方评价的方式。文化馆总分馆公众满意度调查问卷参见附录 A。

8.3 服务改进

总馆、分馆、基层服务点应根据公众满意度调查报告结果制定整改意见。整改意见应明确具体事项和完成时间。

8.4 结果运用

将县级文化馆总分馆制管理服务纳入公共文化服务绩效考核体系。

ICS 03.080

CCSA12

DB 33

浙 江 省 地 方 标 准

DB 33/T 2308—2021

文化志愿者管理与服务规范

Management and serviece specification for cultural volunteer

2021-02-01 发布　　　　　　　　　　　　　　2021-03-03 实施

浙江省市场监督管理局　　　　发　布

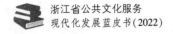
前　言

本标准按照 GB/T1.1—2020《标准化工作导则第 1 部分：标准化文件的结构和起草规则》的规定起草。

本标准由浙江省文化和旅游厅提出。

本标准由浙江省文化和旅游标准化技术委员会归口。

本标准起草单位：中国计量大学、杭州市拱墅区文化和广电旅游体育局、杭州市拱墅区运河文化公益促进会、杭州市标准化学会。

本标准主要起草人：张路红、汪小含、叶艳萍、沈丽红、陆菁、虞华君、霍荣棉、吴丽、梁皓、朱蕾蕊、李南阳。

文化志愿者管理与服务规范

1 范围

本标准规定了文化志愿者管理与服务的基本要求、招募注册、志愿者培训、组织实施、信息管理、评价激励、退出机制等。

本标准适用于文化志愿者管理机构对文化志愿者的管理与服务。

2 规范性引用文件

下列文件中的内容通过文中的规范性引用而构成本标准必不可少的条款。其中，注日期的引用文件，仅该日期对应的版本适用于本标准；不注日期的引用文件，其最新版本(包括所有的修改单)适用于标准。

MZ/T061 志愿服务信息系统基本规范

3 术语和定义

下列术语和定义适用于本标准。

3.1 文化志愿者 Cultural Volunteer

利用自己的时间、知识、技能等，自愿、无偿为社会或他人提供公益性文化服务的自然人。

3.2 文化志愿者管理机构 Management Organization of Cultural Volunteer

承担文化志愿者的招募、注册、培训、信息管理等工作，并向公众提供公益性文化服务的机构或组织。

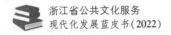
注：包括图书馆、文化馆、博物馆、美术馆、非遗馆、乡镇(街道)文化站等公共文化服务机构，及经民政部门注册组建开展文化志愿服务的非营利性机构或组织。

4　基本要求

4.1　场地设施

4.1.1　应营造与文化志愿者管理与服务相适应的工作环境。

4.1.2　应配备信息化设备，包括电脑、信息识别装置(如二维码扫描仪、刷脸仪等)、打印机等。

4.1.3　应建立或利用现有文化志愿服务数字平台，具备志愿者管理与培训、志愿服务信息发布、志愿服务评估等功能。

4.2　管理人员

4.2.1　应配备专(兼)职志愿者管理工作人员，为志愿者提供必要的信息及服务。

4.2.2　应熟悉公共文化服务的业务特点，具备良好的组织、协调、沟通能力。

4.2.3　应参与文化志愿者管理与服务相关的专业培训，培训时长不少于40学时/年。

4.3　制度建设

4.3.1　应建立文化志愿者管理与服务的制度体系，包括信息管理制度、培训督导制度、评估制度、奖励制度等。

4.3.2　应开展针对文化志愿者的制度宣贯工作，提升文化志愿者服务规范化水平。

4.4　物资配备

4.4.1　应配备能体现志愿者身份、印有文化志愿服务标志标识的物品，包括马甲、袖标、帽子等。

4.4.2　应配备开展文化志愿服务所需的物资，包括影音设备、演出服饰等。

4.4.3 应为参与文化志愿服务的文化志愿者提供餐饮、交通等补贴。

4.4.4 应采用多种渠道筹集文化志愿服务所需的经费，包括政府经费支持、社会资金募集、创新奖项申请等。

5 招募注册

5.1 招募形式

应根据文化志愿服务的需求，采用现场招募或网络招募的形式，公开或定向发布文化志愿者招募信息。

5.2 信息录入

宜使用文化志愿服务数字平台，收集、汇总文化志愿者实名申请信息。

5.3 遴选注册

应根据志愿者本人申请，对符合条件的予以注册，并生成文化志愿者身份识别码。

5.4 信息完善

应指导文化志愿者完善身份信息，具体包括姓名、性别、出生年月、身份证号、服务技能、服务时间、联系方式等。

5.5 信息安全

未经志愿者本人同意，不得公开或泄露志愿者个人信息。

6 志愿者培训

6.1 培训内容

6.1.1 应开展常规培训，具体包括服务理念、专业服务知识、安全知识等。

6.1.2 应在文化志愿服务前开展专项培训，内容聚焦文化志愿活动的服务方案、实施计划、服务内容、应急处置预案等。

6.1.3 可开展关于现场（如面对面咨询）或远程（如电话、网络服务）

咨询的培训，具体包括提供基本信息、发放宣传资料、解答群众疑问、记录意见建议等。

6.1.4 可开展关于引导服务的培训，具体包括现场路径引导、群众文明引导、流程引导等。

6.1.5 可开展关于讲解服务的培训，具体包括政策法规的讲解、展览展示的讲解等。

6.1.6 可开展关于应急救援服务的培训，具体包括对参与群众人身安全的救援、对现场突发性群体冲突的应急处理、对现场安全事故的应急救援等。

6.1.7 可开展关于文艺表演及创作的培训，具体包括展览展示、文艺表演、摄影、器乐、声乐、文学创作等。

6.2 培训记录

6.2.1 应完整记录文化志愿者的培训情况，包括培训的内容、组织者、日期、地点、学时等。

6.2.2 应于培训结束后的 7 日内将培训信息录入文化志愿服务数字平台。

7 组织实施

7.1 志愿者确认

7.1.1 应根据文化志愿服务的需求，匹配相关学科专业、技能特长的文化志愿者。

7.1.2 应至少于服务开展的前 3 日，与匹配的文化志愿者对接，告知服务内容、服务时间，并确认参与人员。对于临时开展的文化志愿服务，可采取临时确认或增补的方式。

7.1.3 现有文化志愿者无法满足志愿服务需求的，应及时开展临时性招募工作，确保志愿服务有序开展。

7.2 服务准备

7.2.1 应做好文化志愿服务使用单位和文化志愿者间的协调工作，确保双方就服务内容、权利义务和法律责任等协商一致，保证各项服务工作安全、顺利、有序进行。

7.2.2 应关注文化志愿者在服务过程中的人身安全，确保文化志愿者获得与志愿服务相关的保险。

7.2.3 对涉及交通及食宿需求的，宜提前做好协调安排工作。

7.3 服务开展

7.3.1 应根据文化志愿服务使用单位的要求，于指定时间、地点开展服务。

7.3.2 应指导文化志愿者做好现场签到工作，完成服务时间、服务人员、服务内容等的确认。

7.3.3 应做好志愿服务过程中的现场指导和监督工作。

7.3.4 宜收集文化志愿服务中的反馈意见和建议。

7.4 质量评价

7.4.1 志愿服务结束后，应对志愿者所承担工作的完成状况进行综合评价。

7.4.2 可采用现场巡查、群众访谈、问卷调查等方式了解服务对象的满意程度。

7.5 服务记录

7.5.1 服务记录应包括志愿服务的项目名称、日期、地点、服务对象、服务内容、服务时间、服务质量评价、活动(项目)负责人、记录人等。

7.5.2 志愿服务结束7日内，应按照MZ/T061的要求将服务记录录入文化志愿服务数字平台。

7.6 服务宣传

7.6.1 应重视文化志愿服务的宣传报道。

7.6.2 可采用线上、线下多种方式及时对文化志愿服务进行宣传，提高群众的知晓度和认同度。

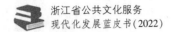
8 信息管理

8.1 资料管理

8.1.1 应建立文化志愿者的个人档案,包括基本信息、志愿服务情况、培训情况、评价情况、表彰奖励情况等,确保资料完整、规范。

8.1.2 应做好财务收支、物资购买、服务协议等资料的整理和归档。

8.2 数据分析

8.2.1 宜定期分析文化志愿者的数量、年龄层次、性别比例、专业特长等信息。

8.2.2 宜定期分析服务需求、服务效果、存在问题等信息。

8.2.3 宜根据数据分析的结果,追踪文化志愿服务需求的动态变化,改进文化志愿者管理和服务措施。

9 评价激励

9.1 评价内容

可依据文化志愿服务的次数、时长、社会效果、群众满意度调查等对文化志愿者进行综合评价。

9.2 评价方式

可综合采用自我评价、他人评价、管理者评价、服务对象评价相结合的方式,并注重日常考核与定期考核相结合。

9.3 激励制度

应建立优秀文化志愿者的激励制度,推动优秀文化志愿者在用工、教育、社会保障等方面享受本地区关于志愿者的优惠奖励政策,包括定期进行的表彰、艺术观摩、文化艺术消费等。

10 退出机制

10.1 申请退出

应根据文化志愿者提出的退出申请，确认信息后，办理退出手续。

10.2 劝导退出

对于存在多次无法取得联系、多次无故不参加志愿服务、违反文化志愿者服务规章制度等情况的文化志愿者，可对其进行劝退，办理退出手续。

10.3 注销退出

对于存在因故意或重大过失造成服务对象或第三方受损害、以文化志愿者的名义组织或参与违反文化志愿者服务原则的活动导致服务单位声誉受损等情况的文化志愿者，可取消其资格，办理注销退出手续。

公共文化服务地方标准一览表（2018—2022）

杭州市				
序号	发布单位	实施日期	标准名称	标准号
1	杭州高新技术产业开发区(滨江)市场监督管理局	2018.01.01	社区公共文化服务规范(滨江)	DB 30108/01—2017
2	浙江省质量技术监督局	2018.02.18	基层群众文化团队管理规范	DB 33/T 2096—2018
3	淳安县市场监督管理局	2018.12.10	公共文化机构年报规范	DB 330127/T 087—2018
4	杭州市质量技术监督局	2018.12.20	高校文化站服务规范	DB 3301/T 0259—2018
5	建德市市场监督管理局	2019.01.09	公共文化机构管理规范	DB 330182/T 038—2018
6	杭州市下城区市场监督管理局	2019.01.31	社区公共文化服务星级团队评定规范	DB 330103/T 017—2018
7	浙江省市场监督管理局	2019.02.15	公共文化跨区域服务规范	DB 33/T 2182—2019
8	杭州市市场监督管理局	2020.11.30	文化管家服务规范	DB 3301/T 0321—2020
9	浙江省市场监督管理局	2021.03.03	文化志愿者管理与服务规范	DB 33/T 2308—2021
10	杭州市上城区市场监督管理局	2021.11.15	社区(行政村)综合性文化服务中心建设管理规范	DJG 330102/T 004—2021
11	杭州市市场监督管理局	2022.01.31	未来社区公共文化空间建设规范	DB 3301/T 0352—2021

温州市				
序号	发布单位	实施日期	标准名称	标准号
1	温州市市场监督管理局	2018.07.01	温州市城市书房服务规范	DB 3303/T 010—2018
2	浙江省市场监督管理局	2019.02.15	浙江省城市书房服务规范	DB 33/T 2181—2019
3	温州市市场监督管理局	2022.01.22	文化驿站服务规范	DB 3303/T 038—2021
4	温州市市场监督管理局	2022.01.31	流动书巴服务规范	DB 3303/T 041—2021
嘉兴市				
1	浙江省质量技术监督局	2018.01.26	浙江省基本公共文化服务规范	DB 33/T 2079—2017
2	浙江省市场监督管理局	2019.02.15	公共图书馆中心馆—总分馆建设服务规范	DB 33/T 2180—2019
3	浙江省市场监督管理局	2020.07.17	县级文化馆总分馆制管理服务规范	DB 33/T 2263—2020
4	海宁市市场监督管理局	2021.11.08	阅读推广人服务与管理规范	DJG 330481/T 30—2021
5	嘉善县市场监督管理局	2021.11.15	镇(街道)综合文化服务中心委托社会力量运营管理规范	DJG 330421 T 011—2021
湖州市				
1	湖州市市场监督管理局	2020.01.01	文化走亲活动管理规范	DB 3305/T 137—2019
2	长兴县市场监督管理局	2020.02.10	农村文化礼堂志愿者管理规范	DB 330522/T 081—2020

序号	发布单位	实施日期	标准名称	标准号
3	德清县市场监督管理局	2022.06.03	公共文化场馆服务功能拓展指南	DJG 330521/T 74—2022
4	湖州市市场监督管理局	2022.10.01	文化和旅游公共服务机构功能融合建设与服务规范	DB 3305/T 241—2022
绍兴市				
1	绍兴市市场监督管理局	2022.07.01	公共图书馆数字媒体服务规范	DB 3306/T 045—2022
2	绍兴市市场监督管理局	2022.10.15	公共图书馆阅读推广工作指南	DB 3306/T 048—2022
金华市				
1	金华市市场监督管理局	2020.01.30	军地文化共建共享服务规范	DB 3307/T 101—2019
衢州市				
1	龙游县市场监督管理局	2019.10.12	乡镇(街道)综合文化站社会化运作管理规范	DB 330825/T 009—2019
2	龙游县市场监督管理局	2019.10.12	乡村文艺"三团三社"建设与服务规范	DB 330825/T 008—2019
3	衢州市市场监督管理局	2021.01.07	南孔书屋建设与运行规范	DB 3308/T 075—2020
台州市				
1	三门县市场监督管理局	2018.05.31	数字化文化广场建设标准规范	DB 331022/T 03—2018
2	台州市质量技术监督局	2018.06.07	"文化超市"公益艺术培训服务规范	DB 3310/T 43—2018
3	三门县市场监督管理局	2019.03.30	数字化文化广场服务规范	DB 331022/T 03—2019

序号	发布单位	实施日期	标准名称	标准号
4	台州市市场监督管理局	2020.01.01	家庭图书馆建设与服务规范	DB 3310/T 63—2019
丽水市				
1	丽水市市场监督管理局	2021.08.16	城区公共文化场馆美化建设规范	DB 3311/T 177—2021
2	丽水市市场监督管理局	2021.08.21	乡村春晚建设规范	DB 3311/T 179—2021

第五部分

荣 誉 台

全国第十九届群星奖获奖作品(浙江省)

作品名称：擂鼓声声迎归帆

表演形式：群舞

报送单位：浙江省文化和旅游厅

演出单位：浙江省温州市文化馆

创作、表演及辅导人员：

创作人员：王鹏、孙海英、俞彬、杨翼

表演人员：苏晨、林心怡、杨小昕、李安婷、吴佳莹、章冰菁、张铭诗、郑政、吴滨如、陈辉煌、王昕、唐聪、金诗瑶、蔡慧惠、柳扬、金栩汝、程温棋、林蕾蕾、叶盈形、张温铄、杨秀秀、余怡莹、黄彬蝶

辅导人员：谢培亮、李佳星

第一二批国家公共文化服务体系示范区创新发展复核结果（浙江省）

序号	示范区	档次
1	浙江省嘉兴市	优秀
2	浙江省宁波市鄞州区	良好

文化和旅游部公共服务司 2022 年"中国民间文化艺术之乡"建设典型案例(浙江省)

径山镇：以中国民间文化之乡建设为契机助力文旅融合出实效

温州鼓词：传承民间文艺薪火 走好新时代精神共富路

余东农民画：共谋共建 彩笔耕耘绘幸福

文化和旅游部 2022 年
文化和旅游志愿服务典型案例（浙江省）

一、 公共文化设施学雷锋志愿服务典型案例

光影中的"家"（海宁市文化馆）

二、 特殊群体关爱志愿服务典型案例

"圆梦青苗·以艺育美"浙江省乡村未成年人"美育课堂"志愿服务项目（浙江省文化馆）

三、 社会力量参与志愿服务典型案例

浙江省美育村志愿者服务项目（浙江美术馆）

四、 旅游志愿服务典型案例

"美丽杭州行 助力亚运会"金牌导游志愿服务（杭州市上城区湖滨杭小二公益服务中心）

五、"互联网+志愿服务" 典型案例

"0 分贝阅读"志愿服务（浙江图书馆）

第六届中国青年志愿服务项目大赛获奖案例（浙江省）

"七彩音乐助共富"文化服务项目(浙江音乐学院)

中央宣传部、文化和旅游部、国家发展改革委基层公共文化服务高质量发展典型案例（浙江省）

序号	地区	案例名称
1	浙江省杭州市临平区	临平文化艺术长廊：市民身边的品质文化集聚区
2	浙江省杭州市桐庐县	艺术乡村建设：文化赋能乡村振兴的桐庐实践
3	浙江省衢州市龙游县	"三百联盟"体系：助力基层公共文化服务高质量发展

2022 年浙江省"群星奖"获奖名单

一、音乐类

1. 表演唱《数幸福》

作词：李华、张瀚云

作曲：齐文骏、韩侃凯

编导：张跃、张瀚云

辅导：刘凯

表演者：韩侃凯、陆冠瑜、刘凯、沈佳维、余洁、张颖颖、乐凯凯、鲍丽莉、洪儿、于丹丹、娄杰、徐霁、鲍杭琳、李莎莎

参演单位：舟山市定海区文化馆

2. 女声组唱《听江南》

作词：顾颖

作曲：齐文骏、王娅君

编导：张跃、费佳凤

辅导：杨翎

表演者：金哲慧、费佳凤、付雨霞、陈志明、翁伊丽、李莎莎、缪璐

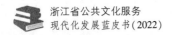
斯、张凤庭、许诗思、周丹丽、潘淑霞、郭珊珊

参演单位：舟山市普陀区文化馆

3. 表演唱《妈妈的酒》

作词：陈俏、林珊珊

作曲：陈俏

辅导：施丽君、李伟、叶翼鹏

表演者：林珊珊、魏莎白、罗曼谛克、张琼瑜、周甲冬、娄忠剑、郑海鸥、王逸温、王佳仪、伍芊墨、龚炯睿

参演单位：温州市龙湾区文化馆

4. 男声组合《乡里直播火火火》

作词：帅泽鹏

作曲：叶崇昌

导演：王增光

辅导：吴丽情

表演者：陈宇皎、张伯如、苏宇强、陶志乐、张梦龙、毛克飞、董瑞光、林盛之

参演单位：泰顺县文化馆

5. 组唱《帮帮团》

作词：郑志玥

作曲：赵人辉、黄河

辅导：俞路、范翱鹰

表演者：杨勇、陆雨、李大为、王政、李凌瀚、翁超、鲍秉权

参演单位：宁波市文化馆

6. 表演唱《今天我退休啦》

作词：施翔

作曲：王厚琦

辅导：全晓丹、黄冰清

表演者：左宇强、张敏、黄冰清、肖静、全晓丹、方诗琦、陈鼎、师泽宇、洪晓华、黄伟松

参演单位：杭州市上城区文化馆

7. 表演唱《渔绳结》

作词：舒信虎

作曲：朱旻佳

编导：张跃、孙琪

辅导：王海、刘凯

表演者：韩侃凯、徐益男、朱旻佳、沈佳维、冯强、周一

参演单位：舟山市文化馆

二、舞蹈类

1. 舞蹈《带你去远方》

编导：苏丹

作曲：冯巍

辅导：邬鑫锋

表演者：寻秋娟、桑运达

参演单位：嘉兴市秀洲区文化馆

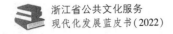
2. 少儿舞蹈《这是我家》

编导：周旭光

作曲：何国锋

辅导：鲍苏苏、盛丽花、王璐霞

表演者：柳毅、周艳君、陆一宁、舒洛晴、赵艳鑫、刘芷希、毛诗涵、张钰涵、宋思瑶、陈奕朵、王钰茹、叶秋、张兮语、张子越、林欣岑

参演单位：义乌市文化馆

3. 群舞《星空下的高铁卫士》

编导：卢卓慧、陈康兴

作曲：韩文、郁丹

辅导：薛石川、张颖

表演者：周科橹、李淑胜、朱文选、黄利辉、蔡斌昕、汪蕾、章含琦、彭磊、王冠、吴楚帆、吴烨琦、曾星超、江建峰、杨飞、李承浩、刘寅、陈鑫鑫、程永龙、胡成、吴政昱、苏奇

参演单位：湖州市文化馆、湖州市南浔区文化馆、湖州交通技师学院

4. 群舞《弄潮儿》

编导：洪菲

作曲：陆雨

辅导：毕小龙

表演者：陈骁、张希明、叶蕾蕾、陈子豪、毛乾峰、丁永康、舒佳雷、叶剑杰、褚红超、谢陈斌、李健、吴乃司、沈健、王展丰、廖子文、赵子涵、胡佳威、范再敢、陈嘉林、宓柯钦、艾孜哈尔·艾合麦提、金文章、黄晨浩

参演单位：宁波市海曙区文化馆

5. 群舞《爱到头发像盐白》

编导：李伟

辅导：李伟、卓淑薇、汤朋朋

表演者：李伟、张温铄、汤朋朋、陈小浩、孙鲁、卢呈、黎平美、戴佳伟、陈嘉奇、周清湄、路紫言、熊佳思、刘长悦、郁章浩、吴瑶瑶、黄摄尔、李晓宇、林丽资

参演单位：温州市龙湾区文化馆

6. 群舞《酿》

编导：王一青、冯青菁

作曲：许金辉、许燕青、汪洋

辅导：金珏雯

表演者：李锦中、李旭、郑显勇、王家乐、王松山、俞景文、刘富强、李荡荡、邓波尔、赵政、柏洋、周安、胡杰钟、王逸飞、方正、章盛泽、郑前利、丁翼、邵云翔、魏考海沫

参演单位：绍兴市文化馆

7. 女子群舞《布语江南》

编导：范佳丹、鲁艺文

作曲：王建军

辅导：王倩怡

表演者：贝鸿、张依雯、高臻瑾、韩驰、杨淼

参演单位：平湖市文化馆

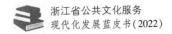
三、戏剧类

1. 小品《父亲的快递》

编剧：沈凤峰、章沙

导演：袁路、沈佳维

表演者：周斌、袁璞瑛、周雪雅、袁路

参演单位：岱山县文化馆

2. 小品《共享奶奶》

编剧：郑琳

导演：黄平

表演者：徐莉芹、姚辉、季舒纯、聂伊宸

参演单位：宁波市北仑区文化馆

3. 小品《我干的》

编剧：蔡海滨

导演：万玲、周婉妮

辅导：杨晓燕

表演者：马杨杨、周斌、赵庆山、龚奕骁

参演单位：杭州市萧山区文化馆、

杭州市萧山区文化旅游体育发展服务中心

4. 小品《听见美丽》

编剧：黄平、郑琳

导演：韩文珍、黄平

表演者：徐莉芹、洪波、汪红波、季舒纯、刘冠颖

参演单位：宁波市北仑区文化馆、

宁波市北仑区新碶街道文化站

5. 越剧小戏《一张化验单》

编剧：周春美

导演：朱丽君

作曲：陈国良

音乐制作：徐建航

表演者：朱丽君、施律民、丁洁楣

参演单位：杭州市余杭区文化馆

6. 小品《山谷回声》

编剧：蔡海滨

导演：万玲

辅导：杨晓燕

表演者：郭小璐、王增光、刘一军、张凯宏、王雅、王元宵

参演单位：杭州市萧山区文化馆、

杭州市萧山区文化旅游体育发展服务中心

7. 小品《“嘘…小声点儿”》

编剧：方宇

导演：傅乃云

辅导：唐爱超

表演者：周斌、刘一军、郑园园、胡旭扬、郑礼宇

参演单位：慈溪市文化馆

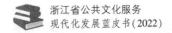

8. 西路乱弹小戏《梅花催春》

编剧：舒恒兴、孟琼晖、袁伟玲

导演：周斌、卓秋萍

作曲：舒恒兴

音乐制作：吴新春

表演者：陈志德、卓琳丽、杨炀、何恩亮、斯林峰、钟海燕、詹天华、王洪友、曹姣英、金建波、楼增光、陈新亮

参演单位：诸暨市博物馆（诸暨市非物质文化遗产保护中心）

9. 音乐小品《渡》

编剧：柯逸峰

导演：柯逸峰

作曲：金峥婷、韩子龙

辅导：杨晓燕

表演者：沈姿颖、沈高宇、周雪雅、章云燕、徐睿、杨国豪、沈熵静

参演单位：海宁市文化馆

四、曲艺类

1. 唱新闻《这片红》

作者：李武杰

唱腔设计：叶胜建

编曲：张曙

导演：杨惠芳

表演者：石萍萍

伴唱：叶胜建

乐队：王寅、叶胜建、张曙、朱曦、陈禹婷、周建岳

参演单位：象山县文化馆

2. 绍兴莲花落《新"盘夫"》

作者：袁伟文、许金辉

作曲：袁伟文、汪洋

导演：胡兆海

辅导：许燕青

表演者：陈祥平

乐队：刘晓庆、章海丹、朱泽钰、周如珍、邬志伟、徐蒋峰、倪银锋

参演单位：绍兴市文化馆(非遗保护中心)

3. 道情《我做军粮犒三军》

作者：周晓芸

作曲：黄小锋、徐丽

辅导：周晓芸、彭崇哲

表演者：胡云钱、毛飞莺、曾陈山、张含慧

乐队：黄小锋、陈建成、吴礼华、毛凌燕、陈天宇、冯乘耀

参演单位：金华市金东区文化馆

4. 湖州三跳书《洋媳妇落户竹别林》

作者：沈月华、刘大海

唱腔设计：刘大海、裘钢

表演者：戴育莲

乐队：裘钢、胡曙红、陆在良、朱忠明、沈彦周

参演单位：湖州市文化馆

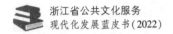

5. 衢州摊簧《谁是网红》

作者：余涛、汪仙珍

唱腔设计：方阳红

导演：汪仙珍

辅导：查乐影、金鸣、徐华卫

表演者：汪仙珍、余涛

乐队：查乐影、金鸣、翁晓菲、郑新华、张园园、姜纪先

参演单位：开化县文化馆

首届浙江省最美公共文化空间

一、公共阅读空间（10家）

杭州市临平区：临平智慧图书馆

乐清市：清和书苑

绍兴市柯桥区：城市书房·夏履831书舍

杭州市钱塘区：钱塘书房

义乌市：义乌市图书馆南门街分馆

缙云县：缙云县图书馆西桥分馆(阳冰书房)

诸暨市：浣江书房—金石学馆

海宁市：静安智慧书房(鹃湖)

云和县：云和县童话书房

宁波市镇海区：半刻书房

二、基层文化空间（20家）

乐清市：柳市文化中心

湖州市吴兴区：吴兴区图书馆

建德市："两馆两中心"（图书馆、博物馆、妇女儿童活动中心、青少

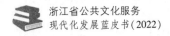
年活动中心桥东分中心）

　　宁波市北仑区：海天文体中心

　　舟山市普陀区：普陀大剧院

　　杭州市临安区：临安区博物馆

　　义乌市：义乌市文化馆

　　景宁县：景宁畲族自治县畲族博物馆

　　杭州市西湖区：西湖风景名胜区中国茶叶博物馆

　　宁海县：前童书驿

　　长兴县：雁陶村文化礼堂

　　平湖市：中国航天科普馆

　　绍兴市柯桥区：徐山粮仓

　　金华市婺城区：金华铁路文化馆

　　嘉兴市秀洲区：秀洲区图书馆

　　温州市瓯海区：龙溪艺术馆

　　青田县：青田稻鱼共生系统博物馆

　　舟山市普陀区：六横镇综合文化站

　　温岭市：温岭石文化博物馆

　　开化县：开化县文化客厅

三、乡村文化空间（10 家）

　　台州市路桥区：水心草堂

　　绍兴市柯桥区：椪香书舍

　　苍南县：藻溪镇长泰茶书院

　　平湖市：良仓·小镇客厅

　　杭州市富阳区：湖源乡村播学院

　　宁海县：宁海温泉文化艺术村

杭州市西湖区：杭州图书馆茶文化主题分馆

湖州市吴兴区：沈家本历史文化园

庆元县：月山春晚展览馆

东阳市：林栖三十六院

四、跨界文化空间（5家）

桐乡市：乌镇·有戏FUN音乐剧文化共创空间

杭州市余杭区：瓶窑老街

桐庐县：放语空乡宿文创综合体

平阳县：会文谷文化艺术度假村

温岭市：栖衡石舍

五、商圈文化空间（5家）

金华市金东区：梅鹤雅集文创书局

杭州上城区：南宋书房

舟山市普陀区：普陀山自在海欢喜书店

临海市：再望书店

宁波市北仑区：博地影秀城

第一批浙江省公共文化国际交流基地

1. 浙江省博物馆

2. 浙江美术馆

3. 杭州图书馆

4. 中国茶叶博物馆

5. 宁波图书馆

6. 永嘉楠溪书院

7. 新市古镇公共文化国际交流基地

8. 安吉古城遗址博物馆

9. 南湖合唱基地

10. 上虞青·现代国际陶艺中心

11. 中国婺剧院

12. 横店影视城泛博物馆群

13. 衢州市柯城区余东未来乡村

14. 中韩友好文化公园–沈院

15. 遂昌汤显祖纪念馆

第一批浙江省公共文化国际交流项目

序号	地区	项目名称	申报单位
展览（30项）			
1	杭州	"茶"主题系列展览	中国茶叶博物馆
2	杭州	韩美林艺术文化体验及对外交流	韩美林艺术馆
3	宁波	金钩玉带入梦来——中国古代带钩展	宁波中国港口博物馆
4	宁波	坚定的木刻战士——邵克萍版画艺术展	宁波中国港口博物馆
5	宁波	纳得新学院主义展览	宁波纳得美术馆有限公司
6	温州	永嘉大师证道歌书画展	温州市文化艺术研究院（温州美术馆）
7	温州	泰顺木偶戏木偶展	泰顺县非物质文化遗产保护中心

序号	地区	项目名称	申报单位
8	温州	宋韵欧风——中欧艺术名家作品交流展	永嘉楠溪书院
9	湖州	湖州之远——丝瓷笔茶文化特展	湖州市文化广电旅游局
10	湖州	绿水青山行，大美汉字情——青少年汉字艺术拓展与湖笔文化体验活动艺术成果展	善琏汉字艺术研究院
11	嘉兴	秀洲农民画作品展	嘉兴市秀洲区文化馆
12	嘉兴	"中国古砖文化及非遗锦灰堆技艺"交流展示	邵三房文化传播有限公司
13	嘉兴	硖石灯彩展览	海宁市文化馆
14	嘉兴	平湖市西瓜灯文化节精品瓜灯展	平湖市文化和广电旅游体育局
15	绍兴	兰亭国学文化研学项目艺术成果展	柯桥区兰亭文化旅游度假区管委会
16	金华	"万年浦江"全国中国画作品展	浦江县文化和广电旅游 体育局
17	金华	汉灶中国婺州窑博物馆婺州窑陶瓷烧制技艺展示及作品展	金华市婺窑文化发展有限公司
18	衢州	衢州市柯城区余东农民画展	柯城区文化和旅游体育局

续表

序号	地区	项目名称	申报单位
19	衢州	根角雕刻制作技艺展示及作品展	衢州市衢江区福瑶工艺品有限公司
20	衢州	龙游皮纸作品展	浙江龙游辰港宣纸有限公司
21	衢州	开化根雕作品展	衢州醉根艺品有限公司
22	舟山	"风从东海来"普陀渔民画展	舟山市普陀区文化和广电旅游体育局
23	省属	田野海风——浙江乡村绘画展	浙江省文化馆
24	省属	漫步浙江——浙江民俗风情摄影展	浙江省文化馆
25	省属	钱塘戏韵——浙江古戏台摄影展	浙江省文化馆
26	省属	湖山胜概——西湖主题水印版画展	浙江美术馆
27	省属	纸上谈缤——中华纸文化当代艺术展	浙江美术馆
28	省属	山海新经——中华神话元典当代艺术展	浙江美术馆
29	省属	浙江版画百年艺术特展	浙江美术馆
30	省属	向史而新——浙江百年水彩画作品展	浙江美术馆

序号	地区	项目名称	申报单位
演出（35项）			
31	杭州	虎跑公园景区公共文化演出	杭州西湖风景名胜区钱江管理处
32	杭州	《今夕共西溪》大型宋韵实景演出	杭州西溪数艺文旅有限公司
33	杭州	《千岛湖·水之灵》舞台剧	淳安千岛湖水之灵文化发展有限公司
34	杭州	《忆江南·还有富春山》沉浸式山水戏剧场	桐庐县文化发展中心（文化馆、非遗中心）
35	杭州	民间舞蹈《临平滚灯》	杭州市临平区群星滚灯艺术团
36	杭州	历史传奇越剧《苍生》	杭州富阳越剧艺术传习院
37	杭州	越剧现代戏《生命之光》	杭州富阳越剧艺术传习院
38	杭州	越剧《陆羽问茶》	杭州市余杭小百花越剧艺术中心
39	宁波	青瓷瓯乐《听瓷》跨界音乐会	慈溪青瓷瓯乐艺术团有限公司
40	温州	表演唱《晒蓝》	温州市文化馆
41	温州	群舞《擂鼓声声迎归帆》	温州市文化馆
42	温州	越剧《荆钗记》	温州市越剧院

续表

序号	地区	项目名称	申报单位
43	温州	泰顺木偶戏	泰顺县非物质文化遗产 保护中心
44	温州	永嘉昆剧交流演出	永嘉昆剧团
45	温州	大型历史话剧《刘伯温·霜台忠魂》	文成县文化馆
46	温州	舞蹈《山涧清音》(畲族)	文成县文化馆
47	湖州	民间舞蹈《叶球灯》	德清县文化馆
48	湖州	民间舞蹈《长兴百叶龙》	浙江百叶龙文化发展股份有限公司
49	湖州	民间舞蹈《鸳鸯龙》	长兴县李家巷镇人民政府
50	湖州	竹乐演奏《竹凤凰》	安吉县文化馆
51	湖州	民间舞蹈《上舍竹叶龙》	安吉县梅溪镇上舍村村民委员会
52	湖州	湖剧经典唱段《朝奉吃菜》	湖州市文化馆
53	湖州	湖州三跳《龙腾钱江》	湖州市文化馆
54	嘉兴	海宁皮影戏	海宁市文化馆
55	嘉兴	平湖市西瓜灯文化节彩灯民俗行街表演	平湖市文化和广电旅游 体育局

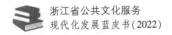
续表

序号	地区	项目名称	申报单位
56	绍兴	越剧演出	柯桥区小百花越剧艺术传习中心
57	绍兴	婺剧《白蛇传》	浙江婺剧艺术研究院
58	绍兴	婺剧折子戏	浙江婺剧艺术研究院
59	金华	童话剧+童话研学成果展演	武义县"童话武义"建设工作领导小组办公室
60	金华	浦江什锦《稻源》	浦江县文化馆
61	台州	坎门鳌龙鱼灯舞	玉环市坎门街道灯塔社区居民委员会
62	台州	台州乱弹折子戏	浙江台州乱弹剧团
63	丽水	昆曲茶艺	遂昌县文化馆
64	省属	钱塘声嗽——浙江地方戏曲主题展演	浙江省文化馆
65	省属	"欢天喜地过大年"之大庙会	浙江省文化馆
讲座与论坛(9 项)			
66	杭州	韩美林艺术文化体验及对外交流	韩美林艺术馆
67	宁波	东钱湖教育论坛	宁波华茂教育文化投资有限公司

续表

序号	地区	项目名称	申报单位
68	温州	刘伯温文化国际学术研讨会	文成县非物质文化遗产保护中心
69	湖州	驻馆作家项目	德清县图书馆
70	嘉兴	"中国古砖文化及非遗锦灰堆技艺"交流及学术研究	邵三房文化传播有限公司
71	嘉兴	伯鸿讲堂·桐乡	桐乡市图书馆
72	金华	"万年浦江"书画文化品牌项目	浦江县文化和广电旅游体育局
73	金华	汉灶中国婺州窑博物馆	金华市婺窑文化发展有限公司
74	舟山	中国国际普陀佛茶文化节	舟山市普陀区文化和广电旅游体育局
文化体验与互动(26项)			
75	杭州	杭州西湖京剧茶座	杭州市西湖区文化馆
76	杭州	杭州市创客节	杭州市滨江区图书馆
77	宁波	十二香黛艺术展演——龚航宇现代旗袍跨界艺术	浙江香黛宫文化旅游发展有限公司

序号	地区	项目名称	申报单位
78	宁波	华茂美堉奖	宁波华茂教育文化投资有限公司
79	宁波	宁波市鄞州区（大学园区）图书馆国际交流系列活动	宁波市鄞州区图书馆
80	宁波	东钱湖国际艺事季	宁波韩岭古村商业管理有限公司
81	温州	泰顺木偶戏互动体验	泰顺县非物质文化遗产保护中心
82	温州	中国活字印刷术	瑞安市非物质文化遗产保护中心
83	温州	刘伯温文化	文成县非物质文化遗产保护中心
84	温州	叶式太极拳	文成县非物质文化遗产保护中心
85	湖州	"世界丝绸之源"钱山漾文化体验	湖州沐晨桑梓文化创意管理有限公司
86	湖州	绿水青山行，大美汉字情——青少年汉字艺术拓展与湖笔文化体验活动	善琏汉字艺术研究院
87	嘉兴	"中国古砖文化及非遗锦灰堆技艺"交流及学术研究	邵三房文化传播有限公司
88	嘉兴	平湖市西瓜灯文化节西瓜灯雕刻创意大赛	平湖市文化和广电旅游体育局

续表

序号	地区	项目名称	申报单位
89	绍兴	兰亭国学文化研学项目	柯桥区兰亭文化旅游度假区管委会
90	金华	玉山古茶场研学活动	磐安茶文化博物馆
91	金华	汉灶中国婺州窑博物馆研学制作体验	金华市婺窑文化发展有限公司
92	金华	童话剧+童话研学	武义县"童话武义"建设工作领导小组办公室
93	衢州	南孔祭典	衢州南孔文化发展中心
94	衢州	开化根雕	衢州醉根艺品有限公司
95	舟山	三毛文化园文化体验活动	定海区小沙街道
96	舟山	花鸟岛国际艺术节	舟山市嵊泗县文化和广电旅游体育局
97	舟山	嵊泗渔歌	舟山市嵊泗县文化和广电旅游体育局
98	省属	丝风瓷韵茶花香——江南文化体验工作坊	浙江省文化馆
99	省属	匠之道——中国浙江传统文化体验工作坊	浙江省文化馆

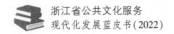
续表

序号	地区	项目名称	申报单位
100	省属	"风雅宋"中国点茶文化推广	浙江图书馆
教学与培训(7项)			
101	宁波	十二香黛艺术展演——龚航宇现代旗袍跨界艺术	浙江香黛宫文化旅游发展有限公司
102	温州	叶式太极拳教学培训	文成县非物质文化遗产保护中心
103	湖州	绿水青山行,大美汉字情——青少年汉字艺术拓展与湖笔文化体验活动(湖笔制作培训)	善琏汉字艺术研究院
104	嘉兴	平湖市西瓜灯文化节西瓜灯制作培训	平湖市文化和广电旅游体育局
105	金华	玉山古茶场研学活动	磐安茶文化博物馆
106	金华	汉灶中国婺州窑博物馆婺州窑陶瓷创意创作培训	金华市婺窑文化发展有限公司
107	省属	中国传统文化系列培训活动	浙江省文化馆